2021年度高校思想政治理论课教师研究专项一般项目：教学研究项目""深度教学'理念创新思政课高阶教学模式研究"（21JDSZK017）的最终研究成果

编译文库·政治

刘建涛 李紫烨 韩慧会 著

深度教学理念引领思政课高阶教学模式研究

Investigating Advanced Teaching Strategies for Ideological and Political Theory Courses: A Deep Teaching Approach

中央编译出版社
Central Compilation & Translation Press

图书在版编目（CIP）数据

深度教学理念引领思政课高阶教学模式研究／刘建涛，李紫烨，韩慧会著． －－北京：中央编译出版社，2024.7

ISBN 978－7－5117－4742－6

Ⅰ．①深… Ⅱ．①刘… ②李… ③韩… Ⅲ．①高等学校—思想政治教育—教学模式—研究—中国 Ⅳ．①G641

中国国家版本馆 CIP 数据核字（2024）第 080040 号

深度教学理念引领思政课高阶教学模式研究

责任编辑：李媛媛
责任印制：李　颖
出版发行：中央编译出版社
地　　址：北京海淀区北四环西路 69 号（100080）
电　　话：（010）55627391（总编室）　　　（010）55627313（编辑室）
　　　　　（010）55627320（发行部）　　　（010）55627377（新技术部）
经　　销：全国新华书店
印　　刷：三河市华东印刷有限公司
开　　本：710 毫米×1000 毫米　1/16
字　　数：237 千字
印　　张：14.5
版　　次：2024 年 7 月第 1 版
印　　次：2024 年 7 月第 1 次印刷
定　　价：89.00 元

新浪微博：@中央编译出版社　　　　微　信：中央编译出版社（ID: cctphome）
淘宝店铺：中央编译出版社直销店（http://shop108367160.taobao.com）（010）55626985

本社常年法律顾问：北京市吴栾赵阎律师事务所律师　　闫军　　梁勤
凡有印装质量问题，本社负责调换，电话：（010）55626985

目 录
CONTENTS

导 论 …………………………………………………………………… 1
  第一节 研究背景、目标与意义 ………………………………… 1
  第二节 国内外研究现状 ………………………………………… 7

第一章 深度教学的理论渊源、本质内涵和价值旨趣 ……………… 27
  第一节 深度教学的缘起 ………………………………………… 27
  第二节 深度教学的理论依据 …………………………………… 36
  第三节 深度教学的基本特征 …………………………………… 46
  第四节 深度教学的教育价值目标 ……………………………… 50

第二章 深度教学理念创新思政课高阶教学模式 …………………… 57
  第一节 思政课的功能定位与教学价值目标 …………………… 57
  第二节 思政课教学中的现实困境 ……………………………… 60
  第三节 深度教学理念与思政课高阶教学模式的契合 ………… 66
  第四节 深度教学理念创新思政课高阶教学模式的保障机制 …… 78

第三章 深度教学理念创新思政课高阶教学模式的具体路径 ……… 84
  第一节 以深度教学理念完善思政课堂教学设计 ……………… 84
  第二节 以深度教学理念创新思政课教学方式 ………………… 93
  第三节 以深度教学理念深化思政课教学内容 ………………… 112

第四章　深度教学理念创新高校思政课的案例解析 …… 138
第一节　"深度教学"理念下思政课教学的改革与创新
——以"马克思主义基本原理"课程为例 …… 138
第二节　"深度教学"理念下教学方法的改革与创新
——以"双师共上一堂思政课"为例 …… 145
第三节　"深度教学"理念下教学设计的改革与创新
——以"一个真实的马克思"专题为例 …… 151
第四节　"深度教学"理念下教学内容的改革与创新（一）
——以红色家书融入思政课教学为例 …… 157
第五节　"深度教学"理念下教学内容的改革与创新（二）
——以"红色金融史"融入思政课教学为例 …… 163
第六节　"深度教学"理念下教学内容的改革与创新（三）
——以"伟大建党精神"融入思政课为例 …… 171
第七节　"深度教学"理念下思政课实践教学改革与创新
——以"思想道德与法治"12345实践教学模式构建为例 …… 182

第五章　深度教学理念提升思政课教学实效性的评价标准与方法 …… 189
第一节　教学实效性标准是达成思政课教学价值目标的行为准则 …… 190
第二节　以学习的意义感标准提升思政课价值引领实效 …… 198
第三节　以学习的自我感标准提升思政课价值认同实效 …… 205
第四节　以学习的效能感标准提升思政课的价值内化实效 …… 212

参考文献 …… 220
后　记 …… 226

导　论

第一节　研究背景、目标与意义

新时代，党和国家高度重视思政课建设。习近平总书记更是从治国理政的战略全局加以强调："思政课是落实立德树人根本任务的关键课程。"① 思政课肩负着落实立德树人的重要使命，是培养德智体美劳全面发展的社会主义合格建设者和可靠接班人的重要保障，是我国开展中国特色社会主义教育的关键课程。进一步提升思政课教学的实效性是落实立德树人根本任务的必要举措，需要持续推进思政课教学改革创新。

一、研究背景

新时代需要我国教育事业培养具有崇高理想信念、坚定"四个自信"、勇担历史使命的德智体美劳全面发展的社会主义合格建设者和可靠接班人。对于思政课而言，新时代是思政课改革创新的特定时代，既赋予了思政课崇高的政治任务和教育使命，又为思政课建设提供了良好的发展环境、政策支撑和思政资源。思政课要顺势而为、借势而进。同时，我们也应看到，新时代也是多元社会思潮和价值观念纷繁、跌宕起伏的时代，全球化所带来的价值冲突及价值认同的危机也对思政课提出了更高要求和多重挑战。当前，新自由主义、历史虚无主义、消费主义、"普世价值"论、民粹主义等异质非主流社会思潮对青年学生价值观念的影响较广、危害较大。这些异质非主流社会思潮的传播和泛滥在一定程度上歪曲了青年学生的自我认知和判断、侵蚀了青年学生的政治信仰、

---

① 习近平：《思政课是落实立德树人根本任务的关键课程》，载《求是》，2020年第17期，第14页。

模糊了青年学生的集体观念、扭曲了青年学生的文化涵养和审美情趣，对处在"拔节孕穗期"的青年学生的思想和行为必然会产生重大影响。对思政课来说，要使青年学生做到"不畏浮云遮望眼"，就必须提升思政课的教学实效性。

2019年，习近平总书记在学校思想政治理论课教师座谈会上指出："我们办中国特色社会主义教育，就是要理直气壮开好思政课，用习近平新时代中国特色社会主义思想铸魂育人，引导学生增强中国特色社会主义道路自信、理论自信、制度自信、文化自信，厚植爱国主义情怀，把爱国情、强国志、报国行自觉融入坚持和发展中国特色社会主义事业、建设社会主义现代化强国、实现中华民族伟大复兴的奋斗之中。思政课作用不可替代，思政课教师队伍责任重大。"① 习近平总书记的这段论述为进一步开好思政课坚定了信心、提供了遵循原则、明确了责任。开设思政课要"理直气壮"，上好思政课要"信心满满"。党的十八大以来，党中央对思政课建设的重视程度已经到了前所未有的高度，既为思政课建设提供了资源支撑、政策保障，又通过各种必要举措为进一步建设好思政课提供了师资保障和待遇保障，思政课教师的数量和质量得到进一步加强。在高校，马克思主义学院已然成为重点建设学院，思政课已然成为重点建设课程。在以习近平同志为核心的党中央的高度重视下，在教育部相关政策文件的推动下，思政课教学改革创新持续深化，启发式教学法、沉浸式教学法、情境式教学法、项目驱动法、研讨式教学法等在诸多思政课堂教学中加以运用；思政课共同体意识得到普遍认同，大中小学思政课一体化建设进一步走深走实，"大思政课"建设全面深入推进，思政课的实践导向越发突出，思政小课堂与社会大课堂结合度更加显著，青年学生对思政课的获得感和满意率越发提升，思政课在落实立德树人根本任务方面取得显著成效。我们有信心、有条件、有能力上好思政课，发挥好思政课在落实立德树人根本任务中的关键作用。2022年，习近平总书记在考察中国人民大学时指出："思政课能否在立德树人中发挥应有作用，关键看重视不重视、适应不适应、做得好不好。思政课的本质是讲道理，要注重方式方法，把道理讲深、讲透、讲活，老师要用心教，学生要用心悟，达到沟通心灵、启智润心、激扬斗志。"② 开设思政课不仅要"理直气壮""信心满满"，还要运用先进教育理念讲方法、求实效。

在肯定思政课建设所取得的成绩的同时，我们也应当看到思政课建设仍旧

---

① 习近平:《习近平谈治国理政》（第3卷），北京：外文出版社2020年版，第329页。
② 习近平:《习近平在中国人民大学考察时强调：坚持党的领导传承红色基因扎根中国大地 走出一条建设中国特色世界一流大学新路》，载《中国青少年报》，2022年4月26日，第1版。

处于一个不断优化与完善的阶段。思政课教学理念需要进一步更新，思政课教学内容需要进一步优化，思政课教学方式方法需要进一步改进，学生学习思政课的意义感、自我感和效能感需要进一步强化，思政课教学实效性需要进一步提升；思政课教师综合素养需要进一步提升，思政课师资队伍需要进一步加强，思政课教学资源需要进一步扩充和完善。总之，我们可以深刻体会到，当前思政课教学还存在着很多急需解决的问题。如果只是照本宣科、浮于表面，不注重理论知识背后的道德情感、智慧涵养、政治素养、家国情怀和使命担当的培养，就不可能让学生真正入脑入心。思政课的课程性质和价值旨趣决定思政课不能成为"表层课程""无效课程"，更不能成为"不良课程"。思政课要在大中小学有序衔接和一体化建构的前提下，重点提升学生的价值涵养和政治素养。各级各类学校需要分类指导、统筹推进，切实发挥思政课的价值引领和政治引导功能，用马克思主义基本原理、马克思主义中国化的最新理论成果提升青年学生的政治觉悟，让马克思主义信仰筑牢青少年学子的精神家园，守牢意识形态主阵地。思政课程的功能定位和价值目标决定了思政课的关键性，这就要求思政课更加注重政治引领、思想引领和价值观塑造的功能。

那么，如何把握立德树人的总目标，落实好为党育人、为国育才的重要政治使命，把"有知识"讲得"有情怀""有价值""有内涵"，这是思政课教学需要且应该完成的必要任务。因此，思政课教学要提升亲和力和实效性，必须着眼于高阶思维教学模式的构建，不断创新高阶教学模式，开展高阶教学和深度教学。思政课是开展道德情感、智慧涵养、政治素养、家国情怀和使命担当教育的课程，是提升学校思想政治教育的主渠道、主阵地，是进行马克思主义理论教育，用习近平新时代中国特色社会主义思想培根铸魂的课程，它具有思想性、政治性、理论性和价值性。思政课的政治性和价值性特征决定了它不同于一般课程的特殊教学目标。思政课不仅要向青年学生传授基本知识，更要进行核心素养的培育与价值观的引导。因此，思政课要解决好"教什么"（内容）、"为何教"（目标）、"怎样教"（方法）、"教的如何"（评价）等核心问题。这些问题的解决既是当前思政课教学改革亟待解决的重大理论课题，更是需要迫切实施的实践课题。

二、研究目标

思政课是学校落实立德树人根本任务的关键课程。如何在教学实践中增强思政课的实效性已然成为教学改革的现实课题。新时代，加强和改进思政课教学，需要一种全新的教育教学理念来引领。"深度教学"是基于"深度学习"

而建构的一种教学理念和策略。"深度学习"理念更加注重对学生的高阶思维活动的培育和训练，是建立在新知识观基础上的学习策略。这里的知识不仅是"科学世界"的符号表征的简单记忆或机械提取，更是对"知识之后"的深层次追问。"深度学习"理念注重对深层知识中所蕴含的思想要素、情感价值元素和思维方式的深度学习与内化。从教学价值目标上来讲，"深度教学"理念与思政课存在逻辑自洽关系。运用"深度教学"理念优化和创新思政课教学新样态、提升思政课教学实效性，对于构建学生的"意义世界"和"价值世界"引导学生扣好"人生第一粒扣子"具有重要意义。构建高阶思维教学模式，打造思政课堂教学新样态与其说是创新一种课堂教学模式，不如说是重新回归教育教学本质规律、提升教学品质。思政课教学要遵循教育发展规律、思想政治教育规律和学生认知发展规律，对青年学生进行思想引导、政治引领与价值观塑造。综上所述，本书的研究目标为运用"深度教学"理念，挖掘思政课程深层次的价值意蕴和文化涵养，建构知识之后的"意义世界"，达成铸魂育人、立德树人的高阶教学目标，打造集高阶性、创新性和挑战性于一体的思政"金课"，将思政课打造成启迪心灵、陶冶情操、价值观塑造的智慧课、灵魂课。

以"深度教学"理念创新思政课教学，引领社会思潮，培根铸魂，实现政治认同。思政课是一门政治课，承载着政治引导的特殊功能。古今中外，任何一个国家的育人工作都是与其主流意识形态和政治发展方向相一致的。正如习近平总书记指出的："古今中外，每个国家都是按照自己的政治要求来培养人的，世界一流大学都是在服务自己国家发展中成长起来的。"[①] 把准育人方向是中国特色社会主义教育的"政治规矩"，明确服务对象是我国教育发展的政治"底线"和"红线"。只有坚守住教育的政治"底线"和"红线"，才能筑牢意识形态主阵地，培育出合格的社会主义接班人。思政课教学能否有效引领社会思潮，供给政治"食粮"，实现政治引导、政治认同、以理服人，进而培根铸魂，影响着其课程功能和教学价值目标能否实现。思政课教学要在大中小学一体化育人格局的框架下进行整体设计，以提升核心素养为基础，强化政治素养为目标，循序渐进，螺旋上升，进一步提升主流意识形态话语阐释力，凝聚青年学生的政治共识与政治认同；深度联结马克思主义理论与青年学生的生活经验，进而凝聚政治认同，达成政治共识，引领学生政治信仰。

以"深度教学"理念创新思政课教学，形塑价值观念，正身塑形，实现价值认同。思政课是一门思想理论课，蕴含着塑造青年学生价值观的使命。价值

---

① 习近平：《在北京大学师生座谈会上的讲话》，载《人民日报》，2018年5月3日，第1版。

观念是人类思想行为的"先导器"。青年学生的成长需要正确价值观的引领。思政课作为立德树人的关键课程，承载着塑造和引领学生价值观的重要使命，因此，需要根据青年学生所处的社会环境掌握青年学生的阶段性思想特征和思想动态，分析研判可能出现的思想问题，"把脉定向"，进而寻求精心引导和栽培的"解心良方"，提升思政课教学实效性。思政课教学能否有效供给价值"营养"，实现价值塑造、价值认同、以情感人，进而内化于心，关系着思想塑形重要使命和价值目标的达成。思政课要在大中小一体化设计的基础上，循序渐进、螺旋上升式地以中国特色社会主义主流价值观念为引领，遵循"研判—规范—内化—塑形"的基本路向，讲好知识的道理、理论的学理、思想的哲理，用透彻的理论力量感染学生，使学生折服，达成以理服人的效果；用主流的价值观念形塑青年学生的价值取向，塑造青年学生的灵魂，引领青年学生成长成才，增强青年学生对我国主流价值观念的认同。

以"深度教学"理念创新思政课教学，雕琢精神世界，启智增慧，实现文化认同。思政课是一门文明传承课，肩负着传播文明、传承文明的重要任务。文明是思政课实现政治引导和价值塑造功能的重要前提和支撑。思政课的政治引导功能不能成为"无源之水""无本之木"的政治说教，思政课的价值塑造功能也不能成为干瘪、枯燥的理论宣讲。思政课要以人类文明图谱演进的历史视角弘扬好中华优秀传统文化、宣传好社会主义先进文化、吸收好西方优秀文化，将红色基因贯穿于思政课大中小学一体化建设，"要坚持全员全过程全方位育人，在广大青少年中开展深入、持久、生动的爱国主义教育，让爱国主义精神牢牢扎根"①，要向青年学生讲清楚中华民族生生不息、发展壮大的"精神密码"，要有广度、有温度、有深度地用深沉的文明基因循序渐进地浸润青年学生的心灵，培养青年学生的道德情感，点亮青年学生的精神底色，丰富思政课教育内容，逐步达成思政课雕琢青年学生的精神世界的价值目标。

总之，思政课特殊而关键的课程属性决定了其所承载的政治引导、价值塑造、文明传承的课程功能，而这一课程功能又明确了思政课教学所需要达成的价值目标，为强化思政课教学实效性指明了方向。思政课教学要采用适宜的教学方法，强化"知识之后"的追问与引导，从政治引导、价值塑造、文明传承等维度有效供给教学价值元素。以学理性强化政治引导，运用厚实的学理知识、

---

① 习近平：《习近平主持会议中共中央政治局召开会议审议〈新时代爱国主义教育实施纲要〉和〈中国共产党党校（行政学院）工作条例〉》，载《人民日报》，2019年9月25日，第1版。

透彻的学理分析说服感染青年学生，以理服人；以塑造性促成价值认同，强化生活情景对青年学生的熏陶与感染，以生活体验强化价值塑造，以情感人；以智慧性达成文明传承，用文明的深厚涵养浸润学生的精神世界，陶冶情操，以文化人。

三、研究意义

本书立足"深度教学"理念开展思政课教学创新研究。"深度教学"是基于"深度学习"，建立在新知识观的基础上而建构的一种教学理念和策略，注重对学生的高阶思维活动的培育和训练。从价值目标上来讲，"深度教学"理念与思政课存在着逻辑自洽关系。基于新知识观的"深度教学"理念可以优化和创新思政课高阶教学新样态，有效提升思政课的政治性、思想性和价值性，进而达成思政课的政治引领、价值引领和文化引领的教学目标。

首先，"深度教学"理念具有体验生成性的特征，通过体验促进深层次的生成，可以使思政课深度联结对党史、新中国史、改革开放史、社会主义发展史，特别是习近平新时代中国特色社会主义理论与学生生活经验的结合度，使党和国家的主流意识形态真正内化到学生的认知结构，加深内在体验，由"表层认知"升华为"深度认同"，进而提升思政课的针对性，有效达成政治引领的教学价值目标。

其次，"深度教学"理念通过对理论知识的深度处理和深度挖掘，强调"知识之后"的追问，呈现出知识的道理、理论的学理、思想的哲理，达到转知成智、化知识为美德的功效，充盈思政课理论知识的价值元素、情感元素和智慧元素，实现思政课教学由知识导向向价值观塑造导向的转化，进而提升思政课的亲和力，有效达成价值引领的教学价值目标。

最后，"深度教学"理念善于挖掘文化深层次中所蕴含的思政教育元素、道德教育元素和情感教育元素，创新思政课教学可以使青年学生于脉脉深情中体悟情理，于谆谆教诲中思索真理，于件件案例中明辨是非，以文浸润青年学生的精神世界，涵养和培育青年学生对中国特色社会主义的文化自信，有效达成文化引领的教学价值目标。

第二节 国内外研究现状

一、国外研究现状

从国外研究来看,"深度教学"这一理念源自"深度学习"概念,由人工智能发展到教育领域。"深度学习"这一概念源自计算机科学、人工智能和人工神经网络的相关研究。国际著名的机器学习专家辛顿教授(Hinton, G.)综合多年来在人工智能、机器学习模型等方面的研究成果,在全球率先提出了"深度学习"(Deep learning)的概念。十余年来,以加拿大西盟菲莎大学(Simon Fraser University)艾根(Egan, K.)教授为首的"深度学习"(Learning in depth, LID)项目组,通过对深度学习和深度教学的关联性研究,发现深度学习和深度教学可以提升教学质量,学习技术研究和教学过程研究应该齐头并进,不可偏废。

关于深度学习理论,国外的研究分为五种,即深度学习的内涵研究、深度学习的活动设计研究、深度学习的影响因素研究、深度学习的评价研究、深度学习的内在机制研究。

1. 深度学习的内涵研究

关于深度学习的内涵研究有很多方面,包括深度学习、学习方法、学习概念、战略学习、表面学习、批判性思维、建构主义、有意义学习以及机械学习等。由此可以看出,对深度学习内涵的研究一直是教育学界反复研究的焦点,并且仍未达成一致。然而,现有的关于深度学习内涵的普遍认识一般包括两类:一是认为深度学习是一种学习方式,是一个学习过程;二是认为深度学习是一种学习能力,是一种结果。第一类认识的代表性人物是美国学者马顿(Ference Marton)和罗杰(Roger Salijo),他们认为"深度学习"是一种学习过程,并且在《学习的本质区别:结果和过程》(1976)中首次公开提出"深度学习"的概念。马顿使用"表面学习"和"深度学习"这两个术语来区分和解释这种个体间的差异。在马顿和罗杰看来,可以使用"表面加工"和"深度加工"这两个不同的处理层次来进行区分,而这两个处理层次分别对应学生对于学习材料关注的不同方面。

20世纪60年代,美国当代认知心理学家奥苏贝尔(David Pawl Ausubel)提出了与"机械学习理论"相左的"有意义学习理论",这是从"机械模仿"

到"学而有意"的重大跨越,引发了教育界的大讨论,影响深远。在奥苏贝尔看来,学习过程中的"有意义学习"包括三种类型:表征学习、概念学习与命题学习。此外,奥苏贝尔对"发现学习"的解释也有些与众不同。他认为发现学习并不是直接告诉学生定论、结论,而是让学生通过对以往知识的排列组合、解构建构,进而得出定论或结论。这种学习的方法在表征学习、概念学习、命题学习中均可适用,而且实用。这样的观点与布鲁纳(Jerome Seymour Bruner)的观点有所不同,布鲁纳认为"发现学习"是学生按照科学家的思维模式进行研究、探究后,发现基本原理、基本规则、基本定论的过程。

20世纪,大多数学者都将深度学习看作一种学习过程来理解和界定。然而进入21世纪后,关于深度学习的概念解释呈现出新的态势,深度学习不再被看作一种学习过程,而被看作一种学习结果出现在大众面前。威廉和弗洛拉·休利特基金会(William and Flora Hewlett Foundation)发起并组织开展的"深度学习研究:机会与结果"项目发现,深度学习可以表现为一种综合能力,包括思维批判能力、解决现实问题的能力、交流合作能力等,它强调这种能力是学生能够运用其所学进一步掌握核心知识内容的能力。为了进一步厘清深度学习的概念,休利特基金会和美国研究院在广泛研究和征求建议的基础上,分析和界定了深度学习这一概念——深度学习是学生对知识的深度理解以及其在现实情景中迁移运用的能力。

基于大量的文献研究和实证研究,亚历山大(Alexander)和丁斯莫尔(Dinsmore)发现,众多专家学者和组织机构关于深度学习和表层学习在研究结果方面的表述是不明确的、模糊的。在他们看来,深度学习的最终归宿是在实践中为教育服务,为教育提供一个新的途径和方法,因此,非常有必要从应用效果和价值探索两方面对深度学习实践进一步加强研究。

比格斯(Biggs)、恩特威斯尔(Entwistle)和拉姆斯登(Ramsden)等认为,深度学习更侧重于理解,并且这种理解必须达到深度的层次,才能实现有深度的学习。作为衡量深度学习的一把重要标尺,深度理解在深度学习的目的与方式、过程与结果中也应该居于核心和首要地位。在研究深度学习的过程时,比格斯提出了"预测—过程—结果"模式,并且指出这三个步骤虽然看起来是独立的,但事实上它们相互联系。具体来说,预测因素包括学生的个性特征和当前的学习环境。学习方法的选取和运用会直接影响到学习结果,而学习结果又会形成新的预测因素,进而开始新一轮的学习。

通过对深度学习量表的综合研究,纳尔逊莱尔德(Tom Nelson Laird)等发现,深度学习是整合性学习、高阶学习和反思性学习三位一体、高度融合的统一整体。整合性学习是指学生通过不同的方式和途径对原有认知整合后,对新知识进行再学习的过程。高阶学习是指学生在知识的建构、问题的解决过程中融入更高层次的认知能力。反思性学习是一种反向思考的过程,是对学生思维模式、学习方式、问题解决过程进行再检视、再认识的过程。

2. 深度学习的活动设计研究

国外关于促进深度学习的活动设计研究是非常丰富的,包括学习方法、教学方法、学习成绩、实现目标、主动学习、体验式学习等多个方面。纵观这些多维度的研究指向,可知国外对于深度学习活动设计的重视程度。

一方面,新的教学手段的广泛采纳运用。例如,马克·佩格鲁姆(Mark Pegrum)所做的名为"创意性博客能否促进深度学习"的经典实验显示,随着时间的推移,创意性博客对于深度学习确实起到了促进作用。古尔皮纳尔对医学生的学习方式能否影响其关于PBL(基于问题的学习)的满意度进行了调查。调查结果表明,50%以上的学生不仅采用了深度学习方法,而且这些学生对PBL呈现出非常高的满意度。美国著名的教育改革专家埃里克·詹森(Eric Jense)和利恩·尼科尔森(LeAnn Nickelsen)合写并出版了《深度学习的7种有力策略》一书,书中提出了一种深度学习路线(DELC),即一种包含脑研究、标准和个体学习差异在内的教学模式,这种教学模式主要是通过激发深度学习而非浅层学习的方式进行教学。该书还介绍了运用七个步骤(设计标准与课程、预评估、营造积极的学习文化、预备与激活先期知识、获取新知识、深度加工知识和评价学生的学习)阐释深度学习路线,非常具有启发价值。其中具体包括50多种教学策略,可以有效地帮助教师更好地因材施教,从而让学生以一种更有意义的方式理解教学内容。

另一方面,新的学习方法的普遍实验。例如,里德对重新设计的PBL是否可以促进医学本科生的深度学习进行了全程跟踪、研究与对比。即通过学习技能量和 t 检验对结果进行统计和分析,从而得出这种课程的确能够促进深度学习开展的结果。巴拉索里亚(Barasatoria)等研究关于"基于问题的学习能力是否能够促进深度学习"时得出了依据问题进行学习确实能够促进深度学习的结论,与此同时,他们还发现让学生进入深度学习是一项非常复杂的工作任务。世界知名的教育专家杜威(John Dewey)提出了实用主义教育观,该教育观包括"教育即生活""教育即发展""教育即改造""教育无目的论""学校即社会""道德教育论"等多个教育主张。在教学上,他提出"从做中学"的教学主张,他认为教育不是单纯地、直接地灌输知识,而是在活动中让儿童潜移默化地获得知识的增长。他主张教育目的和教育方法的统一,因此建立了一整套的方法论体系。其中包括兴趣与训练、经验与思维、思维与教学、五步教学法。杜威的五步教学法与赫尔巴特的四段教学法在心理学理论基础、教学主体和教学重心上是不一样的。五步教学法主要以思维的五个阶段为理论，重在学生自己发现问题和解决问题，强调"从做中学"，让学生发现未知知识，以活动为中心；而四段教学法主要以观念心理学为基础，重在教师如何将观念传授给学生，教学以书本为中心。相较而言，杜威的理念和教学方法更为进步、更切合时代发展。普罗瑟（Michael Prosser）在《理解教与学》中指出，深度教学和深度学习是相辅相成、缺一不可的关联体，如果深度教学与深度学习相分离，那么两者都失去了存在的意义。因此，教师的深度教学与学生的深度学习应该深度融合、深度共进。

3. 深度学习评价研究

评价研究作为深度学习的重要领域，涉及学习过程问卷、评估、反馈、学习技能量表、同伴评估、学习技能量表等多个方面。作为深度学习评价研究的重要载体，评价工具包括报告问卷、概念图、学业成就评价以及眼球追踪等。

第一，报告问卷。作为评估学生学习方式的修订双因素学习过程问卷和认知过程问卷，因其简短、方便、有效，备受教师青睐。这样的报告问卷既是深层与表面方法的综合考量，又是深层动机、深层战略、表面动机和表面战略等多维度的考量。

第二，概念图。顾名思义，概念图就是运用图表的形式将学生的知识构成进行可视化、系统化的展示。比如，教师可以通过学生学习之前和学习之后的概念图变化来定性评估深度学习的质量。

第三，学业成就评价。作为国际上通用的评价方法，学业成就评价可以直接反映出被测试者在学习过程中的长处和短处。通常而言，学业成绩是在教育教学过程中衡量学生学习效果好坏的重要标尺之一。因此，在国际学生测评项目中也经常采用学业成就评价方式。这种评价方式主要测评学生在进入社会前对所需要的技能和知识的掌握情况，所以其试题更加注重应用性和情景化。如果学生在学业成就评价当中表现不错，就说明该学生能够灵活运用认知技能和学科知识；如果被测学生能够根据情景化所展现出来的问题进行批判性和建设性的思考，并能够自主提出解决问题的方案，那么学生就达到了深度学习的目标。同理可证，学业成就评价系统可以对深度学习与否给予相对公正、确切的评价结果。

第四，眼球追踪。顾名思义，眼球追踪就是对被测学生的眼球的运动轨迹进行记录、分析判断与评价。在卡彭特和贾斯特看来，借助眼球追踪的方式来分析学生的整个认知过程不失为一种好方法。它可以测评学生是否达到了深度学习。结果显示，如果被测学生眼球的注视次数明显增多且持续的时间明显变长，则说明是他在解决问题。

4. 深度学习的内在机制研究

关于深度学习的理论基础，建构主义理论、元认知理论、情境认知理论和分布式认知理论等受到国外理论界的高度重视，经常被用来深入阐述、揭示深度学习的内在机制。建构主义理论认为深度学习具体包括情境、协作、会话和意义建构四大要素；元认知理论认为元认知水平越高，深度学习效果越好；情境认知理论认为真实情境的实践有助于学生的深度学习；分布式认知理论认为知识的社会性是学生、学习共同体和社会环境的多向互动、多维互联和深度共建。因此，可以将国外学者关于深度学习的内在机制的理解内容归结为以下四方面。

第一，深度学习的发生机制。具备学习基础是深度学习开展的前提。深层动机如果在学生内心被激发、被触动、被点燃，那么学生才会将新知识和旧知识联系起来，对新知识进行深度加工和理解。如果脱离特定情境和特定情境中的问题，那么学生对知识的理解就始终处于浅层次、浅表化，深度学习就无从谈起。因此，可以充分借助情境诱发和问题驱动激发学生的深层动机，促使学生进行知识的深度建构，从而实现深度学习。

第二，深度学习的维持机制。维持深度学习的两个重要条件是切身体验和高阶思维。这两个重要条件不但可以促使学生展开由外向内、由内向外的双向理解之路，而且帮助学生在渐进理解之路上实现由浅入深、由分到合、由知到行的多重目标，进而有力地维持学生的深度学习。

第三，深度学习的促进机制。实践应用能力和问题解决能力是深度学习的外在表现。同时，实践又是促进学生深度学习的根本机制。罗恩思索非（Ronssoffi）的"基于问题的学习"模式经过实证表明了上述论断的正确性。所以实践参与和问题解决在深度学习中发挥着促进作用。

第四，深度学习的支持机制。深度学习要想真正实现必须进行一次真正的革命。在所创设的学习环境中，要确保学生是意义建构的核心，不仅强调学生之前的学习经验和日常经验，还应该倡导其在真实情景中运用情景化思维，通过"自主、合作、探究"的过程，实现深度学习。吉莉安·阿米特、弗朗西斯·斯莱特通过实验证明采用在线学习的学习模式可以促进学生的深度学习。

国外把"深度教学"作为一种独立主题研究的比较少，通过大量的阅读文献、查阅相关资料，笔者发现国外对深度教学的研究主要集中在内涵、原则和策略的研究上。

1. 对深度教学内涵和原则的研究

威尔逊通过把深度教学与浅层教学进行对比，进而探究深度教学。她认为浅层教学主要注重对事实和符号的传递，深度教学更加注重教师与学生之间的情感交流、思维碰撞和课后反思。德里斯克尔认为深度教学具有纵深性。深度教学以促进学生深度学习为最终旨趣，尤其是要引导学生的学习向着纵深层次发展，进而达到深度学习的目标。理查德·I·阿伦兹（Richard I. Arends）提出深度教学必须具有层次性特征，因为知识与逻辑也需要逐渐深入、层级推进。斯皮尔克·E 认为教学目标的深入探索与确定是深度教学的重要内容，深度教学就是对知识、能力、情感教学目标的进一步挖掘和阐释。里克福德（Rickford）通过教学过程中对案例的分析，提出"声音教学、学生参与度、概念理解、以学生为中心、重复、强调和高期望"为主要内容的阅读深度教学六原则，试图通过六原则来帮助学生掌握和深度理解阅读的知识。

2. 对深度教学的策略研究

深度教学与深度学习是相辅相成的。在教师深度教学的过程中学生也完成了深度学习的过程。有效的深度教学可以引导和促进学生把新旧知识相互联系重新认识、再次建构。

史密斯和科尔比提出了"为深度学习而教"的理念，并在此基础上又提出了促进学生深度学习的深度教学策略，要求教师评价课堂教学效果应采用 SOLO 分类法。詹森和尼克森提出了深度教学路线，分别是设计标准与课程、预评估、营造积极的学习文化、预备和激活先期知识、获取知识、深度加工知识、评价学生的学习。第一，设计标准与课程。教师在教学过程中首先要向学生明确课堂教学的目标，通过本节课学习，学生要达到一个什么样的标准和水平；建立知识结构，帮助学生厘清知识逻辑，便于深度理解。第二，预评估。就是要把握学情，教师要全面把握自己教授学生的知识基础、能力水平、内在需要和学习风格等，对学生的这些方面进行预评估，也就是说为激活学生的先期知识做前期准备。第三，营造积极的学习文化。具体而言，教师在教育教学过程中通过创建良好的学习环境和营造良好的学习氛围为深度学习创造有利的外部环境；与此同时，通过环境与氛围渲染引导学生树立强烈的学习期望和美好的学习愿景，进而为深度学习创造有利的内部环境。第四，预备和激活先期知识。教师要通过一些教学手段（如情景教学法、参与式教学法、讨论法等），来帮助学生建立新知识与旧知识的联结。第五，获取知识。教师在教学过程中要引导学生尝试探索和自主学习并进行深入理解。第六，深度加工知识。教师不能停留于知识表面化的讲解，要更加注重对知识进行深层次解读、加工、延伸、拓展等，从而加深学生对知识的理解和学习。第七，评价学生的学习。教师可以从学习过程、学习结果等方面对教学的预期效果、教学的目标要求以及学生的学习成效进行评价。詹森的深度学习路线为教师深度教学与评价提供了非常有借鉴价值的参考流程。贡德曼（Gundermann）提出了"基于问题进行深度教学"的理念，他认为在深度教学过程中，要采取一些有效的教学手段来加强学生的深度学习。比如，提问题要有趣，这样有利于帮助学生在分析问题和解决问题的过程中获得新的思考和理解。加里·D. 鲍里奇（Gary D. Borich）对深度教学的教学目标设计提出了自己的看法，他认为教学目标的设计应该直指特定班级学生的深度学习。教师只有对教学目标有深刻认识与把握，才能在实际教学中逐步达成教学目标，进而实现深度教学的层级推进和渐次发展。J. W. 佩里格里诺提出了"学习共同体有利于促进学生深度学习"的理念。理查德·冈德曼认为"设计课堂问题是促进学生深度学习的关键"。

深度教学与深度学习是相辅相成的。在教师深度教学的过程中学生也完成了深度学习的过程。有效的深度教学可以引导和促进学生把新旧知识相互联系、重新认识、再次建构。

综上所述，国外深度教学的研究特点主要集中在两方面。第一，注重深度教学与深度学习二者之间的融合。深度学习是深度教学的缘起，因为教和学是对立统一的，具有一致性和融合性。可以说，深度教学与深度学习相伴而生、相互影响，尤其是深度教学作为深度学习的策略研究尤为突出。第二，深度教学的理论研究在时间上较实践研究早。国外学者更注重深度学习理论指导下的深度 教学实践研究，这在一定程度上造成了理论研究与实践研究的不平衡。

二、国内研究现状

从国内研究和相关政策来看，国内关于深度学习和深度教学的研究已有十几年时间。早在2005年，何玲和黎加厚在《现代教学》中刊发了《促进学生深入学习》一文，该文对美国学者关于深度学习的研究成果进行了比较详细的介绍。2006年，华中师范大学郭元祥教授与台湾成功大学李坤崇教授致力于深度教学理论研究与实验探索，以推进能力为导向，合作启动"海峡两岸能力生根计划"。该研究计划不仅纠正了以往课堂教学改革中对教学程序、技术、时间等浅层改革和表层学习的诸多弊端，还尝试从价值观、知识观、学习观、过程观的组合重建上开展深度教学研究，且成效显著。中国教育科学研究院原院长田慧生（2011）开展基于深化课程改革的需要启动深度学习的项目研究。李寒梅

(2018)在《走向深度教学：高校思政课教学改革的必由之路》中提出，思政课教学改革应该以深度教学理念为引领，提高教学质量。可以说，以上相关政策和研究为运用"深度教学"理念引领思政课高阶教学改革创新提供了政策指引和学理基础。

（一）深度教学理论逻辑的阐释

关于深度教学的阐释与界定，国内学者提出了不同观点。郭元祥（2009）认为深度教学以知识观和学习观的重建为基础。郭子其（2016）认为教学应该从"目的—手段"的思维逻辑来反思教什么、怎样教，因为知识取向、能力取向、意义关系取向的目标对课堂教学品质的影响不一。张良（2019）认为深度教学的"深"不仅体现在知识结构中，更要在知识结构与知识运用一体化上进一步着力，从而实现由"走进"知识结构向"走进"知识运用的内在逻辑转变。朱宁波和王志勇（2021）认为深度教学是落实深度学习、克服课堂教学浅层化的有效途径，其目的是帮助学生学习知识、内化人类认识成果，使之真正为学生所用，达到致知于行的效果，从而引导学生成为具备独立思考与学习能力的行为主体。另外，他们也强调实现深度教学要面对很多二元对立矛盾，包括知识与个体经验、过程与结果、知识与价值、知与行等，这些都是深度教学所要面对和解决的困境。刘勤、周贞美（2018）认为在核心素养的视域下，思政课教学亟待超越表层知识符号的学习，进入知识内在的逻辑形式和意义领域。这就需要教师有"生活的逻辑性""问题的曲线性"和"引导的艺术性"。也就是说，教师要强化学习与生活之间的内在逻辑联系，用心建构具有内在逻辑性而非零散性的生活情境；基于理论逻辑和情境逻辑创设问题逻辑；充分发挥"师导"的作用，最终实现学生知识的自然生成和素养的自然达成。张娟娟等（2021）认为实现深度教学是深化课堂改革的重要诉求，深度教学并不是单方面的教师的事情，而是师生双向互动产生的结果，所以着力点要放在课堂话语分析上，这也是分析深度教学课堂特征的最直观的方法，而分析深度教学的话语特征是基于"架构—发展—评价"的结构，这是深度教学的逻辑结构。

（二）深度教学内涵的阐释

国内学术界主要是从三个方面对深度教学的内涵进行了阐述，一是完整知识说，二是深度触及说，三是深度参与说。

一是完整知识说。此观点以郭元祥的研究最具代表性。郭元祥（2009）认为应该在教育学知识观的基础之上对深度教学的内涵予以解析与界定。郭元祥把知识按照内在结构、从外到内、从具体到抽象划分为符号表征、逻辑形式和意义三部分，并对从哲学知识论的角度去理解深度教学进行了纠偏，他认为应该从教育学的角度去解构并建构深度教学,即"深度教学是知识的符号教学走向逻辑教学和意义教学的统一"。深度教学是一种完整意义上的教学思考,既有利于知识教育多元价值的挖掘,又有利于教学发展性品质的提升。张伟娜(2011)认为深度教学是教师在深刻理解自己所教知识、传授知识的基础上,训练学生思维、启迪学生智慧、把课堂教学变成一个教师和学生进行对话场所的教学。王实玲(2013)对思想政治课深度教学的内涵做了一定的阐述,她认为深度教学不仅要立足于学科整体,还要着眼于学生发展,教师在教学过程中要超越知识的符号和事实表层,深化教学,但不刻意追求深度和难度。张晓娟和吕立杰(2021)认为教师的深度教学是根据学生的先前经验,即知识结构、认知规律、课程设计等营造文化氛围、创设情境、持续性评价等。深度教学归根结底是服务于学生的,所以应该摒弃传统的教学模式和学习方式,立足于新的知识论基础,从知识的内在构成来理解知识教学的丰富价值。

二是深度触及说。此观点以李松林(2017)为代表。李松林基于"深度"一词的解释,从课堂教学的三个着力点出发(即学生、学科、学习),进而在深度教学与浅层教学两方面的比较研究中挖掘深度教学的内涵。在《深度教学的四个基本命题》一文中,李松林对深度教学的定义进行了概括,他认为深度教学是"深入学科本质的反思性教学、触及心灵深处的对话式教学、促进持续建构的阶梯式教学、建构深层意义的理解性教学"[①]。

三是深度参与说。此观点以罗祖兵为代表。罗祖兵(2017)从学生学习的视角进行分析和探究。他认为学生不仅要全身心投入学习全过程,还要在投入过程中通过自我体验、自我反思、自我建构、自我评价等活动实现与学习内容的良性且深入的互动;同时,教师要引导学生对知识中蕴含的思想理念、价值导向、学习方法等形成由此及彼、由表及里创新思维方式,并在学习、工作、生活中学以致用。

由此可见,研究深度教学的学者有很多,但是他们的观点和研究角度有所不同。深度教学相较浅层教学而言,一方面注重教师的"教",尤其是对知识中蕴含的思想理念和价值导向、文化内涵、学习方法等需要深入理解和深刻解读;另一方面注重学生的"学",特别是在深度学习参与中实现学生认知、情感、思维的高阶发展。

(三)深度教学特征的阐释

深度教学是切合时代发展需要而产生的,那么怎样的教学可以称为"深度

---

① 李松林:《深度教学的四个基本命题》,载《教育理论与实践》,2017年第20期,第7~10页。

教学"呢？姚林群（2011）认为深度教学是以发展为目标，更加注重联系学生的生活实际。郭元祥（2011）则认为深度教学是采用以对话为中心的教学、激发学生的学习兴趣等。张伟娜（2011）认为深度教学的着力点是通过教学来提升受教者的思维水平和结构，提高解决问题的能力，提升独立思考和创造性的能力。伍远岳（2017）从理解性、体验性、反思性三方面总结概括了深度教学的突出特征。深度教学作为一种体验式教学，更加注重学生的学习过程和学习体验，特别是帮助学生经历积极的关系体验、思维体验和情感体验。他认为深度教学是反思性教学，反思自我、反思自身与学习、反思学习过程，通过反思使教学进入学生的生命。张良（2019）认为深度教学的"深"不仅要体现在知识结构上，更要体现在知识运用上。由此可知，深度教学就是在学生对知识深度理解的基础上，强调学生对知识的迁移能力，即学生是否可以运用所学知识解决现实环境中的复杂问题。程良宏（2019）认为深度教学更注重文化层面的交往、实践和创造。苏瑛等（2022）认为高中历史深度教学的价值追求，长期看是促使学生能够将自主学习能力转化为持续性发展能力，也就是说学生可以持续地通过自主学习达到自主发现问题、自主获取知识、自主解决问题的目标，而教师的作用则可以转换为价值导向、情感教育，从而引导学生成为具有家国意识、人文情怀的新一代青少年。

（四）深度教学实施的标准与条件

深度教学是一种富有成效的教学策略，也是一种新颖的教学理论。深度教学的实现需要条件作为支撑。虽然，目前学界对深度教学评价的研究还不太多，但是评价对于深度教学来说，具有重要的调控和导向作用，因此，整合深度教学评价也具有非常重要的意义。

第一，深度教学的实施条件。李松林（2014）认为当前很多教学都缺乏教学深度，包括"意义不足""过程缺失""营养不良""价值残缺"。所以，要从每一个对应的方面找到针对性的举措，然后"对症下药"。首先，要想学生能够进行深度学习，教师就要先进行深度学习，俗话说：要想给学生一杯水，老师首先就要有一桶水。也就是说，教师要对课程内容、课程目标、课程评价体系进行系统备课，这是前提和必要条件。其次，学校培养学生是为了学生的未来，所以深度教学需要具有一定的前瞻性，具体要从课程内容、教学方法和评价体系三方面来开展设计。他认为，根据这三个方面来构建专业的考核和评价体系，可以为教师的深度教学提供专业的和强有力的制度和体系保障。王实玲（2013）认为深度教学应当贯穿于整个教学过程，包括备课、上课和课后练习。每个步骤都需要确切的目标。如备课要认真查阅和挖掘教材知识的丰富内容，上课需要讲清楚核心和主要知识，课后练习要体现价值导向、能力、意志和知识承载。

第二，深度教学的评价方法。首先是提出了深度教学评价的具体方法。李平（2014）以促进学生发展为出发点，提出了四种评价深度教学的组织方法，包括"分层评价、自我评价、生生互评、成长档案袋评价"。这四种评价方法是对多元评价主体、多样评价角度、多种评价方式、多维评价结果的有益探索，如果因材施评、运用得体，就有利于提高教育教学质量和学生的综合发展水平。周霞、伍远岳（2020）指出在学生学习、理解、运用知识的过程中，应该从"运用多样的评价方式、创设多元的评价情景、建构过程质量标准"等方面对其进行综合评价。上述研究为教师评价深度教学提供了可操作的具体方法，具有一定的实践意义。其次是提出了深度教学的评价标准。郭元祥（2015）认为，评价深度教学的标准就是"学习的意义感、自我感和效能感"。其中，学习的意义感是价值起点，学习的自我感是过程标准，学习的效能感是结果标准。最后是提出了深度教学的评价维度。盛刚（2017）认为应该从"学生的参与度、教学的适切度和评价的延伸度"三方面评价深度教学的具体成效。评价的三个维度既包括作为评价主体的师与生，又包括作为评价维度的评价本身。科学贯彻以评价促发展的理念，对于深度教学评价来说具有非常重要的意义和价值。

综上，深度教学评价是以学生发展为根本出发点，应该始终贯穿于教学的全过程，同时，要注意根据具体的教学情况来选择合适的教学方法。

（五）深度教学融入思政课建设的研究

李寒梅（2018）在《走向深度教学：高校思政课教学改革的必由之路》中提到，思政课教学改革应该以深度教学理念为引领，提高教学质量。程嘉妮（2021）在《高校思政课深度教学的价值意蕴与现实路径》一文中提到，深度教学是促进高校思政课教学改革的重要途径，一方面可以落实"立德树人"根本任务，另一方面可以推动高校思政课内涵式发展，对培育大学生科学的思维方式等都具有重要意义。程嘉妮认为促进思政课深度教学理念落地可以通过制定立体化教学目标、应用"问题链"教学方法、选择生活化教学内容、开展科学的教学评估等具体措施。叶静（2021）在《深度教学：高校思政课改革的导向和路径》中提到，深度教学是一种促进深度学习的教学，作为一种提高学生思维能力的教学理念和有效策略，在基础教育领域应用广泛、备受推崇，在高等教育领域则鲜有涉及。以深度教学理念为引领推动高校思政课教育教学改革，既是对传统教学弊端的扬弃，又是对思维方式、价值维度、思想意义在知识基础上的重构，使高校思政课具有更高的意义关怀和价值关怀。将深度教学应用于高校思政课，是顺应改革发展的必然要求，是落实高校思政课立德树人任务的具体举措。王静（2021）在《以深度教学推进新时代高校思政课改革》中提到，深度教学符合新时代高校思政课改革发展的要求。思政课担当着培养时代新人、应对国内外诸多挑战、破解当前思政课改革发展难题的重要使命，而深度教学正是思政课实现这一重要使命的重要途径。深度教学主要包括理论深度、参与深度、价值深度、获得深度四个维度，目的是增强高校思政课的理论性、思想性、针对性、亲和性。推动高校思政课深度教学的改革创新，要在"透""情""活""实"上下功夫。陆汉兵（2022）在《思政课深度教学的三维视角》中提到，学科深度教学是培育学生核心素养的必由之路和必然选择，思政课理应把深度教学作为重要的教学理念和策略加以贯彻。

（六）从思政课教学改革实践层面探索

以"政治深度教学"为主题的研究最早起始于 2012 年。2017 年版《普通高中思想政治课程标准》颁布实施以来，思想政治学科核心素养培育成为社会各个领域研究者的研究热点之一。深度教学作为落实《普通高中思想政治课程标准》的有力抓手，也逐渐被思想政治课教师所重视，并积极在普通高中思想政治课深度教学理论研究和实践应用方面进行了有益探索。

陆社葆（2018）提出了高中政治课深度教学的"五个着力点"。第一，从教师自身出发，自觉树立育人理念，厘清核心素养与课堂教学之间的关系；第二，深度分析学情和教材，在此基础上进行课堂教学；第三，通过创设真实情境、及时回馈、自评互评的方式，优化课堂评价策略；第四，以问题为导向，精心设计深度学习任务；第五，师生共同建立新型学习伙伴关系。孙杰（2019）通过对全国高中思政卓越课中的两个成功的课堂教学进行分析，提出了高中思想政治课深度教学要通过开展"思辨学习、议题学习、依托情景学习"的教学改革实践方法。徐霞和张国英（2019）提出了"五位"说，即高中思想政治课教学要通过"意义站位、知识守卫、组织补位、画面错位、群体 C 位"来进行教学实践改革。戴建华（2019）围绕实现思想政治学科四个核心素养目标开展了政治课深度教学研究。他认为培养政治认同可以通过平等对话、课堂辨析的方式开展，培养科学精神可以通过引导学生开展多方面的质疑批判进行，培养法治意识可以通过开展体验性探究活动进行，培养公众参与可以通过社会实践来实现。到目前为止，关于思想政治课深度教学方面的研究文献、研究成果尽管相对较少，但是本书认为依据该主题的发展趋势，今后肯定会有更多学者对其进行探索和研究，思政课深度教学改革实践探索的研究也会更丰富、更全面。

刘秉亚（2022）在《微型教学：指向深度教学的思政教学论课程改革》一文中提到，师范类院校应根据当前中国的教育国情更新教学理念，目的是培养可以将教学知识和教育实践进行双向转化的应用型人才。而思政课作为大中小思政课一体化进程中的关键课程，应该以深度教学为导向，从四个维度进行教学改革，即微课程、微格教学、微课题、微交往。

(七) 深度教学的实践路径及策略研究

深度教学是基础教育领域研究的热点和焦点，是核心素养落地和课堂教学改革实现的有效路径。郭元祥（2009）立足教育学本位，提出了丰富性、回归性、关联性和严密性一体化的深度教学基本策略，亦被称为"4R 教学策略"。4R 教学策略作为深度教学的四个质的规定性，有效消除了传统教学模式的弊端——单一、孤立和经验主义，从而有效地提升了教育教学品质，丰富了教育教学内涵。伴随着深度教学研究的进一步开展，郭元祥在4R 教学策略的基础上更进一步推动深度教学向着具体性和可操作性转化，提出了"理解性、问题导向和回应性教学策略"。这些都是在4R 教学基础上的进一步具体和深化。目前在各学科最新的课程标准中，根据课程目标和课程内容的变化，也有很多深度教学的策略被提出来，如反思性教学、辨析式教学、议题式教学等，不同的教学方式有不同的教学策略，但是郭元祥教授的4R 教学策略则更加简单明了、透彻清晰，主要包括两方面描述，一是内容，二是方法。就内容而言，学生接受的知识体系兼具深度和意义；就方法而言，学生使用的学习方式全面且系统。与传统的教学手段不同，4R 教学策略更侧重于将学生的心智从传统的教学模式当中解放出来，引导学生认识到背诵、记忆并不是学习的最终目的，而是学习的基础和起点，要让其学会用知识符号来提升自我、造福社会。深度教学就是将知识归为原始状态，然后通过分析，引导学生培养高阶思维。张伟娜（2011）认为深度师生关系是一种"我—你"的关系，主要是提倡二者之间的真正"对话"和"相遇"。要想实施深度教学，教师就要先树立正确的教育观、学生观和职业观。同时，教师知识的储备和高尚的道德修养也是前提和基础。此外，优秀的教师不仅需要具备教学理论和教学智慧，还需要有把自己的教学思想转化为具体行动方法的能力，从而把课堂教学变成学生思维的乐园。

罗祖兵（2017）认为深度教学的目标在于学生核心素养的达成，要培养学生的核心素养可以采用"有限教导、多元教导、情感教学和批判性教学"等多种教学策略，即教师在讲课过程当中要注重降低自我的存在感，强化学生的主体作用，通过学生教学过程深度参与、思想情感深入体验等突出学生存在感的举措，有力有效地培养学生的核心素养。吴宏（2018）的博士学位论文《小学数学深度教学研究》从小学数学深度学习的理论基础、我国小学数学教学的现状和小学数学深度教学的策略三方面对小学深度教学进行了详细解读，具体包括开展以学生能力培养为目标的教学设计、提供能丰富学生经验的数学活动、在教学中渗透数学思想方法、在教学中融入数学文化、在教学中开展多重数学评价等。安富海、陈玉莲（2017）认为目前课堂教学的浅层化问题和核心素养培养的转化要求的呼唤是课堂教学向深度教学转化，并提出深度教学的要求，如备课时要深入理解教材的个性化，讲课时要引导学生在思考探究中激活思维、建构知识意义，在课下练习阶段要培养学生学会对思维能力和品质的迁移。

张晓娟和吕立杰（2018）根据以往的研究成果，将深度教学的过程划分为五个阶段。第一，评估学生的前结构，为设置课程提供前提基础；第二，预设课程，为学生深度学习搭桥；第三，构建学习共同体，实现自主、合作、探究的价值取向；第四，创设学习情境，激发学生的切身感受；第五，丰富课程履历，让学生在体验中提升知识内涵和学科素养；第六，检测与评价，帮助学生多维度、多方面地评估自己的学业水平并改进。刘克平（2018）认为实施深度教学可以通过问题导向学习、任务导向学习、成果导向学习等教学策略增强学生的课堂参与度。深度教学要在教的过程中更加注重激发学生的主体能动性，更加强调学生对于知识背后意义系统和思想的理解，丰富课程内容与学生体验，切实体现教学的过程价值，不断引导学生进行深度学习。

张昕月（2019）认为要解决当前课堂教学的"功利化"和"意义不足"，教学难以进入学生的心灵世界、形成无意义学习，难以引导学生建立意义世界和精神整体等问题，深度教学模式是一个有益的选择。她认为深度教学是一种理解性、反思性、体验性的教学模式，重在引导学生进行知识和意义的重构。鉴于此，她指出教师要在深度教学理念的引领下，去实施有深度、有力量、有发展的教学。

王文君（2020）通过对高中地理课堂深度教学的研究发现，采用"创设问题情景、构建思维导图、优选教学方法以及利用乡土地理资源"的策略可以有效提升学生地理学科的核心素养。邓正立（2020）认为要达到课堂教学育人的目标，应该从教学理念设计、目标制定、过程确立、评价等方面集中发力，不仅要将其纳入教学的全程，更要深入教学全域。这是一种宏观思想、整体思想。孙伟伟（2019）从深度教学问题的设计上来分析、探究深度教学更优化的具体方法。他认为问题是课堂教学过程中的重要抓手，为了更有效地促进教学，问题的设计至关重要，问题必须问得恰到好处，步步深入。戴建华（2019）认为思想政治课深度教学应以培育学生思想政治学科的核心素养为终极目标，而思想政治学科的核心素养包括政治认同素养、科学精神素养、法治意识素养、公共参与素养。对于政治认同素养可以通过过程引领培养，对于科学精神素养可以通过倡导质疑培育，对于法治意识素养可以通过体验探究增强，对于公共参与素养可以通过重视实践引领。林惠美（2020）提出了数学深度教学的几种策略，包括：设计探究性的活动，渗透"说理"教学；数形结合，培养学生解决问题的能力；设计巧妙的练习，培养学生的深度思维。

陈永芳（2021）认为随着社会发展和科技进步、教育的改革与创新，传统意义上的高校教学模式已经不能满足新时代的要求，因此在新形势下，高校的教学模式必须进行变革，同时，她强调，分析核心素养视域下的课堂深度教学策略，并对此进行深入探讨，有助于提升高校课堂教学的教学质量。具体策略包括以核心素养理念为基础，不断细化课程教学目标；开展多方合作，发展核心素养；转变教学模式，培养核心素养等。

李润洲（2022）通过辨析知识与素养的关系来揭示深度学习是知识素养化的主要途径，他认为知识素养化有三个重要实践路径，其中就包括践行深度教学，促进深度学习。他认为从知识素养化的角度来看，深度教学不应该停留在"空谈"的层面上，而需要做出改变，首先是要把深度教学的素养立意从有机统一转变为分解整合；其次是教学内容的深层追问要从显性知识转变为隐性知识；再次是教学活动要从人和活动疏离转变为人和活动融为一体；最后是教学评价的成就取向要从标准答案转变为评价标准。

以上教学改革与实践研究，打破了以往只注重知识记忆和单纯灌输式教学，加强了对学生的能力、体验、情感、价值观的培养和对"意义世界"的关切，切实提升了思政课的实效性。但在实际教学过程中，仍旧存在一些亟待解决的问题。一是课堂呈现仍旧存在着表层、表面学习和教学的局限性，知识处理缺乏必要的深度，制约了教学目标的完整达成和深度达成，需要深化教学理念的"层进式学习"和"沉浸式学习"。"层进"强调的是逐层深化，是抽丝剥茧的过程；"沉浸"更侧重于过程的深度参与和学习的深度投入，是水滴石穿的力度。二是思政课程的"转识成智""以文化人"的教学目的有待进一步深化。高校思政课是立德树人的关键课程。课堂教学的目的并不是把客观存在的知识作为一种知识的客观存在简单地传导或展示给学生，而应该是对客观存在的知识进行文化层面的解构与再建构，从而让知识具备文化影响力，让学生在学习知识中享受文化属性、文化思想、文化精神和文化思维的无穷魅力。三是思政课堂对知识的内在要素和条件的分解有待进一步深化。以往有些思政课程比较浅薄，知识的平面化、表面化问题突出，教师教的逻辑简单必然导致学生学的逻辑简单，这不利于教师和学生的成长。

三、研究思路与方法

（一）研究思路与内容

首先，从概念学和知识发生学的视角来看，对"深度教学"理论内涵和价值意蕴进行深度阐释；其次，从教学价值目标的维度，研究"深度教学"理念与思政课之间的逻辑自洽关系以及"深度教学"深化思政课的价值意蕴、拓宽思政课的思想维度、丰富思政课的文化涵养的内在机制；再次，从建构主义的视角来看，提出"深度教学"理念完善教学设计、创新教学方法、深化教学内容等创新思政课高阶教学模式的具体路径；最后，从学习的意义感标准、学习的自我感标准、学习的效能感标准三个维度建构提升思政课高阶教学实效性的评估体系。具体研究思路如图0.1所示。

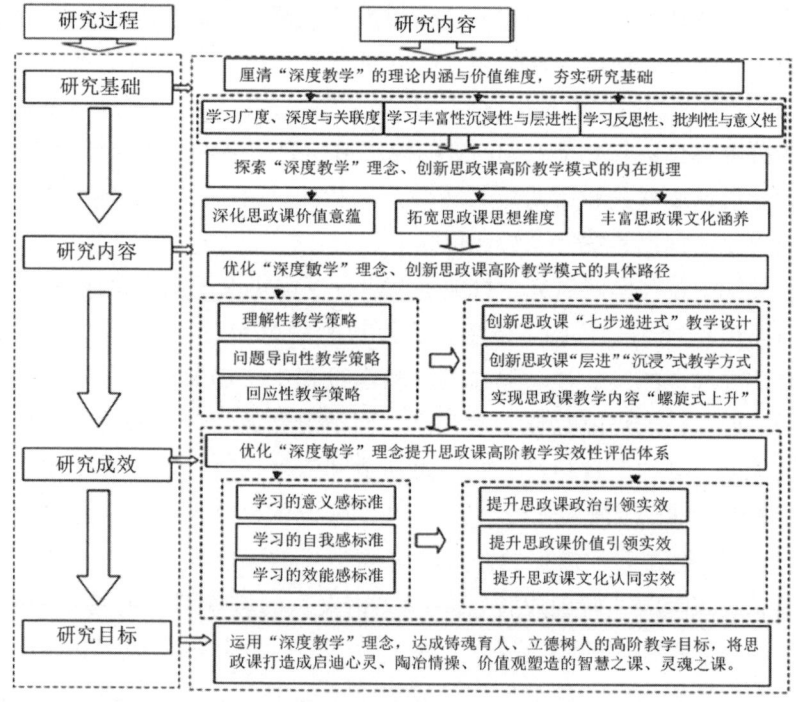

图0.1 具体研究思路模型

本书具体章节研究内容如下。

第一章将重点阐释深度教学的理论渊源、本质内涵和价值旨趣。运用"深度教学"理念指导教育教学实践需要进一步厘清"深度教学"的理论渊源、本质内涵和价值旨趣,讲清楚"深度教学"生发的理论逻辑和实践逻辑。从理论缘起来看,"深度教学"最早源于对"深度学习"的研究,"深度学习"最早源自计算机科学、人工智能和人工神经网络的相关研究,是一种基于算法思维,通过人工智能的编码与解码对人脑神经网络深层次思维和结构的模拟和认知过程。从人工智能领域发展到教育学领域,"深度学习"的理论内涵、价值旨趣和发展策略都发生了变化。"深度学习"具有理解性和批判性的特征,具有自我建构和意义呈现的特征,注重知识的迁移与应用。从本质内涵来讲,"深度教学"是基于"深度学习"而建构的一种教学理念和策略,注重对学生的高阶思维活动的培育和训练。从理论渊源来讲,马克思主义培养"自由而全面发展的人"的教育观,倡导知行合一的情境教学理论,主张社会化交往的建构主义理论以及尊重学生个性的差异化教学理论为"深度教学"理论提供了理论依据。从基本特征来讲,深度教学理念在实践操作上注重学生知识学习的丰富度和关联度,注重学生知识学习的沉浸性和层进性,突出学生知识学习的反思性、批判性和意义性,突出学生知识学习的实践性与体验性。从教育价值目标的维度来讲,深度教学注重学生主动参与学习过程,突破表层知识的机械学习,转向对知识内在结构、逻辑形式、意义体系的深层学习,力求达成发展性教学、价值性教育和高阶思维培育,实现学生对知识的深度理解、情感的深度体验和价值观的深度塑造。

第二章将以"深度教学理念创新思政课高阶教学模式"为主题。首先,从思政课的功能定位与价值目标入手,教学实效性是达成思政课教学价值目标的行为准则。其次,分析思政课教学的实效性面临着学生主体地位有待充分发挥、教学方法有待优化、教学内容有待整合、教学评价有待完善的现实困境,而这些问题的解决统一于构建思政课高阶教学模式。教学模式是在一定教学理论的指导下,遵循教育教学的规律,尊重学生的认知特点,为实现教学目标在教学过程中建立起来的并反过来指导教学过程的较为稳定的教学程序与教学结构。教学模式通常包括教学理论、教学目标、实施条件、教学程序和教学评价五大要素。目前,学术界对思政课教学模式的内涵并没有形成统一的认识,已有的认识或者都是在教学模式内涵的基础上融入思政课,或者是从教学模式概念出发提出思政课教学模式。思政课教学模式是基于思想政治教育的教学思想或教学理念,为完成立德树人的教育根本任务,培养担当民族复兴大任的时代新人,遵循学生的认知特点,针对思政课教学内容,按照一定的教学程序,有效开展教学活动的一种范式,包含教学理论、教学目标、实施条件、教学程序、教学评价五方面。再次,梳理"深度教学"理念在不同阶段的思想政治教育实践中的特点，小学教育阶段、中学教育阶段的思政课在培育核心素养方面整体上呈现出纵向进阶特质；高等教育阶段"深度教学"理念在思政课的贯彻实施中横向上体现为教师的深度教学、学生的深度学习两大方面，纵向上体现为高阶教学目标、有效教学方法、深度教学内容等多方面。最后，探究思政课高阶教学模式的构建以深度教学理念为引领，源于深度教学理念与思政课高阶教学模式的基本理论、教学目标、教学方法、教学内容等方面高度契合，因此，在深度教学理念创新思政课高阶教学模式的实践中，更应该关注教师维度、学生维度、教学环境维度、教学技术维度的保障机制建设，以达到教学效果的最优化。

  第三章将对深度教学理念创新思政课高阶教学模式的具体路径进行分析。思政课教学要提升亲和力和实效性，必须着眼于高阶思维教学模式的构建，要解决好"教什么"（内容）、"为何教"（目标）、"怎样教"（方法）、"教的如何"（评价）等核心问题，"深度教学"理念下的思政课堂教学新样态要求完善教学设计、创新教学方法、深化教学内容，在激发学生学习潜能的同时，更加注重对青年学生的道德修养、社会责任、家国情怀等核心素养的培育和关怀。以"探究""理解""反思"为价值主旨的"深度教学"理念可以建构起达成思政课教学价值目标的高阶思维教学模式和教学新样态。以深度教学理念创新思政课高阶教学模式就要将深度教学理念与策略渗透到思政课教学全过程，以教学目标的实现为牵引，融合教学内容、教学技术、教学活动、教学评价等，通过合理规划完善思政课教学计划，优化教学流程，形成具有可操作性的教学方法。以深度教学理念创新思政课"层进式"和"沉浸式"的教学方式，需要通过学习共同体创设，注重学生对课堂教学过程的深度参与，充分运用理解性教学策略、问题导向性教学策略和回应性教学策略，提升教学的深度和广度以及学生的参与度和积极性。运用"深度教学"理念深化思政课教学内容，需要明晰知识的结构、层次、本质和规律，对思政课程表层知识进行处理，在知识讲授和传递达到"充分深度"的前提下，挖掘课程内容深层次的价值意蕴和德行涵养，建构知识之后的"意义世界"，引导学生对知识的内在结构进行深层思考的深度学习，将价值观引导以潜移默化、润物无声的方式渗透进知识传授过程，逐渐使思政课堂教学由事实性知识传授向价值性思维引导转变，由知识型教学向信仰型教学和智慧型教学转型，实现思政课程内容的"螺旋式上升"，进而达到思政课教学的目标要求。总之，深度教学可以完善思政课教学设计、创新思政课教学方式、深化思政课教学内容，实现思政课教学内容、目标、方法、评价之间的有效贯通，完成思政课"教材体系—教学体系—知识体系—价值体系—信仰体系"之间的有效衔接，实现思政课教学层层递进、逐级深入，达成

"教"的深度与"学"的深度相统一，提升思政课高阶思维培育目标。

第四章针对当前思政课教学改革亟待解决的理论课题，结合笔者近年来在思政课教学改革方面的探索研究，综合分析基于"深度教学"理念的思政课教学改革的若干案例，力求总结以"深度教学"理念为主线的思政课教学改革经验。第一，在"深度教学"理念下思政课教学的改革与创新。深度教学理念创新思政课高阶教学模式，目的在于"课程化人"与"人化课程"的双重建设目标，全力打造出"有虚有实、有棱有角、有情有义、有滋有味、有己有人"的新时代思政课，实现学生知识与能力、过程与方法、情感态度与价值观的三重建设目标，不断增强学生对思想政治课的获得感、认同感与成就感。第二，在"深度教学"理念下教学方法的改革与创新——以"双师共上一堂思政课"为例。"深度教学"理念强调学生应在教师的引导下进行"层进式"和"沉浸式"的深度学习，这就要求将教学活动延伸至课堂教学之外，构建"大思政课"的育人场域，"双师共上一堂思政课"模式应运而生，"1+N"双师教学手段也逐步形成。第三，在"深度教学"理念下教学设计的改革与创新——以"一个真实的马克思"专题为例。"深度教学"理念深化学习阶段，课前的表层学习阶段、课中的深度学习阶段、课后的深度内化阶段、考核评价的效果反馈阶段；"深度教学"理念推进教学设计的改革创新，构建起"看、视、听、思、论、写"六维递进式教学方式。第四，在"深度教学"理念下教学内容的改革与创新，以红色家书、红色金融史、伟大建党精神等内容融入思政课教学为切入点，运用"深度教学"理念优化和创新思政课教学新样态，从而增强思政课教学实效性，构建学生的"意义世界"和"价值世界"。第五，在"深度教学"理念下思政课实践教学改革与创新，"深度教学"理念深化思政课实践教学模式的五大基本要素，进而提出构建"12345"的思政课实践教学模式，贯穿一条主线，落实"立德树人"教育的根本任务；协同两大主体，基于成长共同体的教师和学生；借助三大优势，金融黄埔学校优势、红色文化地域优势、雄安新区区位优势；构建四个平台，课内实践—校内实践—校外实践—线上实践；整合五大类型，榜样激励型、角色扮演型、经典感悟型、体验感知型、调查研究型，使思政课真正成为启迪心灵、陶冶情操、塑造价值观的智慧之课、灵魂之课。

第五章将重点阐释"深度教学"理念提升思政课教学实效性的评价标准与方法。对于思政课来讲，以深度教学理念引领思政课教学改革创新，必须有科学合理的评价标准及评估方法。"深度教学"理念所展现的课堂评价标准与思政课的教学目标之间存在着理论与逻辑上的自洽关系，可以有效提升思政课教学实效。思政课要以教学价值目标的达成度来设定教学实效性标准，规约思政课教学行为。思政课教学应当遵循深度教学理念，通过教学实效性标准来"测量"思政课教学价值与目标达成的深度、思政课教学内容掌握与理解的深度、思政课学习过程与方式的深度等，要确保思政课教学是完整且有深度的教学过程，是由符号教学深入逻辑教学、意义教学与价值教学的教学过程。开展思政课教学效果评估要以学习的意义感标准提升思政课价值引领实效；以学习的自我感标准提升思政课价值认同实效；以学习的效能感标准提升思政课价值内化实效，三者同效，可以共同促进思政课教学高阶思维的价值目标实现。

（二）研究方法

1. 理论与实践相结合研究法

本书主要是基于"深度教学"理念研究提升思政课高阶教学模式的内在机制与现实路径。课题研究需要深入厘清和内化"深度教学"的理论内涵与价值意蕴。此外，在教学过程中要坚持理论与实践的有机统一的原则，将"深度教学"的价值理念贯彻到教学实践，切实提升思政课高阶教学实效性。

2. 知识分类学和知识价值比较研究法

英国著名教育哲学家赫斯特（Paul Hirst）认为可以通过超越知识类型的划分，进而深入知识的内在构成，在此基础上思考知识与课程、知识与教学的相互关联，才能得到有价值的知识。基于此项研究法，本书研究将突破思政课表层知识，深入知识体系内部，挖掘内涵的价值、意义、思想等，实现思政课教学的教学价值目标。

3. 归纳总结法

在评估实效阶段和研究深化阶段，遵循从个别到一般的分析路径，甄别研究教学实践中存在的问题，归纳总结可推广的典型做法，运用理论阐释与实践检验相配合的路径，分析总结出运用"深度教学"理念创新思政课高阶教学实践模式。

第一章

深度教学的理论渊源、本质内涵和价值旨趣

当前,"深度教学"在我国教育领域正成为一种新的教育理念和教育策略,在学校教育教学,特别是中小学教育教学中正在发挥着重要的引领作用。国内外诸多学者对"深度教学"的理论和实践进行了深入的研究,产生了一系列丰厚的成果。但笔者认为要想运用"深度教学"理念指导教育教学实践还需要进一步厘清"深度教学"的理论渊源、本质内涵和价值旨趣,讲清楚"深度教学"生发的理论逻辑和实践逻辑。

第一节 深度教学的缘起

从理论缘起来看,"深度教学"最早源于对"深度学习"的研究。"深度学习"最早并非一个教育学概念,而是源自计算机科学、人工智能和人工神经网络的相关研究。它是一种基于算法思维,通过人工智能的编码与解码对人脑神经网络深层次思维和结构进行模拟和认知的过程。从人工智能领域发展到教育学领域,"深度学习"的理论内涵、价值旨趣和发展策略都发生了变化。本书认为要想厘清研究"深度教学"的理论渊源首先要从"深度学习"谈起。

"深度学习"起源于人工智能领域。人工智能视域下的"深度学习"是一种"机器学习",其倡导的深度学习模式和方法逐渐引起了教育领域研究者的高度关注和研究。诸多教育学者开始思考和研究如何在教育领域开展深度学习等问题。

一、人工智能视域下的"深度学习"

国际著名的机器学习专家辛顿教授综合多年来在人工智能、机器学习模型等方面的研究成果,在全球率先提出了深度学习的概念。众所周知,人工智能从本质上来讲是人的意识、部分智能和脑能力的机械化,是人类认识活动和实践活动的一个辅助性技术工具。人依托于人工智能,在模拟人脑组织结构、神经网络和思维方式的基础上完成人的部分运算或智能活动。人工智能的出现解

决了许多复杂的模式识别、运算和思考难题,拓展和丰富了人类认识世界和改造世界的途径和方法。人工智能领域中的"深度学习"既被赋予了机器所具有的对数据的收集、存储、筛选、归类、推理、建模和传输等的高运速、大量体甚至是巨量体的工作能力,又被赋予了人脑所具有的深度、多元和复杂的算法、视听和思考等的智能活动,是具有一定自编码和自主学习能力的模式。人工智能领域中的"深度学习"通过模拟人脑网络神经,从而获得像人一样分析学习和深化学习的能力,能够对识别符号、文字、图像和声音等数据进行非监督和相对自主性的学习。

人工智能视域下的"深度学习"虽然更接近人的智能学习,但从本质上来看就是一种"机器学习"。机器学习是人类通过编程和设计计算机如何模拟和实现人类的学习行为,以获取人所需要的新的知识和技能的认识过程。从学习特征和学习程度来讲,"深度学习"是高级别的"机器学习",突破了传统"机器学习"被动式的、被赋予的依靠人工编程而形成的学习状态,具有一定的主动性和智能化特征,是最接近于人脑的智能学习方法。但是,人工智能视域中的"深度学习"毕竟带有不可抹去的机器和技术烙印,是建立在大数据和日趋发达的各种算法技术基础上的学习模式,并不具有人的智能所具有的情感、意志、信念等意识以及辩证思维、创造性思维等高阶思维方法。因此,"深度学习"的直觉、理解和领悟能力还是初步的、很有限的,还不能实现自我意识、后果意识、情感体验和社会责任感等行为,也无法达成情境式意义和价值学习。尽管如此,人工智能领域对"深度学习"的研究及所取得的成就,一方面分担人的部分认知、计算和智能工作,替代人重复性的和难以完成的工作任务,切实提升了人类认识世界和改造世界的能力;另一方面其所倡导的深度学习模式和方法也引起了教育领域的高度关注和研究。诸多教育学者乃至教育技术学者开始思考和研究在教育领域如何开展深度学习等问题。

二、教育学视域下的"深度学习"

从人工智能领域发展到教育学领域,"深度学习"的理论内涵、价值旨趣和发展策略都发生了变化。1956年,美国著名教育学家本杰明·布鲁姆(Benjamin Bloom)从课程研究者的视角基于教育目标的层次性,首次提出了"教育目标分类法"。依据不同的教育目标分类和学生学习层次的不同,将教育目标划分为"认知""情感""动作技能"三个领域。"认知—情感—动作技能"的三维教育目标是一个逐级深入、递进式的教育方式。虽然布鲁姆并未明确提出"深度学习"的概念,但其对学生认知过程"记忆、理解、应用、分析、创造和评价"

的分析，彰显了深度学习的意蕴。学生学习的深浅程度与知识的类型存在着必然的联系。布鲁姆在教育目标分类学中区分了事实性知识、概念性知识、程序性知识和元认知知识。事实性知识被认为是表示感性、孤立、分离的"碎片化"的术语或事实性知识，是学习进行学科学习的基础性知识。学生习得的事实性知识并不能与其他知识或事实建立联系，更无法从深层次上理解知识的系统性内涵。学生的学习不能仅仅停留于关涉细小、碎片、孤立化的事实性知识，而需要达成对概念性知识的理解。概念性知识是涉及概念、原理或理论的知识，更加注重知识体系内各个要素之间的关系，这需要理性认识和深度学习才能达到。概念性知识可以实现更为复杂的、深层次的结构化知识认知，可以有效实现知识的迁移，达成情境化、系统化的知识理解。也就是说，概念性知识是较之事实性知识更为深层次的知识体系。如果说学生对事实性知识的学习是浅层次的学习，那么对概念性知识只有深度学习才能达成。程序性知识是关于解决问题的方式方法的知识，这种方法需要遵循特定的程序或序列步骤得以实现，程序性知识往往对应具体学科或专业。为帮助学生更好地理解学习和促进学习，进而思考自己的思维，布鲁姆提出了元认知知识，元认知知识是关于认知的知识或对认知过程的自我调节的知识，是学生自身对习得的知识和思维的自我意识与责任，是达成"高阶"目标的知识。"当学生终于知道并理解了这些基于科学研究的关于策略的元认知知识，他们也许能够比在依赖自己的独特学习策略时学习得更好些。"①

在布鲁姆看来，从认知过程的维度来讲，学校教育大多停留于对事实性知识的学习，即表层学习的阶段。这虽然是所有学习过程的初始阶段和对基础性知识的学习，但并不是学习的最终目标。学习并不是仅仅掌握事实性知识本身，而是要实现对知识学习的保持与迁移，这也是教育的目的所在。"教育的两个最重要的目的是促进学习的保持和学习的迁移（迁移的出现是有意义学习的标志）。学习的保持是指在学习之后的某一时间内以教学中呈现的大致方式回忆出教材的能力；学习的迁移则是指运用已学知识去解决新问题、回答新的提问或者学习新内容的能力。简言之，保持要求学生回忆所学知识，而迁移不仅要求

---

① [美]洛林·W.安德森等编著：《布鲁姆教育目标分类学：分类学视野下的学与教及其测评（完整版）》(修订版)，蒋小平、张琴美、罗晶晶译，北京：外语教学与研究出版社2009年版，第34页。

学生回忆，而且要求学生理解并能够运用所学的东西。"① 而概念性知识、程序性知识和元认知知识可以拓宽知识的类别，深化知识的内涵，实现学生对知识的理解、运用与迁移。为了更好地辨别认知过程中学生的学习程度和学习结果，布鲁姆列举了零学习（No Learning）、机械学习（Rote Learning）和有意义学习（Meaningful Learning）三种学习情形。其中，零学习和机械学习在学习过程和学习结果上仅仅呈现出对事实性知识的掌握，具有孤立性、碎片化和非系统性的特点。虽然能够记忆、回忆起一些要素性知识，但并不能够运用知识实现对知识的迁移。有意义的学习在学习过程和学习结果上不仅可以掌握事实性知识，还能够很好地运用知识来解决问题，实现对知识的迁移，帮助学生达成自身的目标。如果从学习的程度来看，零学习和机械学习属于表层学习阶段，有意义学习则属于深度学习阶段。有意义学习注重学生在学习过程中主动参与认知获得，自觉建构知识体系以及对知识的保持和迁移，与建构主义学习观是高度契合的。

从零学习到机械学习再到有意义的学习过程是一个知识认知不断深化的过程。布鲁姆将学生在学习过程中由浅入深的认知过程概括为"记忆、理解、应用、分析、创造和评价"六种认知形态。"记忆"即学生在学习过程中从记忆中查找、提取相应知识元素，学生在这一阶段记忆的是事实性知识，能够促进学习的保持，但不具备意义建构的思维，无法达成知识的迁移，属于表层学习阶段；"理解"即学生能够从学习过程中获取知识，建立原有知识体系与新知识之间的联系，并自觉建构意义，是对知识的表层认知深化到知识的本质认识的关键。"理解"可以实现由学习保持到学习迁移的转化，是对概念性知识的理解。在这一阶段，学生通过解释、举例、分类、总结、推断、比较、说明等认知的深化过程逐渐阐释知识的信息深化到知识系统的意义建构。"理解"这一层面已经开始由表层学习转向深度学习阶段。"应用"是实现知识迁移的必要阶段，也是深度学习的重要环节。"应用"关涉学生怎样运用知识去程序化地解决问题，主要是运用已有知识程序化地执行（熟悉的）和实施（不熟悉的）任务，与程序性知识紧密相关。"分析"是辩证思维方式的一种，是较高级别的认知方式，是对知识体系分解为若干知识要素部分并思考各要素部分及部分与知识整体结构之间的关系的思维方式，涉及对学生的高阶思维的培育。"评价"是指学生依

---

① ［美］洛林·W. 安德森等编著：《布鲁姆教育目标分类学：分类学视野下的学与教及其测评（完整版）（修订版）》，蒋小平、张琴美、罗晶晶译，北京：外语教学与研究出版社2009年版，第48页。

据已有的知识对一事物（产品、工作等）进行检查、判断和评论的过程。"评价"是建立在学生对知识体系意义建构的基础上的，是学生对一事物或现象做出的主体性的正面或反面的评论，是学生自我意识的呈现。可以说"评价"是对学生判断性思维和批判性思维的培育，与深度学习倡导的高阶思维培育具有一致性。"创造"是布鲁姆对学习目标分类的最高层次。"创造涉及将要素组成内在一致的整体或功能性整体。属于创造类别的目标要求学生在心理上将某些要素或部件重组为不明显存在的模型或结构，从而生成一个新产品。"① 在知识认知过程中，"创造"训练的是学生的创造性思维和生成性思维，是学生依据先前的学习经历和知识结构对新事物（产品）的建构与生成的过程。学生对新事物（产品）的生成或创造离不开对原有知识的深层次理解、领悟和建构，"创造"本身蕴含着意义的建构，是有意义的学习过程，更是深度学习所要实现的教育目标。在布鲁姆教育目标分类和学生学习层次研究的基础上，1976年，美国学者马顿（Marton F.）和萨尔约（Saljo R.）明确提出了"深度学习"的概念，并区分了表层学习和深层学习的概念。在此之后，拉姆斯登（Ramsden，1988）、英推施黛（Entwistle，1997）与比格斯（Biggs，1999）等进一步发展了浅层学习和深度学习的相关理论。

在"深度学习"的实施策略方面，美国学者埃里克·詹森和莱安·尼克尔森在《深度学习的7种有力策略》一书中对"深度学习"的路线和步骤进行了详尽分析，并丰富了"深度学习"的理论内涵和实践策略，以期让学生获得更深层次、更有意义的学习。他们认为，积极的情感和对学习的由衷热爱是深度学习的激活源。教师应该打造能够提升学生学习热爱度的教育场域，通过深入分离表层来帮助学生自我促动、自我体验、热爱学习。学习本身就是一个获取信息、促成脑记忆的训练过程。"学习是通过学习或亲身经历而获取知识、技艺、态度、心理概念或价值观的过程，还是促成脑记忆的可测变化的训练过程。"② 学生的学习有不同的类型，简单学习和深度学习是其中的两种。简单学习是指学生无须付出太多，可以在没有经验的情境下学会知识或信息，简单学习往往缺乏内驱力，需要外部动机来"强加"。二人认为相较于简单学习，深度学习则需要遵循多重规则、更为复杂的程序和策略来获得新的知识、技能或价值观。教师应该帮助学生运用深度思维、多层抽象思维、分散思维、创造性思

---

① [美]洛林·W. 安德森等编著：《布鲁姆教育目标分类学：分类学视野下的学与教及其测评》，蒋小平、张琴美、罗晶晶译，北京：外语教学与研究出版社2009年版，第54页。
② [美]埃里克·詹森、莱安·尼克尔森：《深度学习的7种有力策略》，温暖译，上海：华东师范大学出版社2010年版，第8页。

维及批判思维来理解、保持和应用知识，进而实现从简单学习到深度学习的跨越。为了更好地达成深度学习，作者以小学和中学课堂教学为例，设计并规划了深度学习的路线图。第一步是设计标准与课程。这是深度学习教学目标的设定环节。教师对课程教学往往从教学标准和目标入手，设定好学生通过学习应该要达成的状态，以此来规划达成深度学习的策略安排。第二步是预评估。这一阶段是对学生的兴趣爱好、发展机会、原有的背景知识、知识体系和知识水平等的预先评估。这是教师激活学生深度学习的关键点，也就是说，教师在实施深度教学前要先对学生的基本情况进行预先了解，有针对性地实施教学，帮助学生取得更好的学习效果。第三步是营造积极的学习文化。这一阶段是调整学生学习情绪、营造积极的学习文化的阶段。具体来讲，教师要达成师生之间、生生之间的积极信任关系，创造安全、有归属感的学习环境，激发学生积极的学习情绪，进而推动学生深切关注并投身学习。第四步是预备与激活先期知识。这是联结原有知识与新知识的关键环节，也是实现知识迁移的关键环节。学生的高效学习与深度学习的达成必然要求深度联结学生的背景知识与尚未掌握的新知识。每位学生所储备的背景知识，不可避免地存在一定差异性，这就要求教师要积极采取多种措施激活学生大脑的原有知识，使新知识联结到学生大脑的神经网状结构，并预先研判新知识与学生原有知识之间是否有效契合，以便为学生下一步获取新知识提供桥梁。第五步是获取新知识。获取新知识是学生知识生成与迁移的主要环节。新知识必须关联学生的神经网状结构，与学生大脑中的原有知识相契合、相联结。学生对新知识的获取是一个由浅入深的过程，起初学生获取的只是对新知识粗浅的理解，但随着对知识的加工不断深入，学生对新知识的识记和理解也会不断加深。第六步是深度加工知识。对知识的深度加工是由粗浅走向精细、由表层走向本质、由识记走向理解和内化的过程。对知识的深度加工需要付出多倍的努力与有动机的刻苦练习。一般而言，学生往往在四个领域对知识进行深度加工进而达成深度学习。一是为觉知而加工，即对正在发生的事件的加工和认识；二是为分析和综合而加工，是指用辩证思维对事物进行由一般到个别或由个别到一般的加工和创造；三是为应用而加工，这是从理论到实践的加工过程，是对知识的迁移和应用的加工，也是对所学新知识目的的达成；四是为同化而加工，是指对新知识内化和同化的过程，通过这一加工和吸收，新知识便转化为自我知识体系的构成。这四个领域的深度加工是一个逐渐走向深化的过程，往往也需要学生采用简单或复杂的加工方法来完成。第七步是评价学生的学习。对学生学习的评价是衡量学生是否达成深度学习的关键。学生对知识的学习不可能第一时间就进入复杂学习（深度学习）

阶段，往往会经历简单学习的过程。简单学习是表层学习的呈现，是对知识的表层识记和机械表达的学习。由简单学习到复杂学习（深度学习）往往需要学生的反馈。学生的"反馈"信息既标识着其对新知识精细加工的修正，也意味着学生能够用自己的话语体系来表达知识的内涵和本质，可以说反馈是优质课堂活动的组成部分。正如埃里克·詹森和莱安·尼克尔森所强调的，"学生应当能用自己的话语来解释和详尽阐述所学到的东西，或来解释和详尽阐述如何去表现技能。他们应当对内容或技能有一个全面的、深刻的理解，这样在一个学习情境中就某一主题他们才能以若干种方式而不是仅仅以一种方式来运用它。"①

综上所述，深度学习是一种指向高阶思维训练的学习模式或策略，是达成学生学习效果和实现教学目标的必由阶段。

三、"深度学习"的本质与特征

从教育学的立场来讲，"表层学习"是学习的初始阶段，是对课程内容的现象、个别化、表面化的认知，以识记性学习为主，是停留在对知识符号本身识记层面上的学习状态，具有较强的机械性和重复性。"深度学习"是对课程内容的内在本质、逻辑和规律等的学习。它更加注重对学生的高阶思维活动②的培育和训练，是一种指向高阶思维训练的学习模式，是达成学生学习效果和实现教学目标的必由阶段。郭元祥在《深度教学—促进学生素养发育的教学变革》中提出，"深度学习是一种主动的、高投入的、理解记忆的、涉及高阶思维，并且学习结果迁移性强的学习状态和学习过程。"③"深度学习"注重对深层知识中所蕴含的思想要素、情感价值元素、思维方式和社会文化进行深度学习与内化。也就是说，"深度学习"理论包含着特定的历史文化和社会建构过程。由此可见，从本质上来讲教育学视域中的"深度学习"并非将技术问题看作根本性问题，而更多的是学生在教师的引导下如何进行深度学习的问题，涉及教育的价值观、知识观、学习观等建构问题。这也是"深度学习"的教育旨趣和本质

---

① ［美］埃里克·詹森、莱恩·尼克尔森：《深度学习的7种有力策略》，温暖译，上海：华东师范大学出版社2010年版，第19页。
② 我国学者郭元祥在《论深度教学：源起、基础与理念》中认为，涉及理性思辨、创造性思维、问题解决等相对复杂思维活动的深层理解、应用、分析、综合和评价等属于高阶思维活动。
③ 郭元祥：《深度教学——促进学生素养发育的教学变革》，福州：福建教育出版社2021年版，第5页。

所在。

"深度学习"具有理解性和批判性的特征。"深度学习"是对课程知识由表层认知转向深度理解的学习过程，是对课程内容真正"掌握"的学习理念。这就要求不能把"掌握"局限在"死记硬背"或"机械照搬"之中，要让学生真正掌握知识，必须触及"理解"。"理解"即学生能够从学习过程中获取知识，建立原有知识体系与新知识之间的联系，是对知识的表层认知深化到知识的本质认识的关键。理解是解构知识与建构知识的过程，其本身蕴含着批判性的思维，是对原有知识、思想与新的知识、思想的批判性理解，是将新知识和思想融入既有认知结构的批判性建构过程。"深度认知"也可以说是"深度学习"的应有之义，是对"表层学习"的突破，是经由对知识符号的记忆性表层认知转化为深度加工和内在心理活动的阶段，"深度学习"必然要经历由"深度认知"到"深度理解"的过渡。一方面，"深度认知"注重对某一理论知识背后的价值性和意义性的掌握，是对事实性知识（是什么）的深层次表达，是对"学习的保持"的关键，必然会推进"深度理解"的实现。另一方面，"深度理解"是"深度学习"的更深一层次的发展，是在"深度认知"基础上对整个认知结构和理论知识之间进行深层次关联性的理解。注重不同理论知识之间的逻辑性与融会贯通，强调理论知识体系的系统性与整体性，是对价值性和意义性（为什么）的深层次理解。它是由"学习的保持"深化到"学习的迁移"的关键。

"深度学习"具有自我建构和意义呈现的特征。"深度学习"是一种指向高阶思维训练的学习模式或策略，侧重对学生的知识分析、评价和创造等的培养和自主学习能力的培育。在学生学习过程中，学习质量的关键在于学生的自主性、参与度以及自我建构意义的能力，而不取决于学生记忆背诵教师讲授内容的能力或重现教师思维过程的能力。对知识的自我建构是建立在学生对知识识记、理解的基础上的，是学生在对原有知识体系批判的基础上实现与新的知识要素相联结的自我主动建构，必然会生成新的知识结构与体系。"深度学习"所倡导的自我建构是基于学生的内驱力完成的，是对学生知识整合、迁移和运用能力的培育。"与表层学习所不同的是，在深度学习中，学生并不满足于表面信息的获取或占有，而更倾向于探寻和思考知识背后蕴含的思想与方法等，并在对知识进行深加工的同时，努力使新知识与自己的认知结构和个体经验之间建立关联，从而提高知识的整合、迁移与运用能力。"① 学生在"深度学习"自我建构过程中，必然会有意义的生成和呈现，意义的生成本身就是一个知识创造的过程，是对知识符号的超越和"知识之后"的追问，是对知识背后所蕴含的情感、德行和价值的自我建构以及意义呈现的过程。因此，从一定程度上来讲，只有学生在学习过程中达成对知识的自我建构和意义呈现，才是真正实现了学习的"深度"。

"深度学习"注重知识的迁移与应用。"深度学习"的本质内涵要求学生对知识的学习不仅要知其然，还要知其所以然；不仅要知其所以然，还要能够实现知识的情境化，掌握知识的迁移和应用。任何知识都存在于一定的情境域和问题域之中，学生对知识的学习不能脱离情境和问题而孤立地就知识本身学习知识，要将知识置于特定的情境中来实现对知识的自主获取和意义建构，在此基础上建立问题的心理表象和解决问题的方案，实现知识的迁移和应用，运用知识解决现实的新问题。因此，"深度学习"不仅是学习结果的是否高阶的呈现，更是对学习过程是否深入的考量。本书认为，"深度学习"是"深"在学习过程中对知识的迁移和应用，"深"在学习过程中实现由"知识之知"到"情境迁移"和"问题解决"的转化。实践是认识的来源和目的，要立足于现实的情境来掌握和深化知识，还要通过知识的迁移和应用来解决现实问题。"深度学习"注重将知识置于特定的现实情境和问题之中，通过在现实情境中的主动建构和意义生成来达成对知识的掌握和理解，与此同时，通过在现实情境中对知识的迁移和应用来消解学生心理认知和现实困惑之间的思维不平衡和认知障碍，疏通理论知识与现实问题之间的"经络"，达成对问题的解决能力和学生高阶思维的培育。

综上所述，从缘起来讲，"深度学习"是由人工智能领域逐渐发展到教育学领域的，是从人工智能领域到教育学领域的转化与发展。但随着教育学领域研究的不断深入，其理论内涵、价值旨趣和发展策略都发生了根本性变化，逐渐指向和回归了教育的本真。"深度学习"是一种指向高阶思维训练的学习模式，是达成学生学习效果和实现教学目标的必由阶段，是建立在新知识观基础上的学习策略。"深度学习"具有理解性和批判性的特征，具有自我建构和意义呈现的特征，注重知识的迁移与应用。学生的学习需要由"表层学习"深化到"深度学习"的阶段，实现高阶思维的培育。从教学的实践层面来讲，教与学本就

---

① 王芳芳：《再现—经历—转化：深度教学的实现机制及其条件》，载《课程·教材·教法》，2021年第2期，第75页。

是一对矛盾体，教师的教离不开学生学的主体，学生的学也离不开教师教的主导。随着教育学领域对"深度学习"研究的逐渐深入及对教与学矛盾体的深入把握，教育学领域对"深度学习"的研究已然转向了对"深度学习"和"深度教学"的关联性及"深度教学"的研究。

第二节　深度教学的理论依据

"深度教学"理论突破传统教学在知识结构与知识运用之间的对立，注重对知识逻辑体系、文化情感熏陶以及道德价值观念的塑造，引导学生超越"物化"的知识逻辑结构，指向更具高尚道德情操、更有高雅审美趣味、更能高效解决问题的人的培育。其理论实质在于从社会文化生活的整体环境中培育出知识储备充足、情感世界丰盈、意志品格优良、行为举止端正的人，并将人视为趋向身心健康、人格完满的文化性存在。马克思主义培养"自由而全面发展的人"的教育观，倡导知行合一的情境教学理论、主张社会化交往的建构主义理论以及尊重学生个性的差异化教学理论为"深度教学"理论提供了理论依据。

一、马克思主义教育观

马克思主义贯穿人类社会历史发展的始终，第一次科学地指出教育的源泉在于劳动实践。人类社会在应对各类自然风险挑战与社会危机的过程中积淀出独有的风俗习惯、礼仪传统、人文风情、规章制度等诸多具有民族标识与价值传统的历史文化，淬炼出不同社会历史时期的劳动人民各具特色的生存智慧与精神图谱，并将这种精神气质与生存智慧在劳动实践的过程中继续传递给下一代。劳动人民在社会生产生活过程中，根据特定社会历史时期特有的道德价值观念、伦理秩序或规章法度，有意识、有目的地传递社会生产技能与生活经验，促使个体完成从动物性个体到社会化个体的转变与发展。因此，从某种程度来讲，马克思主义教育观具有生存论的价值高度。它指出了劳动实践是推动人类社会生存与发展的决定力量，明确了劳动实践是教育的唯一源泉，赋予了劳动实践鲜明的道德底色，抬高了劳动人民的社会地位。可见，教育本质上是一种生存经验的代际传递，是教育者通过诸种教育手段使受教育者完成社会化发展的实践活动，是人类应对各类自然风险挑战与社会危机的智慧来源和历史依据。因此，在马克思主义看来，教育区别于人类社会其他一切活动的根本之处就在于教育是人类社会独有的社会现象，具有鲜明的实践性特征。

教育的实践性首先体现在马克思主义对人的本质的理解。在马克思主义诞生之前，人的本质被抽象地理解为"理性人""经济人"，在虚幻悬浮的精神世界或宗教世界中，通过逻各斯的思维活动、麻木隐忍的宗教信仰或理性设计的精准算计获得所谓的尘世"幸福"。但这种虚幻的、彼岸的"幸福之花"如同罂粟一般散发着荼毒劳动人民精神世界的气味，束缚了人们全面发展的多种可能性，其缺陷就在于"对事物、现实、感性，只是从客体的或者直观的形式去理解，而不是把它们当作人的感性活动，当作实践去理解，不是从主观方面去理解"①。因此，在马克思看来，人，并非抽象的存在，而是现实的、有血有肉的、有着丰富的感觉系统与目的需要的不同个体，他们在各种不同的目的或需要的指引下，有意识、有目的地从事着各类感性的物质实践活动。不同于动物的本能活动，人类按照内在的需要或尺度，有意识、有目的地作用于劳动对象，在对象化的感性活动中获得真理的认知与价值的塑造，进而获得美的感受。

马克思在《1844年经济学哲学手稿》中充分论述了人类的本质特征不同于动物的本能活动，而是在于人类社会独有的、感性的物质生产实践活动。这种感性活动既超越了黑格尔的抽象精神劳动，全面地概括出实践活动具有物质生产与精神生产的双重侧面，又明确了劳动实践的价值原则或道德规范在于立足不同个体的感性需求，"动物只是按照它所属的那个种的尺度和需要来构造，而人却懂得按照任何一个种的尺度来进行生产，并且懂得处处都把固有的尺度运用于对象；因此，人也按照美的规律来构造"②。从这个意义上来讲，教育实践活动的出发点在于不同的教育对象，立足于不同个体的内在需要。

但是教育实践活动不能仅停留在个体个性的塑造与发展层面，更需要寻求一种个体需要与社会规范之间的平衡，这种平衡既体现为物质生产技能的传递，更体现为伦理规范或道德价值观念的传递。在发展教育对象的独有个性的同时，能够培养出满足社会需要的个体。这是因为人类在感性的对象化活动中获得生存经验，并通过语言或文字的形式传递给下一代，不仅使人类的经验存在于个体系统之中，也超越时间限制和空间地域的阻隔，存在于个体意识之外，脱离每个个体而存在于社会道德价值观念与社会伦理规范秩序之中。人类感官所及的所有生存经验，无论是过去人类祖先的经验还是当下自我个体的现实生活体验，无论是直接的实践活动还是间接的书籍传承，无论是满足生存需要的物化技能还是内在精神世界的价值观念，经验的传递都天然地决定了教育活动是发

---

① 《马克思恩格斯选集》（第1卷），北京：人民出版社2012年版，第137页。
② 《马克思恩格斯选集》（第1卷），北京：人民出版社2012年版，第57页。

生在人与人之间的一种社会现象。这种社会现象以统治者通过教育权、受教育权、教育内容设定权等政治权利体现出来。

尽管马克思主义教育观强调人的精神成长规律、人与人之间的精神交往机制、交往原则与交往规律必须在政治共同体中才能发挥作用，但这并不意味着人的发展完全是被动的、外力作用推动的，而是有其深刻的内在动因，即"现实的人"的精神需求，而不是出于外在规范要求或权力强迫。马克思主义教育观从现实的人的精神世界入手，探求人的内在需要，寻找人自身自我发展的内生机制与根本动力，突破外在局限，实现自我发展，彰显出生命本身立足现实、否定自我进而超越自我的价值追求。

事实上，在马克思主义教育观的理论视域中，"劳动—人"的社会历史变迁足以证明人的价值并非仅仅体现为技能性的物化存在。近代资本主义异化劳动的社会现实恰恰说明了"物化人"贫穷窘迫的生活境遇与麻木不仁的精神状态，这种如牲畜般粗鄙浅薄的生存境遇是马克思主义教育理论的现实起点，更是马克思超越资本、趋向"更高级"文明形态、实现人自由而全面发展的价值省思。在马克思看来，实践活动与生命本身共生共在、互为表里，即现实可感的实践活动是劳动人民的情感、需要等内在本真生命的外化表现。换言之，劳动人民本真生命的内在情感、需要、价值等内在尺度则在真实可感的实践活动中表现出来。正如马克思所讲："个人的一定的活动方式，是他们表现自己生命的一定方式、他们的一定的生活方式。个人怎样表现自己的生命，他们自己就是怎样。因此，他们是什么样的，这同他们的生产是一致的——既和他们生产什么一致，又和他们怎样生产一致。"① 可见，在马克思主义的理论视域中，教育应该立足劳动人民的现实需要，批判"神本""物本""资本"的价值逻辑，超越抽象的"人道主义"，在感性的对象化活动中指向一种具有形而上学的、超越性意涵的价值追求。人的本质应该体现为超越生存技能需要、趋向真善世界、获得审美体验的类本质。因此，教育活动同以保护人的身心健康、抵御疾病对人的身心危害的医疗活动，以及以满足人的各种需要为目标的社会服务活动有着本质的区别，它不仅直接关涉着人的身体健康与心理健康，更指向人的人格健全与道德完满。可见，教育的本质在于生命的碰撞、灵魂的唤醒、价值的提升与精神世界的丰盈。正是在这个意义上，教育学家苏霍姆林斯基（B. A. Cyxomjnhcknn）明确指出道德教育是培养人全面发展的核心所在，通过审美体验、劳动教育、

---

① 《马克思恩格斯文集》（第1卷），北京：人民出版社2009年版，第519—520页。

体育锻炼等不同途径丰盈学生的精神世界，使学生获得纯洁高尚的美好心灵。①

因此，在马克思主义的理论视域中，教育应立足于劳动人民的内在需要，始终围绕着以人民为中心的道德目标与价值理想，从而充分体现劳动人民作为其理论与实践主体的主观能动性，依据特定社会历史时期的伦理价值规范、政治法律秩序、社会发展需要等不同目的，深耕于人类社会广泛存在的教育实践活动，着眼于人的自由与全面发展，力求构建出"这样一个联合体，在那里，每个人的自由发展是一切人的自由发展的条件"②，每个人的才情、能力、优势、本领都可以充分显现、充分涌流。同时，致力于公共利益的价值福祉，构建出各美其美、美人之美的伦理道德秩序。正如肖恩·塞耶斯（Sean Sayers）所言，马克思主义道德美景的现实基础就在于个体与社会彼此依赖、共建共享，个体自我超越有限、趋向无限，充分实现自我价值；同时，满足人类社会的需要，践行并诠释生命之美的本真意涵，构建出和谐有序的美好生活。③

马克思主义"人的全面发展"学说在著名教育学家苏霍姆林斯基的诸多著作中得到了进一步的阐发和诠释。他指出教育的目标在于培育个性全面和谐发展的人。在苏霍姆林斯基看来，发展指的是全面的、个性的、和谐的发展。这三个层面尽管在主体发展中的作用不同，但并不是彼此孤立的。人的全面发展"意味着人在品行上以及同他人相互关系上的道德纯洁，意味着体魄的完善、审美需求和趣味的丰富和个人兴趣的多样"，就是要"使智育、体育、德育、劳动教育和审美教育深入地相互渗透和相互交织，使这几方面的教育呈现为一个统一的完整过程"④。另外，苏霍姆林斯基尤其指出劳动教育在培养全面和谐发展的人的过程中的关键作用。正如他在《公民的诞生》一书中指出的，劳动是全面和谐发展的基础，社会的进步就在于培养具有正确劳动价值观的公民。因此，学校教育的首要工作就是开展劳动教育。他认为，"共产主义教育的英明和真正的人道精神就在于，要在每一个人（毫无例外的每一个人）的身上发现他那独一无二的创造性劳动的源泉，帮助每一个人打开眼界看见自己，使他看见、理解和感觉到自己身上的人类自豪感的火花，从而成为一个精神上坚强的人，成

---

① [苏] B. A. 苏霍姆林斯基：《给教师的建议》，育人三部曲 [M]. 北京：人民教育出版社，1998，第 51—52 页。
② 《马克思恩格斯选集》（第 1 卷），北京：人民出版社 2012 年版，第 422 页。
③ [英] 肖恩·塞耶斯：《马克思主义与人性》，冯颜利译，北京：东方出版社 2008 年版，第 4 页。
④ [苏] 蔡汀，王义高，祖晶主编：B. A. 苏霍姆林斯基：《苏霍姆林斯基选集》（第 4 卷），北京：教育科学出版社 2001 年版，第 13 页。

为维护自己尊严的不可战胜的战士。"① 劳动教育一方面发挥了为主体提供认识和理解客观世界的职能，另一方面为主体提供了表现自我内在本质的职能，并将这两种职能结合起来，力求达到一种平衡。这就意味着在苏霍姆林斯基全面和谐的教育思想中，"劳动与智力发展、道德发展、美感发展、情感发展、体力发展之间，劳动与思想和个性的公民基础的形成之间有一条强有力的纽带联系在一起"②。学校教育的任务就是引导学生在劳动中充实自己、收获快乐，形成正确的劳动观念，不仅把劳动作为收获物质福利、增进精神的工具手段，而且将劳动视为有价值的、丰富而有趣的生活本身。这与深度教学理念的教育目标是相互贯通的。

由是观之，马克思主义教育观有着鲜明的实践性、现实性、社会性等特征，明确了教育的根本目的在于道德价值的塑造，突出了教育本质的"行动"维度，强调知识或经验的动态生成与传递，力求在不断变化的社会需要与个体需要之中寻得一种动态的平衡，使社会的发展与人的发展在教育实践活动的领域中达成一种和谐共存、齐头并举的态势。这种在社会环境的支撑作用下，塑造"以人文本"的价值底色，动态生成不断更新的知识观念，进而培养发展人的诸多可能，与深度学习的价值理念、核心内涵与特征等方面具有内在的契合性。

二、情境教学理论

20世纪初，约翰·杜威摒弃囿于课堂、教材与教师的传统教育观念，指出以"课堂""教材""教师"为中心的传统教育理念过于突出教师与教材的中心作用，无视儿童本身的发展诉求，忽略了社会周围环境的教育作用，单纯由教师机械僵化地传递脱离社会真实环境的教材知识，使儿童囿于枯燥乏味的课堂教学之中，只能被动接受粗暴教条的灌输和机械的训练指导。可以说，这种教育理念将教师与儿童、学校与社会、理智与情感、知识与经验、理论与实践等置于一种相互脱离、甚至彼此对立的境地之中。

对此，杜威从实用主义的哲学视角出发，强调教育应赋予儿童行动者的身份，立足儿童本身的兴趣、爱好、需要，尊重儿童自身的发展意愿，在经验活动中获得成长，确立了以"儿童""经验""活动"为中心的教育理念。在杜威

---

① [苏] B. A. 苏霍姆林斯基：《给教师的建议》，杜殿坤编译，北京：教育科学出版社1984年版，第475页。

② [苏] 苏霍姆林斯基：《公民的诞生》，黄之瑞等译，北京：教育科学出版社2002年版，第382页。

看来，经验通常"是个人和当时形成它的环境之间发生作用的产物"①。它并非仅仅是教材课本中的知识概念或逻辑体系，而是有机体与环境、人与自然之间的相互作用内在地规定着有机体（或人）与环境之间处于一种主动与被动的关系：有机体（人）反思思维识别、判明、改善人与环境之间的关系，或者有机体（人）被动地适应环境中的诸种事物。在他看来，人在真实可感的社会环境之中生存，必须调动自身的情感、意志、动机以及理性等诸多因素，主动地认识周遭的社会环境与自然环境，反思省察并积极改善人与环境的关系，以便更好地适应环境、更好地生活。因此，杜威指出传统教育的本质是非此即彼的二元论思维，批驳只注重知识灌输、僵化训练的传统教育理念抹杀了儿童在改造经验过程中获得成长的可能性，割裂了认识与有目的地改造环境活动之间的关系，从而导致知识与行动的脱节。

因此，必须重新连接知识与行动的桥梁，重新赋予教育"知行合一"的本质规定。对于杜威而言，教育就是经验的不断改造或改组。教育的目的就是尊重并发挥儿童的天赋潜能，让能动的、充满活力的、具备各种天赋能力的儿童在社会中参加真实的生活情境，改造经验。唯有如此，才能促使儿童的身心成长。杜威认为教育的本质在于儿童的个人特性与社会目的价值相互协调。儿童并不是孤立的个体，而是生活在彼此互动的社会环境之中的，他的一切行为都反映出自身对社会环境的反思或解释，并且这种反思认识或领悟解释会随着社会情境的变化而变化。同时，社会环境又为个体的社会化发展提供了契机。他们在社会中交往沟通，以其共同具备的目的、信仰、期望、知识或者其他对社会环境的共同理解而做出相对的反应。当儿童全身心地投入社会情境时，就必然会调动其自身的一切理性以及非理性因素，与同伴一起沟通交流、团结合作，共同致力于社会经验的改造或重塑。相应地，儿童自身的科学精神、智慧、信念和操行等具体个性也会在社会与文化的交互作用中不断生长。"如果从儿童身上舍去社会的因素，我们便只剩下一个抽象的东西；如果我们从社会方面舍去个人的因素，我们便只剩下一个死板的，没有生命力的集体。"② 正因为如此，杜威主张教师要把教授知识的课堂变成儿童活动的乐园，学校"必须呈现现在的生活——即对于儿童说来是真实而生气勃勃的生活。像他在家庭里、在邻里

---

① [美]杜威：《我们怎样思维·经验与教育》，姜文闵译，北京：人民教育出版社2005年版，第262页。
② [美]约翰·杜威：《学校与社会·明日之学校》，赵祥麟，任钟印，吴志宏，译，北京：人民教育出版社2005年版，第5页。

间、在运动场上所经历的生活那样"①，如通过园艺、纺织、木工、金工、烹饪等活动引导儿童积极自愿地投入其中，从活动中不知不觉地促成品德养成、获得知识，实现生活、生长和经验的改造，这也是杜威"教育即生活""教育即生长""从做中学"等思想的核心要义。概言之，教育需要使人乐于从生活的具体真实情境中学习，并乐于把生活条件变成一种境界，使人在生活过程中获得成长。因此，包括家庭生活、学校生活以及社会生活等在内的真实的社会生活情境应该成为儿童个体通过教育进行经验的改组或重塑，进而获得成长的关键所在。

据此，杜威变革了传统教育教学的具体组织方式，提出了情境教学法。他一改传统教育教学突出教师、忽略儿童，注重课堂教学、忽视社会生活，强调知识传授、忽视儿童个性需要的诸多弊端，主张在课堂组织教学过程中模拟或再现儿童真实生活中具体的疑难情境。疑难情境打破了儿童固有经验或知识储备，使儿童产生诸种困惑，刺激儿童主动利用其自身的具体经验、逻辑知识以及想象力等一切积极因素，通过与他者的沟通交往、合作互动，确定出情境的疑难所在，在观念逻辑层面进行批判性反思、积极探究、假设解决疑难的多种方案，并对其进行推断验证，从而成功地解决疑难问题。概言之，杜威情境教学法具体分为五步：创设疑难情景、确定疑难所在、提出解决疑难的种种假设、推断哪个假设能解决问题以及验证假设得出结论。从中可以发现，杜威的情境教学法突出教育应强调社会客观环境与主体自主建构的交互作用，突出学生反思、假设、推断并进而解决疑难情境的具体内在因素，重视激发学生的内在学习动力。当儿童作为教育本质的中心、作为课堂教学组织方式的关键，就意味着儿童不再是传统教育中被动获取知识的旁观者，而是以一种行动者的身份对不确定情境做出积极反应、主动探究。这就使儿童能够在不断变迁的社会文化环境中促进个体生命的维持与进化。简言之，儿童以一种动态的、非静止的方式在社会情境中不断自我完善、自我优化与自我成长。在这个过程中，知识也并非一种被动传授的静止状态，而是一种由儿童内在因素不断促进生成的动态过程。

总之，杜威主张情境教学，突出儿童的中心地位，强调"从做中学"的探究过程，为现代教育重新认识知识以及学生的个体活动提供了思想基础。

---

① ［美］约翰·杜威：《学校与社会·明日之学校》，赵祥麟，任钟印，吴志宏，译，北京：人民教育出版社 2005 年版，第 6 页。

三、建构主义理论

建构主义理论发端于皮亚杰（Jean Piaget）的儿童认知发展阶段论。皮亚杰认为发展的实质是儿童个体与社会环境交互作用的结果。儿童个体的认知发展不仅依赖其自身神经系统、内分泌系统等有机器官的成熟完善，而且需要儿童在一定的社会文化影响下，与社会环境发生交互作用，并在这个过程中逐渐积累个体经验，逐步建构起儿童个体对于外在客观世界的主观认知（即皮亚杰所说的图式），并运用自身的认知图式通过同化或顺应同周围的社会环境达成一种和谐互动、平衡共存的状态。所谓同化，就是有机体遭遇外部社会环境的变化，面对一个全新的刺激情景，能够运用已有的知识经验观察认识、解释领悟这个全新的刺激情境，将全新的刺激情境纳入已有的认知图式；而顺应则指的是当有机体面对全新的刺激情境时，原有的认知图式无法认识、解释或领悟，有机体必须重新组合、调整、形成新的认知图式，才能与外界社会环境达成新的平衡。可见，在皮亚杰的认知发展阶段理论中，有机体的主观认知图式通过同化或顺应过程逐渐建构起来，并在与社会环境"平衡—不平衡—新的平衡"的交互作用中不断循环往复，使有机体的主观认知图式不断丰富与发展。

教育家维果茨基（Lev Vygotsky）在高级心理机能理论的基础上提出儿童教育发展理论，他指出儿童具有知觉、不随意注意、形象记忆等先天的能力，这种能力是一种低级心理机能。受马克思主义"劳动诞生人"思想的影响，维果茨基同样认为，高级心理机能是人类在漫长的社会历史发展过程中不断形成、变化与发展的，其中，工具的使用对人们能够从被动适应环境转向主动改造环境起到了决定作用，从而也使人的心理机能在社会化劳动过程中得以发展。同时，在人类社会历史的漫长发展过程中，工具也从简单的物质性生产工具转变为复杂的、精神性的社会文化或间接经验，在不同的社会历史时期影响着人高级心理机能的形成与发展。换言之，具体的社会制度、文化环境、经济生产等都会影响人类高级心理机能的形成与发展，这意味着人的发展不再仅仅受到生物进化规律的制约，也受到社会历史发展规律的制约。概言之，维果茨基认为，人类所有的认知活动并不仅仅是由先天因素决定的，而是个体在具体的社会历史矩阵中发挥主观能动性、凭借实践活动才能形成、发展和变化的，并最终演变成社会历史发展的产物。

通过皮亚杰认知发展阶段理论与维果茨基的最近发展区理论可以窥见，建构主义理论认为知识并不仅仅通过教师的传授获得，而是学生在具有特定社会文化环境背景的情境中，借助自身的认知图式、他人的帮助（包括教师和学习伙伴）、其他辅助设备或学习资料等一切可以调动的因素，通过自主探究、团结协作、互助合作等不同的组织形式获得具有他（或他们）独特性标识的认识或理解，即获得学习主体对学习材料的意义。这种意义一方面赋予了学生的主体身份，另一方面使知识成为一种不确定的、不断变化的、具有多重侧面的复杂体系。因为对于建构主义理论而言，认知图式是学习主体与周围社会环境相互作用、不断建构的过程。因而，当具体的社会环境发生变化，或者学习主体自身的影响因素发生变化时，主体建构意义的过程、方式与结果都会不同程度地发生变化。由此建构主义学习理论提出，"情境""协作""会话"和"意义建构"是学习环境中的四大要素或四大属性。在建构主义学习环境下，教师必须考虑到学生建构意义的具体情境是学生日常生活中熟悉的、能够接触到的、真实的社会情境，这样学生才能充分调动运用自身原有的认知图式，理解并尝试探究解决问题。而学习团队成员之间分工协作、团结互助，借助收集分析学习资料、提出验证假设、学习成果的评价等具体过程能够帮助学生对当前学习内容所反映的事物的性质、规律以及该事物与其他事物之间的内在联系达到较深刻的理解，从而形成最终建构意义。在这个过程中，影响学习质量的关键在于学生建构意义的能力，而不取决于学生记忆背诵教师讲授内容的能力或重现教师思维过程的能力。甚至从某种程度上可以说，教师与学生是平等的主体身份，二者在会话交流、沟通、分工、协作的基础上共同建构意义。这与深度教学"不是指无限增加知识难度和知识量，不是对知识的表层学习、表面学习和表演学习，不是对知识的简单占有和机械训练，而是基于知识的内在结构，通过对知识完整处理，引导学生从符号学习走向学科思想和意义系统的理解和掌握"[1]的核心内涵不谋而合。

四、差异化教学理论

所谓差异化教学理论，指的是在教学过程中立足学生差异，满足学生个别需要，以促进学生在原有基础上得到充分发展的教学。它改变了传统教学以竞争、选拔、优胜劣汰为基调的教学方式，转向关注学生作为"人"本身的整体性存在。在差异化教学理论中极为重要的是布鲁姆的教育目标分类学理论以及加德纳（Howard Gardner）的多元智力理论。

（一）布鲁姆的教育目标分类学

本杰明·布鲁姆基于当时美国较为流行的"控制学习"与"合作学习"教学法，提出了"掌握学习"理论和教育目标分类法。从行为主义的理论视角来

---

[1] 郭元祥：《课堂教学改革的基础与方向——兼论深度教学》，载《教育研究与实验》，2015年第6期，第1—6页。

看,将完整的教育发展过程分解为更为细小的、可观察的单元,并提出与学生能力相适应的教育目标领域——认知领域、情感领域和动作技能领域。其中,认知领域的目标在于培养学生获取相关信息、分析综合知识,并运用知识解决问题的能力。布鲁姆认为,学生具备必要的认知结构是掌握学习的重要前提。学生原有的认知结构决定着新的知识的输入、理解和接纳,对学习结果及其之后的学习都有重大的影响。在情感领域中,布鲁姆指出教育应培养的价值体系。他认为学生积极的情感特征是"掌握学习"的内在因素。在动作技能领域内,应培养学生做出与研究领域相关的行为的能力。这与深度教学跳出传统知识学习的偏狭认知、主张拓宽学生的能力素养、关注学生的精神成长、培育学生情感丰盈的精神世界的理论主张具有一定的内在契合性。

(二)加德纳的多元智力观

加德纳批判传统保守的、单一的智力模式,反复强调要注重对学生两种价值观,即责任感和对人类自身的尊重感的培养,提出了适应时代需求的智力观。从本质上来讲,智力是一种潜能,它并不是一种肉眼可察或是可以准确计量的东西,而是每个人在中枢系统主导下的、潜在的、多元的发展能力。其基本结构是各种多元能力的相对独立存在,它能否被激活取决于特定文化背景下的环境与教育。在《心智的结构》一书中,他首次提出并重点论述了多元智力理论的基本结构,指出支撑多元智力的个体身上相对独立存在的、与特定的认知领域或知识范畴相联系的八种智能:语言智能、音乐智能、逻辑数理智能、视觉空间智能、身体运动智能、自我认识智能、人际智能和自然观察智能。多元智力理论反对传统智力理论的遗传决定论,认为智力是可以不断发展升级的,与社会环境密切相关。换言之,不同年龄阶段水平、不同智力类型的各类主体层次的智力发展水平因特定的社会文化、生活环境不同而有所差别。因此,社会生产方式、文化生活与教育、人际交往方式或人与自然的交往及其交往方式决定了智力的发展程度与发展方式。这就意味着,教育目标不能仅仅停留在语言智能和数理逻辑层面,而是需要拓深延展,挖掘学生内在的多元潜能,促进学生在各领域的发展。

综上所述,布鲁姆教育目标分类学理论归旨在于教师在教学过程中应该关注到学生的不同差异,根据学生的学习能力、知识储备、动机水平等不同层面的不同水平,动态地、差异化地组织教学,最大限度地提升所有学生的学业水平。同样地,加德纳的多元智力理论为不同能力、不同智力水平的学生找到适合其自身发展的不同路径提供了坚实的理论基础。可见,差异化教学理论主张只有立足学生差异,动态地、全面地掌握学生的学习状况,才能促进学生全面而独特的发展。

第三节　深度教学的基本特征

教与学是相辅相成的矛盾统一体。教学的"深"离不开学习的"深"，内含着学习的"深"。深度教学作为一种注重学生深度学习、促进学生综合发展的教学理念和教学策略，注重对学生的高阶思维活动的培育和训练。深度学习注重对知识的理解和批判，强调学习主体的自我建构和知识的意义呈现，注重知识的迁移与应用。深度教学与深度学习具有共同的教育价值目标和本质特征，深度教学通过对理论知识的深度处理和深度挖掘，强调"知识之后"的追问，强调要呈现出知识的道理、理论的学理、思想的哲理，达到转知成智、化知识为美德的功效，进而达成学生的深度学习。从基本特征来讲，深度教学理念在实践操作上注重学生知识学习的丰富度和关联度，注重学生知识学习的沉浸性和层进性，突出学生知识学习的反思性、批判性和意义性，突出学生知识学习的实践性与体验性。

一、注重知识的丰富度和关联度

知识是学生学习的基本内容。在学校教育中，教育教学工作的基本职能之一就是将知识传授于学生。知识本身是一种结构性的存在，蕴含着多重属性，如科学、文化、社会、实践等。不同侧面属性的呈现会对学生起到不同的教育作用。从教学的价值目标来讲，教育教学应该充分挖掘知识的内在价值要素，注重学生对知识学习的丰富性和关联性。"知识不是单一的符号存在，而是思想、思维、文化的结晶，而且任何知识都有其特定的自然背景、社会背景、科学背景、历史背景、文化背景。教学需要超越单一的符号接受、解码和符号认知，立体地处理知识，引导学生达到知识学习的充分广度。"① 深度教学注重知识丰富性的呈现，注重将知识的符号表征、逻辑形式、意义系统相衔接，主张学生对知识内在结构的学习不应局限在符号表征层面，而应由表层认知深化到知识的内部，注重"知识之后"的追问，掌握知识内在的逻辑、思想和方法。同时，深度教学还关注知识内部蕴含的科学、文化、社会、实践等属性与人的情感、精神、价值等之间的意义关联度。

从知识学习的关联性来讲，知识的整体结构不仅蕴含着知识本身的符号与

---

① 郭元祥：《深度教学——促进学生素养发育的教学变革》，福州：福建教育出版社2021年版，第51页。

逻辑结构，也建构着知识与学生本身生活世界的内在关联，对学生个体发展与生命价值起着重要的指引作用。知识的三重内在结构各有其不可或缺的价值，彼此之间是层层深入、逐级递进的关系。"深度教学反对'知识点'意识，主张从'知识点'教学走向'知识结构'，教学学科思想不是通过零散的知识点来表达的，而是蕴含在结构化、关联性的知识体系之中。"① 深度教学注重将知识学习与学生自身生活实际相关联，强调在对知识多重本质属性和三重内在结构深化学习的基础上，将学生头脑中已有的知识与新知识相关联、知识结构体系与学生生活世界相关联、知识内在价值意蕴与学生自身兴趣爱好相关联以及学生学习内容与学习需求相关联。因为，"各种知识和技能只有与学生的兴趣、情感和思维相关联，才有可能在学生的心灵深处相遇、交融和贯通，共同充盈学生的精神世界和生活智慧，提升学生的生命意义。反之，如果教学只是将知识传授和技能训练作为自己的首要任务，就难以进入学生的精神成长和意义建构领域，自然难以对学生产生持续而深远的影响。"② 总之，深度教学注重将知识内在结构中蕴含的事实要素、文化要素、情感要素等与学生的兴趣爱好、生活世界、情感思维相关联，突出学生学习的丰富性和关联性，呈现知识的完整性和多元性。

二、注重知识学习的沉浸性和层进性

真正的教育教学要做到让知识与学生"相遇""相融"，即让知识融入学生的思维逻辑和生命历程，让学生在学习知识的同时提升自身素养与能力，感悟到生命的意义。因此，教育教学工作要突破只是注重"创新"教学形式或教学程序、乐于停留知识表层，而忽视深化知识内涵的表层教学；要深入知识的深层次内涵，注重知识学习的沉浸性和层进性，达成深度教学。深度教学之"深"的一个重要维度就是教学内容的深化，即通过教学实现由课程内容由表层到深层的转化，通过挑战性、问题式、创造性的授课，实现学习的沉浸性和层进性，最终走向高阶思维的培育。也就是说，"深度教学所言的'深度'是指知识解读的层次性与学生发展的丰富性。深度教学是对工具性教学的超越，不以技术、程序控制教学过程，不以书本知识的获取为教学的唯一任务，而是回到教学的本质，关注情景、关注过程、关注价值、关注意义，注重引导学生超越表层的符号知识的学习，进入知识符号背后的思想、方法、逻辑、价值和意义，将符

---

① 郭元祥：《知识之后是什么——谈课程改革的深化》，载《新教师》，2016年第6期，第7—9页。
② 李松林：《深度教学的四个基本命题》，载《教育理论与实践》，2017年第20期，第9页。

号学习提升为深层次的意义获得,使学生的学习充满价值关怀与意义关怀。"①而"知识—能力—素养"深化的过程就是教育教学过程中教与学互动的过程,既是教师教的深化的过程,也是学生学的深化的过程,是教与学共同发力育人的过程。

　　教师的深度教学与学生的深度学习的根本目的在于深化课程内容,使其实现"知识—能力—素养"层面的梯级式深化。知识不仅是对"真的世界"的概括与提炼,更是对"善的世界"和"美的世界"的描述与生发。这本身就是知识的深化问题,也是一个不断沉浸和层进的过程。深度教学引领下的知识传授要实现符号、逻辑、意义、价值的有机统一。在实际教学过程中,教育者要引导学生不仅要知其然,更要知其所以然,还要将课程教学内容深度内化为学生自身的言行与德行。总之,深度教学要"深在学生参与,倡导主动、积极;深化课程内容,倡导知其所以然;深化学习人物,倡导挑战性、高投入;深在学习过程,倡导问题解决、知识运用与创新;深在学习结果走向批判、创造等高阶思维,或整合认知与非认知的割裂,发展情感、价值观或追寻意义"②,从而在教学过程中要实现学生对知识的适应性与超越性相统一、知识性与价值性相统一、理解性与内化性相统一。

三、突出知识学习的反思性、批判性和意义性

　　对知识学习的反思、批判和意义建构本身是学生自我意识和思维的自主建构和生发的过程,是学生主动地依据学习内容和学习结果对自身的学习方法、过程的自我检测和知识内化的审视。知识的生成、建构的过程不是被动接受式、直接反映式过程,而是一种对知识再加工和再创造的过程。深度教学突出知识学习的反思性、批判性和意义性。提倡教师在教育教学过程中要时常自我反思,深化自我认知,实现自我超越。与此同时,学生对知识的建构也不应成为受外在刺激而进行的被动活动,而应是基于学习主体自身的兴趣对知识的内涵及其蕴含的意义的反思、批判、解构和主动建构的过程,是学生深度联结外在知识与内在经验的过程。知识的建构过程是建立在学生置于特定问题情境对旧的知识或问题的解构与破解的基础上,随着学生对知识内容的理解、批判和反思。这也恰恰说明了知识的建构过程是学生主动思维或思考的活动,也是对知识的深度学习的过程。因此,"反思性是深度教学的重要品质。一方面,教师要引导

---

① 伍远岳:《论深度教学:内涵、特征与标准》,载《教育理论与实践》,2017年第4期,第60页。
② 张良:《深度教学"深"在哪里?——从知识结构走向知识运用》,载《课程·教材·教法》,2019年第7期,第34页。

学生积极地反思自我，以进一步深化对自我的认识，增强对自我的理解，进而促进自我认知的发展，实现自我超越，赋予自身新的规定性；另一方面教师要引导学生对自身在学习过程中的存在状态进行审视，在知识学习过程中，学生是否真正获得学习的自我感、意义感与效能感，是否通过知识学习获得知识对个体生命成长、人生发展的意义，是否体验了积极的情感和思维活动，这都需要学生积极的反思才能实现"①。理解意味着对知识结构与逻辑意义的深度把握；反思意味着对知识意蕴的逻辑性思考与主体性建构。反思是学生在知识建构过程中形成的自主的理性的认识活动，是知识内容进入学生的认知结构，触及学生的思维与判断，引起学生对知识的意义进行深层次追问与逻辑性思考的活动。教师在授课过程中要善于深度联结课程内容与学生的认知结构，帮助学生更好地进行自主建构和逻辑反思。要讲清楚课程教学内容的逻辑体系与价值意蕴。"只有通过反思，教学才能真正进入学生的精神世界、生命世界和意义世界，而这是深度教学的本质追求。"② 学生对知识的反思已然超越了知识的表层，深化知识的内在结构与逻辑意义。随着学生对知识的深度学习与理解，必然会使学生形成一种"普遍性"的学习模式或方法，有助于深度培养学生的建构性思维、理解性思维、批判性思维和反思性思维，让学生在理解中建构、在建构中反思、在反思中批判、在批判中内化，进而达成高阶思维培育。

四、突出知识学习的体验性与实践性

知识源于人类社会的生活实践而服务于人类的实践活动。将理论知识与学生自身的生活实践相联结，增强学生学习的体验感是教育教学活动的应有之义。深度教学突出学生知识学习的体验性和实践性，着重强调将知识与学生自身生活实践的结合，让学生在自身的生活情境和实践活动中进行知识的认知、理解、意义建构、情感认同与价值内化。从一定意义上讲，深度教学是一种体验性和实践性的教学理念和策略，主张学生在学习知识中提升过程体验、情感体验、思想体验，进而丰富学生的精神和意义世界。"深度教学是体验性的教学，不是静态的教学。深度教学要注重学生在教学过程中的切身体会、感受与经验，丰富学生的过程体验，是深度教学的要求，也是体验学生学习过程的各种关系、体验学习过程中的丰富情感、体验积极的思维活动，即关系体验、情感体验和

---

① 伍远岳：《论深度教学：内涵、特征与标准》，载《教育理论与实践》，2017年第4期，第62—63页。
② 伍远岳：《论深度教学：内涵、特征与标准》，载《教育理论与实践》，2017年第4期，第63页。

思维体验。"① 知识学习的体验性和实践性要求教师特别强调学生对课堂教学的主体性和参与度，善于观察学生在学习过程中的专注度和兴趣点，避免教学过程流于"形式"和"模式"，将学生纳入课堂教学建构体系，使其成为高效课堂教学的建设者和贡献者；要充分联结教学内容与学生的生活经验，将学生在知识中习得的价值理念、情感要素、意义体验等融入学生的生活经验，使之成为学生自我成长、自我完善的助推器。如果缺乏教学与学生生活经验的联结，教学将无法实现深度教学，教与学的意义便无法呈现。有意义的教学和学习需要教师和学生主动创设、建构、生成、深度联结理论知识与自身生活实践之间的情感、价值与意义。离开了学习的意义感，就无法生成学生对外在世界的情感、价值乃至对外在世界的责任与使命感。只有学生获得学习的体验感和实践感，才代表着学生对教学内容、教学活动、教学方式、教学资源与环境的理性感知与价值认同，也预示着学习内容在学生自身精神世界的内化与生成，对学生自身发展的意义生成。

第四节　深度教学的教育价值目标

任何教学理念都会指向特定教学价值目标的实现。深度教学理念也不例外。深度教学之"深"不仅仅是挖掘知识的深度、广度、宽度，而且是要通过深度教学的实施实现教育教学目标。深度教学力求突破表层知识的局限，注重对知识深层次中所蕴含的思想要素、情感价值和思维方式的深度学习与内化，进而促进学生的成长成才。促进教学的发展性与学生的成长成才是深度教学的本质特征。从教育价值目标的维度来讲，工具性教学、表层教学、知识性教学、机械式学习并不是深度教学倡导和推崇的，而是要极力破除和改善的。因此，破除工具性教学、表层教学，转向发展性教学，改善知识性教育转向价值性教育，由机械式学习走向高阶思维培育，进而引领学生达成思想内涵、思维方式、价值理念和意义系统的培育，促进学生的精神发育和全面发展是深度教学要达成的教育价值目标的应有之义。

一、由工具性教学走向发展性教学

工具、技术在教育教学中发挥着辅助的作用，是促进教育教学质量、实现

---

① 伍远岳：《论深度教学：内涵、特征与标准》，载《教育理论与实践》，2017年第4期，第63页。

教育对象的全面发展而采用的必要手段。教育教学更应关注自身的发展性和教育对象的精神培育和全面发展。对于深度教学来讲，教学的发展性是本质诉求。随着西方工具理性思维的渗透，在教育教学实践中，存在着工具性教学的现象。西方工具理性思维更多关注于"物"，主张以物的发展、技术的发展来预测和推进人的发展，忽视了工具是人的工具，教育技术要为教育目标服务，教育的本真是促进人的发展。技术决定论的"颠倒性"思维无法生成学生的创造力，更无法凸显人才培育的核心要点，只能使学生被动地接受"事实性"知识。可以说，工具性教学具有明显的技术主义和功利性倾向。它颠倒了教学目的和教学手段的关系，把工具、效率、技术作为推崇的对象，忽视了教学自身的发展性和丰富性，不利于学生的精神培育与全面发展。教育教学的发展性从根本上来讲在于人的发展性，也就是教育对象的发展性。因此，教育教学所运用的工具、技术只是实现人的发展的手段。教育教学不应盲目追随技术发展，从工具思维出发来思考教育的目标，而应该从人的价值需求和培养目标来考量教育教学目标的实现。要树立一种教育技术、教育工具为教学理念、教学内容和教学方法提供服务的思维。具体而言，"技术与教育理念、教育内容、教育方法是'共生'关系。当技术与各教育要素发生实质性联系时，技术发挥作用的动因不是新与旧，而是技术是否助力先进教育理念落地，帮助师生巧妙运用教学方法处理教学内容。"① 在一定程度上来讲，技术、工具在教育教学中运用是必要的手段，但如何处理好技术、工具与教学理念、教学内容、教学方法、教学思维之间的关系则是推动教学发展性的重要课题。

发展性教学不是排斥技术、工具在教育教学中的科学合理运用，而是排斥工具理性思维对教育教学的"短视化"影响。在西方工具性思维影响下的工具性教学与发展性教学是"水火不容"的，主要体现在以下几个方面。第一，教学方法不同。工具性教学注重对知识的单纯认知与识记，忽视将知识与学生的生活情境相结合，缺失了学生的生活体验、情感诉求、价值取向与知识的深度结合，是去情景化的教学。发展性教学既注重对知识的认知、识记与理解，更注重将理论知识与学生生活情境的深度结合，是将外在知识与学生生活世界深度联结的发展性教学，更具情境性、理解性、反思性与体验性，有助于培养青年学生的学习习惯、态度和兴趣。第二，教学主体不同。受工具理性思维的影响，工具性教学是强调教学的程序化和模式化、将整个教学过程看作"流水线"式的操作流程，比较看重"生产产品"的效率，而忽视学生在学习过程中的主体性存在。"工具性教学的教学过程往往是技术取向的，有着固定的程序或者既

---

① 李芒、段冬新、张华阳：《教育技术走向何方：从异化的预测到可选择的未来》，载《现代远程教育研究》，2022年第1期，第22页。

定的模式,注重严密的程序操作和外部控制,教师按照预设的程序或模式将知识'传递'给学生,力图使学生更快、更多、更好地学习知识。"① 发展性教学关注的核心不是教学流程,而是教育对象的发展,更加注重学生在学习过程中的主体性存在。学生是教学的主体,学生个人的成长与发展是在学习过程中实现的。教育教学不应被视为"流水线"流程,学生也不应被视作教学"流水线"中的"螺丝钉",任由程序或模式来摆布,成为教学的"提线木偶"。第三,教学目的不同。工具性教学过于推崇工具、技术、效率、程序在教育教学中的作用,只注重学生掌握知识的效率,而忽视了学生自身的情感表达与价值诉求,更看不到知识背后所蕴含的思想要素、情感价值和思维方式对学生价值观念的影响,因而是"无价值"的教学。发展性教学更加注重学生的精神培育与全面发展,主张在掌握知识的基础上,深入挖掘知识背后的思想要素、情感价值和思维方式,培养学生的价值识别、价值判断、价值选择能力,进而实现价值引领。第四,教学目标不同。工具性教学是严格按照所谓的程序和模式对学生进行知识性教育,将知识作为事实性的存在、符号的存在传递到学生的头脑,触及不到对知识深层次的意义建构。但是,"教育中的知识,不是一种事实存在,或者符号存在,不能作为展品或者定论、结果直接展示在学生面前,而是基于前人的认识成果,通过师生互动而产生的新的意义系统。"② 知识本身具有"意义内涵"与"意义系统",发展性教学注重培养学生学习知识的内部逻辑结构和思想方法的认知,引导学生对知识进行结构化、深层化、生活化、情感化、价值化、意义化的理解,将知识与自身的生活世界深度联结,让知识背后的思想要素、情感价值和思维方式内化学生的精神世界,生成并拓展自身的意义世界,指导学生的全面发展。

因此可以说,工具性教学局限在工具思维的窠臼中,充斥着技术主义和工具主义的思维特质,忽视了对教育对象的主体性培育,导致教育教学被工具理性宰制,偏离了教育的本真状态。发展性教学是深度教学的本质特征。深度教学注重技术、工具在教育教学中的合理运用,但是作为教学手段的运用,深度教学的发展性既注重知识的发展性,也注重教育对象人的发展性。知识的发展性在于深入挖掘知识背后的思想要素、情感价值和思维方式;人的发展性在于注重学生的精神培育与全面发展。因此,实现由工具性教学向发展性教学的转变是深度教学教育价值目标的应有之义。

---

① 伍远岳:《论深度教学:内涵、特征与标准》,载《教育理论与实践》,2017年第4期,第58页。
② 郭元祥:《深度教学——促进学生素养发育的教学变革》,福州:福建教育出版社2021年版,第70页。

二、由知识教育走向价值教育

知识教育是教育教学的基础性工作。任何教育教学活动都是先从知识开启的。知识构成了教育教学的"活水源头",是学生认识外在客观事物的基本要素。但教育教学活动不应把掌握"事实性"知识、占有"事实性"知识看作自身的全部和根本。表征外在客观事物的"事实性"层面的知识只是作为符号表征的知识,教育教学更不应该把知识看作独立于人的"实体性"存在,这样的知识符号是外在于人的意识和思维的。这样的教育只能是缺乏人文关怀、忽视教育价值目标的教育形态。一段时间以来,在传统应试教育思维和实体思维的影响下,教育教学活动的目标指向了知识教育。知识变为了独立于人的实体性存在。教育教学单纯为了知识而知识,为了考试而知识,为了占有而知识。对学生进行的考试以知识性考核为主,教师以考试的知识内容为指向标来选择教的内容,学生以考的知识内容和教师教的知识内容为指向标来进行学习,"唯分数论""唯升学论""唯知识论"盛行,脱离了学生个体的价值培育和生命发展。这样的教育教学活动是无情感、无价值、无生命力的,违背了教育的本真状态。事实上,教育是"成人"的事业,教书是为了育人,教育的根本在于人的培育。

单纯的知识教育,拘泥于符号知识、表层知识教育、缺乏对知识的逻辑与意义的构建,是无涉价值的教育,没有形成结构化思维,不注重学生思维与方法的培育,更缺乏对人之德行的培养。从知识的内在结构来看,知识的整体结构包含符号表征、逻辑形式、意义系统。知识的三重内在结构不仅蕴含了知识本身的符号与逻辑结构,也建构起了知识与学生本身生活世界的内在关联,以及对学生的个体发展与生命价值的指引作用。深度教学是建立在新知识观基础上的教学理念,不仅注重对符号知识的学习,更注重对知识的逻辑形式和意义系统的建构。深度教学注重挖掘表层知识背后的思想、情感、价值元素,可以有效指向对学生的价值培育。"深度教学的理念要求教育者关注知识的内在结构,在教学活动中能够深入剖析教育中的知识结构与学生个体之间的关系,进而为学生学习知识、深度理解与获取知识、实现知识对人的成长的意义打下基础。"① 此外,单纯的知识教育把知识看作课堂的唯一,知识与学生的精神世界和思维世界是分离的,外在知识没有融入学生的精神世界,学生的生活情境和情感体验被排斥在课堂教学之外。知识不能作为脱离学生而独立存在的"他者",而要融入学生的思维世界和生活世界,为学生所掌握和运用,进而改变学

---

① 伍远岳:《论深度教学:内涵、特征与标准》,载《教育理论与实践》,2017年第4期,第61页。

生的心智，提升学生的素养。这本身也是教育的目的所在。深度教学注重外在的客观知识融入学生的生活情境和情感体验，客观知识不是"旁观者知识"，是内嵌到学生生活世界之中的知识，是一种"关系性"的存在，而不是一种绝对的"实体性"存在。深度教学注重对客观知识的深度诠释，充分发挥深层次知识蕴含的思想、情感、价值元素对学生精神世界和价值塑造。

在我国，立德树人是教育的根本任务。"德"是一种建立在知识基础上的价值性存在。教育本身蕴含着丰富的文化内涵和价值营养。教育要培养的是德才兼备、以德为先的人才。因此，教育教学活动应该从知识教育转向价值教育，以培养学习的思维方式、情感态度、价值观念为使命，从价值中立的"事实性"知识形态教育转向负载理想信念、道德情操、文化意义和精神境界的"价值性"知识形态教育。知识的整体结构包含着符号表征、逻辑形式、意义系统。知识体系最深层次的意义系统蕴含着丰富的文化特质和价值元素。这是知识的核心内涵，对学生的情感培育和价值塑造起着重要的作用。伍远岳认为，"知识具有鲜明的文化特性，它体现着特定文化的价值观念、思维方式、情感态度和生存境遇。揭示知识的文化底蕴有利于提升学生的文化理解力和包容力，培养学生对自由、平等、正义、尊严等价值观念和情感态度的认同。"[1] 知识深层次的价值观念、思维方式、情感态度等不会停留于知识的"表层"，单纯地掌握"事实性"知识、占有"事实性"知识不可能触及知识深层次的逻辑形式和意义系统。深度教学理念，主张将知识体系中的作为符号表征的知识、作为逻辑形式的知识、作为意义系统的知识形成一个整体，由符号表征深入逻辑形式，再由逻辑形式深入意义系统。"深度教学反对'知识点'意识，主张从'知识点'教学走向'知识结构'，教学学科思想不是通过零散的知识点来表达的，而是蕴含在结构化、关联性的知识体系之中。"[2] 在教育教学实践中，深度教学主张遵循"为意义而教""为价值而教"的原则，开展有意生成、价值涵养的教学。从知识教育走向价值教育必然会使教育教学从科学世界的客观诠释走向学生生活世界的价值塑造。只有将知识与现实世界相联系，与学生的生活情境相融合，知识才能被赋予现实性和生命力，而不是"干巴巴的"、枯燥的"学院式"知识理论。一方面只有将知识与现实世界相联系，知识才能更好地关照现实，解决现实问题；另一方面，只有将知识与学生的生活情境相融合，学生才能在掌握和理解知识的基础上，实现对知识深层次所蕴含价值观念、思维方式、情感

---

[1] 杨钦芬：《教学的超越——教学意义的深度达成》，福州：福建教育出版社 2019 年版，第 190 页。

[2] 郭元祥：《知识之后是什么——谈课程改革的深化》，载《新教师》，2016 年第 6 期，第 7—9 页。

态度的认同和内化，才能从根本上践行立德树人的根本任务。综上所述，深度教学注重对深层知识中所蕴含的思想要素、情感价值和思维方式等的深度学习和认同内化，这本身也是价值教育的目标所在。因此，实现由知识教学向价值教学的转变是深度教学教育价值目标的本质诉求。

三、由机械式学习走向高阶思维培育

学习知识的方式存在着机械式学习、接受式学习、发现式学习、生成性学习等多种类型。不同类型的学习方式产生的学习效果和达成的学习目标是截然不同的。美国认知教育心理学家奥苏伯尔在《教育心理学——认知观点》一书中，区分了"接受学习"与"发现学习"、"意义学习"与"机械学习"的关系。他认为，人们根深蒂固的观念往往把"接受学习"等同于"机械"，而"发现学习"总是和必然是有意义的，其实二者之间并无必然性关系。"事实上，每一维度（机械地对有意义的学习以及接受地对发现的学习）都可以构成一个完全独立的学习维度。因此，下述命题是完全可以维护的：接受学习和发现学习这两者都既可能是机械的，也可能是有意义的，这要看学习时所处的条件而定。"① 就一般的正式教育而言，"接受学习"往往占据主流和优势，因为需要大量的概念、观点、思想、意识等"被初步接受"。但不能就此把"接受学习"等同于"机械"。在奥苏伯尔看来，机械式学习仅仅适用于对表层符号知识的学习，是对知识符号表征的被动式、机械式地掌握，这样的学习方式将知识与学生的思维世界相分离，无法实现将知识的文化和价值意蕴内化到学生的精神世界，是无意义性的学习类型。因此，被动的机械式学习无法达成意义学习的标准，更无法达成高阶思维的培育。奥苏伯尔认为，"接受学习"也可以与"发现—意义"学习实现有机结合。"发现学习"所要学的内容不是被动授予的，而是由学生主动发现的，并且是在所学内容彰显的意义被纳入学生认知结构之前发现的。"在有意义的接受学习的场合下，有潜在意义的课题或材料在内化过程中被理解，或成为有意义的。但在机械的接受学习的场合下，学习课题不是没有潜意义的，就是没有在内化过程成为有意义的。"② 那么，如何才能实现"有意义的学习"呢？奥苏伯尔认为，需要达成一定的条件，这就是在学习内容（材料）与学生自身认知世界（必要的知识储备）之间建立实质性的联系，并采取相应的学习主动。"所谓实质上的和非任意的联系，是指这些观念和学生的

---

① [美]奥苏伯尔等：《教育心理学——认知观点》，佘星南、宋钧译，北京：人民教育出版社1994年版，第29页。

② [美]奥苏伯尔等：《教育心理学——认知观点》，佘星南、宋钧译，北京：人民教育出版社1994年版，第26页。

认知结构中已有的特别有关的某一方面,如一个意象、一个已经有意义的符号、一个概念或一个命题相联系着。"① 在这里,奥苏伯尔认为,只有将知识(材料)与学生认知世界建立必然的实质性的联系,才能生成意义,才能引发学生主动地学习。有意义的学习必然会触及学生的精神世界,也必然会在一定程度上促成学生的价值观念、思维方式、情感态度的认同和内化,进而达成高阶思维的培育,这恰恰也是深度教学理念要达成的教育价值目标。

  深度教学是建立在新知识观立场之上的教学理念或模式,主张在教师的引导下,但使学生进行深度学习。深度学习是相对于浅层次学习而言的,浅层次学习只是对知识表层的学习,是学生对外在知识符号的机械式认知,这种知识符号与学生的精神世界是分离的,因此,浅层次学习对知识符号的掌握不可能触及学生的高阶思维。深度学习不仅要掌握知识的符号表征,更要深入知识深层次的逻辑结构和意义系统,具有一定的学习挑战性,需要学生运用高阶思维方式来达成。众所周知,学生对知识的学习是一个由浅入深、由现象到本质的过程。就学生对知识的认知而言,对表层知识、现象层面知识的认知是低阶性的,是对知识认知的初级阶段;对深层次的知识、本质层面知识的认知是高阶性的,需要运用层进式、沉浸式的学习方式才能实现。就前者而言,机械式学习可以达成对表层符号知识的学习,但这种掌握只是被动式、机械式地掌握,无法深入逻辑形式、意义系统的本质层面。这也是深度教学理念极力破除和改善的。当然,深度教学不是排斥浅层次的机械学习,而是要从根本上超越这一学习方式。在教育教学实践中,深度教学理念主张破除只为"符号性知识教学"和"考试过关"的"重复记忆"的机械式学习教育,注重将知识现实化、生活化、迁移化、效能化。也就是说,学生在处理知识时不仅要掌握和理解知识,还要能够应用和创造知识,对知识进行意义建构,实现知识的迁移。从知识符号迁移到生活经验,达成知识与学生思维世界以及社会现实的深度联结,将作为符号的公共知识变为有个人意义的个体知识,充分激发学生的批判性思维、反思性思维、创造性思维和实践性思维,促成学生的情感体验和价值诉求,进而提升学生高阶思维的培育。总之,深度教学注重学生主动参与学习过程,突破表层知识的机械学习,转向对知识内在结构、逻辑形式、意义体系的深层学习,实现学生对知识的深度理解、情感的深度体验、价值观的深度塑造,是一种培育高阶思维的教学理念和模式。

---

① [美]奥苏伯尔等:《教育心理学——认知观点》,佘星南、宋钧译,北京:人民教育出版社1994年版,第45页。

第二章

深度教学理念创新思政课高阶教学模式

思政课具有政治引导、思想塑造和文明传承的三效合一的功能定位，供给侧的维度与需求侧的维度是达成思政课二维一体教学价值目标的行为准则。思政课教学实效性面临着一系列的现实困境，这些问题的解决统一于构建思政课高阶教学模式。思政课教学模式是基于思想政治教育的教学思想或教学理念，为完成立德树人的教育根本任务、培养担当民族复兴大任的时代新人，遵循学生的认知特点，针对思政课教学内容，按照一定的教学程序，有效开展教学活动的一种范式，包含教学理论、教学目标、实施条件、教学程序、教学评价五方面。探究思政课高阶教学模式的构建以深度教学理念为引领，源于深度教学理念与思政课高阶教学模式的教学理论、教学目标、实施条件、教学程序、教学评价等方面的高度契合。因此，在深度教学理念创新思政课高阶教学模式的实践中，更应该关注教师维度、学生维度、教学环境维度、教学技术维度的保障机制建设，以达成教学效果的最优化。

第一节 思政课的功能定位与教学价值目标

思政课在学校人才培养体系中发挥着至关重要的作用。习近平总书记明确提出："思政课是落实立德树人根本任务的关键课程。"[①] 思政课作为"关键课程"，既指其对整个人才培养的方向、质量及成效起着关键作用，也彰显了思政课在整个教育体系中的独特性质及功能。因此，设定思政课教学的实效性标准必须明确思政课的功能定位和价值目标。

一、思政课三效合一的功能定位

教育是国之大计、党之大计。就学校教育开设的课程而言，思政课是落实立德树人根本任务的"关键课程"。这个"关键"，既体现出了思政课在整个人

[①] 习近平：《习近平谈治国理政》（第3卷），北京：外文出版社2020年版，第329页。

才培养体系中的重要地位，又彰显了思政课不同于其他课程而承载的独特的"德"育功能。习近平总书记指出："人才培养一定是育人和育才相统一的过程，而育人是本。人无德不立，育人的根本在于立德。这是人才培养的辩证法。办学就要尊重这个规律，否则就办不好学。"① 提升思政课的教学实效性必须明确思政课的功能定位。

（一）思政课是政治课，承载着政治引导的特殊功能

古今中外，任何一个国家的育人工作都是与其主流的意识形态、政治发展方向相一致的。正如习近平总书记指出的："古今中外，每个国家都是按照自己的政治要求来培养人的，世界一流大学都是在服务自己国家发展中成长起来的。"② 把准育人方向是中国特色社会主义教育的"政治规矩"，明确服务对象是我国教育发展的"底线""红线"。只有坚守住教育的"底线"和"红线"，才能培育出合格的社会主义接班人。思政课在坚守中国特色社会主义教育的"底线"和"红线"的使命中发挥着重要作用。因此，各级各类学校必须切实发挥思政课的政治引导功能，让马克思主义信仰筑牢青少年学子的精神家园。

（二）思政课是思想理论课，蕴含着塑造青年学生价值观的使命

价值观念是人类思想行为的"先导器"。任何国家和民族的发展都需要从自身的历史文化中，孕育出核心价值观念来引导人们的思想和行为。青年学生的成长需要正确价值观的引领。思政课作为立德树人的关键课程，承载着塑造和引领学生价值观的重要使命。思政课要以中国特色社会主义主流价值观念为引领，提升知识的学理性，讲好知识的道理、理论的学理、思想的哲理，运用透彻的理论力量感染学生，使学生折服，达成以理服人的效果，用主流的价值观念形塑青年学生的价值取向，塑造青年学生的灵魂，引领青年学生成长成才。

（三）思政课是文明传承课，肩负着传承文明的重要任务

真理和文明是思政课政治引导和价值塑造的重要支撑。思政课的政治引导功能不能成为"无源之水""无本之木"的政治说教，思政课的价值塑造也不能成为干瘪、枯燥的理论宣讲。没有真理与文明的传承与滋养，思政课的政治引导与价值塑造都将是空洞而无味的。有滋有味、有温度、有深度的思政课必须肩负起传承好真理和文明的重要使命。作为科学真理，马克思主义思想在世界范围内被广泛传播；作为世界文明的重要组成部分，中华文明在世界范围内被广泛学习。思政课要运用好马克思主义这一重要的思想武器，更要续写再创

---

① 习近平：《在北京大学师生座谈会上的讲话》，载《人民日报》，2018年5月3日，第1版。
② 习近平：《在北京大学师生座谈会上的讲话》，载《人民日报》，2018年5月3日，第1版。

中华民族的文明图谱，传承更新中华文明的精神标识。

二、思政课二维一体的教学价值目标

思政课的特殊而关键的课程属性决定了其承载的政治引导、价值塑造、主流意识形态传导、文明传承的课程功能，这一课程功能明确了思政课教学需要达成的价值目标，为思政课教学实效性标准指明了方向。达成思政课教学价值目标必须设定与之相契合的实效性标准。教学实效性标准是对思政课程教学质量和教学效果的综合性评判，是达成思政课教学价值目标的行为准则和"风向标"。衡量思政课教学实效性要测评思政课教学价值目标的实现程度及完成效果，还要考评青年学生在思政课教学中的获得感。因此，思政课教学实效性标准至少应该从以下两个维度来设定。

（一）达成教学价值目标的供给侧的维度

思政课的课程性质与价值目标决定了思政课教学的实效性标准。因此，思政课要有效供给教学价值目标元素，采用适宜的教学方式方法，强化"知识之后"的追问与引导，以学理性强化政治引导，以情感促成理解与认同，达到以理服人的效果。要强化生活情境的熏陶与感染，以生活体验强化价值塑造，达成以情感人的效果；要用文化的深厚涵养浸润学生的精神世界，陶冶情操，达成以文化人的效果。因此，要想达成教学价值目标的供给侧的维度，思政课教学实效性标准就要从三个层面设定。首先，思政课教学是否能够有效供给政治"食粮"，实现政治引导、政治认同、以理服人，进而培根铸魂；其次，思政课教学是否能够有效供给价值"营养"，实现价值塑造、价值认同、以情感人，进而内化于心；最后，思政课教学是否能够有效供给真理与文明的"养分"，实现文化传承、文化认同、以文化人，进而启智增慧。

（二）提升学生获得感的需求侧的维度

这一维度的实效性标准主要是由教学对象——青年学生自身对思政课教学的收获与满足感来决定的。青年学生是思政课教学的对象，其对思政课的获得感和满足感是衡量思政课的教学实效性的重要维度。青年学生思政课的获得感在于超越"知识层面"之后的情感共鸣、价值共塑与信念共生。这是来自内心世界的一种笃定、感动或支持，它映射出青年学生的精神轨迹与观念"星丛"。因此，思政课不仅在于"教"，更在于"育"。它需要从"心"出发关爱学生，从"行"出发关照学生，从"文"出发涵养学生，从"武"出发锻炼学生，从"技"出发锤炼学生。因此，要想提升学生获得感的需求侧的维度，思政课教学实效性标准就需要从两个层面设定。首先，思政课教学需要以学生的成长需求和期待为导向,探索思政课的精细化管理、分类化教学、个性化指导的实现路向;其次,思政课教学需要立足于"以德润人""以情动人""以理服人"的指导原则,主动贴近青年学生的生活世界,让理想照进现实,让崇高浸润人心。

总之,上述两个维度的实效性标准是相辅相成、相互促进的,共同统一于思政课教学功能与价值目标的实现。思政课教学实效性的提升既要关注教学价值目标达成的供给侧维度,也要关注学生获得感提升的需求侧维度,最终实现需求侧目标与供给侧目标达成的无缝衔接。

第二节 思政课教学中的现实困境

课堂改革向纵深发展的根本方向是回归教育教学的本真。当前,在教育教学实践中存在着深度与浅层次的教学状态。与深度教学相对应的,暂且称为"缺乏深度教学的浅层教学",存在"意义不足""营养不良""过程缺失""价值残缺"四大方面问题,反思思政课教学也是如此。何为"意义不足"?"有用之教"盛行于课堂教学,功利的"实用性"成为教学工作的基本衡量标准。思政课的课堂教学也存在"意义不足"的问题,教师仅从或着重从表层知识层面进行反复讲解,甚至是重复训练。值得深思的是,学生却对如此"实用"表现得毫无兴趣,因为思政课需要关照学生的精神世界,需要直抵学生的灵魂深处,需要帮助学生获得自由的精神、独立的意志和生命的意义,进而引导学生成为中国特色社会主义合格建设者和可靠接班人。何为"过程缺失"?课堂教学中再现"填鸭式"教学,美好地假设为教师的教与学生的学无缝衔接,彻底忽视教师与学生是教学过程的双主体,与被动接受庞大的知识信息相比,学生更需要一个主动探寻的过程,而这一过程正是弥足珍贵的深度学习过程。本书试图从以下四方面提出思政课教学的现实困境。

一、学生主体地位有待充分发挥

主体是认识与实践中的认识者、实践者,是与认识和实践的客体相对应、相关联而获得其规定性的,在实践活动中得到确认的人。① 说到底,主体是指从事认识活动和实践活动的个体、团体甚至整个人类社会。那什么是主体性?

---

① 侯明志:《论高校学生思想政治教育学生主体性存在的问题及对策》,西南师范大学,2005年。

主体性是主体的属性，是人的本质特征。学生主体性就是指学生在学习过程中表现出的能动性、自主性和自为性。

党的十八大以来，思政课教学工作在改革实践中取得了巨大成就。在党的教育方针的指导下，相关部门和思政课教师协同发力，不断创新思政课教学，体现在学生主体性的发挥方面。目前，思政课学生主体性发挥越发明显，单向的"教师教、学生学"的现象一去不复返，教师主导、学生主体的主体间性双向互动正在形成，体现在以下三方面。第一，师生互动性不断增强。学生在课堂教学中的话语权增多，师生间的情感交流日益深化。第二，学生的能动性逐步提高。学生不再被动地接受教师的输出，而是在教师的引导下能够提出问题、分析问题、尝试解决问题，抑或是与教师平等地对话。第三，学生的创造性凸显。在理论方面，学生能够在融会贯通的基础上对思政课教学内容进行创造性整合；在实践方面，学生能对教学内容进行创造性应用和践行，能够正确认识世情、国情、社情，并探究分析解决问题。

但是，从目前来看，学生主体性发挥并未形成一种良性循环。第一，部分学生课堂效率不高。部分学生对思政课的重要性认识不足，认为其无法与专业课程相提并论，因此，在课堂上更多以应付的心态开展被动学习，甚至出现"游戏"课堂的情况，可谓课堂效率堪忧。第二，部分学生关注低阶学习。他们虽然认可思政课的重要性，但停留在低阶学习阶段，即运用低阶思维进行机械接受式的学习，"低阶学习的结果就是获得惰性知识或呆滞知识，生成呆滞智力且难迁移"[1]。学生只知其然不知其所以然，更无法谈及知识内容的整体性与逻辑性。正因为如此，学生在输出的过程中经常出现逻辑"笑话"。第三，部分学生重理论轻实践。这些学生认可思政课的重要性，对于理论知识信手拈来、轻车熟路，但是一旦由理论走向实践，就变得措手不及，不能认清世情、国情、社情，不能提出问题、分析问题和解决问题，更不能实践与服务社会。

究其原因，主要有三：第一，主体意识有待加强。什么是主体意识？"关于自身的自觉和明晰的认识，它包括学生对于自身在整个思想政治教育中所具有的主体地位、主体性作用、所担负的具体使命、自身能动性活动对于社会所具有的现实与长远意义的全面而深刻的认识。"[2] 学生只有正确认识自身的主体地位、主体作用，才能发挥自身的主体性。

---

[1] 钟志贤：《大学教学模式革新：教学设计视域》，北京：教育科学出版社 2008 年版，第 99—100 页。

[2] 侯明志：《论高校学生思想政治教育学生主体性存在的问题及对策》，西南师范大学，2005 年。

第二，教学理念有待更新。虽然"以教师为中心"的教学理念已经彻底退出历史舞台，中间又经历了"以学生为中心"的教学理念的极度变化，到现在逐渐地认可了"以教师为主导、以学生为主体"的教学理念，但在实践过程中问题百出：有的教师曲解"灌输"理论，认为"灌输"理论就是在课堂教学中讲理论知识、理论体系、理论框架，忽视学生主体地位的发挥，那么培养问题意识、培育马克思主义理论素养更是无从谈起；有的教师认可学生主体性发挥的重要性，但碍于教学能力等多方面因素，不能构建合理科学的教学模式，导致学生主体性发挥不足。

第三，教学环境有待优化。思政课是面向全校学生开设的公共必修课，以高校思政课为例，师生配比1∶350还不能真正落实，因此，相当部分院校普遍采用大班制或中班制教学，甚至采用超大班制教学，不能保证所有学生全部积极有效地参与教学全程，不能为学生主体性的发挥提供一个好的教学环境。而教师面对大班容量的授课对象，可以说"巧妇难为无米之炊"，无法开展发挥学生主体性的教学模式，只能重新回归"以教师为主体"授课的状态。

二、教学方法有待优化

什么是教学方法？一般认为，方法是指为达到某种目的而采取的步骤、手段和途径；而马克思主义认为，方法不是人类理智随意创造的规则的总和，而是关于自然界、人类社会和思维的最一般的科学。① 可以说，方法是实践主体在实践活动中为实现一定目标对于客观规律的自觉运用。而教学方法，就是在教学活动中，教师和学生双主体为实现教学目标，根据教育教学客观规律选择和运用的方式、程序和途径的总和。什么是思政课教学方法？就是为实现思政课的教学目标（包含知识目标、能力目标与价值目标），为实现立德树人的教育的根本任务，作为双主体的教师与学生根据思政课的教育教学规律，所采用的手段、方式与途径的总和。

随着思政课教学改革的不断深入，思政课教学方法的改革也持续跟进。传统的思政课教学方法为理论讲授法，教学内容的理论性、完整性、系统性及体系化是其优点，但学生的主体性体现一般，随着教学方法的改革，无一不力图凸显学生的主体性，如案例式教学方法、讨论式教学方法、问题链教学方法、体验式教学方法等。这些教学方法之间是相互融合的，案例式教学方法势必包含讨论式教学方法、问题链教学方法，而体验式教学方法也包含案例式教学方

---

① 陈华洲：《思想政治教育方法论》，长沙：华中师范大学出版社2010年版，第2页。

法。从理论意义上来看，教学方法的不断改革推动了教育教学理论的发展；从实践意义上来看，其有效地提升了思政课的教学质量和育人效果。

那么，目前思政课的教学方法是完美无缺的吗？答案当然是否定的。第一，部分课堂教学方法存在片面化、碎片化，甚至娱乐化的倾向。为改变传统的单一的理论讲授教学方法，提高学生的学习兴趣，提升学生的参与度，部分教师在授课过程中存在片面化的现象，只讲学生感兴趣的内容，只设计吸引学生注意力的环节，过度解读教学案例，利用"眼球效应"博取学生的"抬头率"，通过掌声激烈程度评价课堂教学效果，而思政课的政治性与学理性、价值性与知识性受到削弱，思政课的整体性、系统性受到挑战，这势必造成思政课的高阶教学目标难以实现。甚至教师为"投其所好"，课堂教学出现娱乐化的倾向。第二，部分课堂教学方法弱化师生情感交流。以信息技术为支持的思政课教学方法在提升课堂效率方面具有一定优势，但隔着屏幕的教学缺失面对面交流的环节，在知识目标达成上效果一般，尤其是在情感目标与价值目标的达成上会大打折扣；另外，以信息技术为支持的思政课教学方法貌似提升了课堂效率，但部分教师提前录制线上教学视频，而且并没有做到及时根据变化调整视频，更没有前沿知识、热点解析等，从而削弱了教学效果。

总而言之，无论是传统理论讲授教学方法，还是目前普遍被采纳的凸显学生主体性的各种教学方法以及信息技术型教学方法，都有一个共同点：利弊共存。那么，在思政课教学模式构建过程中，对于教学方法的建构，能不能既保留传统教学方法的理论性，又能凸显学生的主体性，还能利用提高效率的新技术呢？这是摆在我们面前的难题，或者说就目前而言，思政课教学方法为最优。

三、教学内容有待整合

在学校思政课教师座谈会上，习近平总书记提出"八个统一"的具体要求，为思政课的改革创新指明了方向。"立德修业""铸魂育人""守正创新"是习近平总书记对思政课教师提出的基本要求。"立德修业"是思政课教师的立身之本，"铸魂育人"是思政课教师的神圣职责，"守正创新"是思政课教师的发展动力，也只有这样，才能从教师方面提升教学效果。但是，提升思政课教学效果，有一个关键因素——教学内容，无论如何丰富教学方法、完善教学程序、优化教学评价，都绝对不能否定"内容为王"这一核心。就目前来讲，思政课教学效果有待提升，应该从以下方面下功夫。

首先，厘清思政课教学内容上的一些误区。有的学者提出，大中小思政课的教学内容存在重复性。实则不然，大中小思政课的课程结构具有严谨的层次性,小学、中学、大学阶段的教学内容依据不尽相同的教学目标的设定而呈现出螺旋上升的态势。由于不同阶段教育者对思政课教学模式(包括教学目标、教学内容、教学方法等)整体的把握不到位,误以为在教学内容上出现机械重复,把教学目标的大同小异或者教育根本任务的一致性偷换概念为教学内容的重复性。有的学者甚至认为在教学内容上出现机械重复,以高校的"中国近现代史纲要"与"毛泽东思想和中国特色社会主义理论体系概论"课程为例,前者讲"中国革命的新道路",后者讲"新民主主义革命",看似教学内容重复,实则是教育者对两者之间的区别与联系把握不到位,前者从历史角度出发,阐述中国革命的新道路,后者从理论角度出发,论述新民主主义革命理论。

其次,厘清思政课的理论教学内容与实践教学内容的关系。就高校而言,思政课的理论教学内容以高等教育出版社出版的教材为依据,整合教材体系的目的是清晰化教学内容间的逻辑结构;而思政课实践教学没有统编教材,那就出现了问题,思政课实践教学的内容是什么,成为教学内容的标准和原则是什么?第一,思政课的教学目标依然可以成为思政课实践教学目标的指导方向。教学内容是为教学目标服务的,教学目标的达成是教学内容的根本指向。无论是思政课理论教学还是思政课实践教学,都要以立德树人为根本任务,以培养中国特色社会主义新时代的合格建设者和可靠接班人为己任。第二,实践教学内容与理论教学内容的相辅相成,应该是理论教学内容的重点、难点。以高校的"思想道德与法治"为例,人生观专题、理想信念专题、中国精神专题、社会主义核心价值观专题、道德专题、法治专题六大专题毋庸置疑成为思政课实践教学的主要内容。当然,思政课实践教学内容以教学目标为根本指向,以理论教学的重点、难点为直接指向,但也不能排除思政课实践教学内容的特殊性。结合社会热点、理论焦点也是思政课实践教学的常见内容,如社会主义新农村建设、雄安新区建设、红色文化资源建设等。那么,思政课的理论教学内容是什么?思政课的重点、难点是教学内容,学生关注的重大理论问题和现实问题是教学内容,学生的思想困惑也是教学内容。教师在教学过程中应该融合教学内容、整合教学内容,只有将教学内容讲深、讲透,才能提升思政课的"抬头率",才能真正提升教学效果。

四、教学评价有待完善

教学评价就是对教学质量好坏的判断。教学评价是在一定评价理念指导下,以课程和教学目标为依据,按照科学的标准,运用有效的技术手段,对教学过程及结果进行测量并给予价值判断的过程。① 那么，思政课教学评价是什么架构？《深化新时代教育评价改革总体方案》提出，立德树人成效是根本标准，"改进结果评价、强化过程评价"是基本要求；《新时代学校思政课改革创新实施方案》中提到，大学阶段重在增强学生的使命担当，这些要求为高校思政课的教学评价改革指明了方向。思政课教学评价在立德树人根本目标的理念的指导下，由评价目标、评价主体、评价方式、评价指标等几部分组成。目前，随着思政课教学改革的不断深入，思政课教学评价的改革也随之而来，教育者秉承立德树人的教育根本任务，明确思政课课程的特殊性，结合"过程性评价与结果性评价"的互补性，引入OBE②成果导向评价理念等，无疑对思政课教学评价的完善起到了促进作用。

但是，思政课教学评价亟须改革，面临几个问题。

第一，评价目标模糊。思政课教学评价的目标到底是什么，教学目标是否达成？美国课程评价著名学者泰勒（Ralph W. Tyler）认为，"评价过程其实就是判断课程与教学计划是否达到，达到何种程度教育目标的过程"③。但教学目标又分为知识目标、能力目标和价值目标，三维目标如何权衡又是一个现实问题。比如，对于知识目标而言，出现两极化现象，部分认为能力目标和价值目标基于知识目标，所以知识目标非常重要；部分认为思政课重在能力培养及价值塑造，所以对于知识目标的达成不够重视。而无论重视知识目标与否，对于能力培养与价值塑造的评价设置都过于宏大、难以观测衡量、不够合理科学，最终导致教学评价目标模糊。

第二，评价主体缺位。评价的是思政课教学，那么，到底谁是评价主体？教师是课堂教学的实施者和组织者，学生是课堂教学的中心，对教师"教"的评价与对学生"学"的评价无疑是评价的主体。而目前部分思政课教学评价局限于学生的"学"，即使有对教师"教"的评价，其评价方式也不够科学，更无从谈及评价体系。

第三，评价方式单一。对教师的评价，一般由学生评价与督导评价构成，学生评价占比较大，且学生评价具有主观性与盲目性；针对一次课而言，督导评价比较客观，但督导通过随机一次听课对教师课堂教学做出评价，难免出现整体评价的不客观，甚至以偏概全。对学生的评价，无论是过程性考核还是结

---

① 王本陆：《课程与教学论》，北京：高等教育出版社2017年版，第224页。
② 基于学习产出的教育模式，Outcomes-based Education，缩写为OBE。
③ 李基礼：《思政课教学评价的基本问题探赜》，载《学校党建与思想教育》2015年第11期，第75页。

果性考核，评价方式都非常单一。比如，过程性考核，学生的课堂表现作为一项重要衡量标准。但是目前，思政课小班授课的覆盖率远远不够，中班或大班授课，无疑导致的依然是以理论讲授为主的传统授课方式，也就是说，学生在课堂上并不会获得更多的课堂表现的机会，那么，课堂表现这一看似合理科学的衡量标准形同虚设。结果性考核更是如此，教师力求在结果性考核中结合知识目标、能力目标与价值目标考核的统一。即便如此，难道代表在结果性考核中获得高分的同学无论是在知识目标上，还是在能力目标与价值目标上，可以说高效达成吗？答案是否定的，部分学生在过程性考核与结果性考核中得分并不优秀，但日后的事实证明，其在思政课能力目标与价值目标的实现上能交出优秀的答卷。

思政课的教学评价的确存在不尽如人意的因素，原因有很多，但究其根本，是对于思政课的特殊性认识不够。思政课是实现立德树人根本教育任务的关键性课程，是一门集思想性、政治性、理论性于一体的课程。思政课在突出科学性和理论性的基础之上，必须体现出其所独有的政治性和意识形态性，因此，思政课的教学评价是一项非常复杂的系统工程，这就要求在构建思政课教学评价过程中应该与其他课程做一区分，以达成思政课的特殊使命。比如，对于学生个体而言，无论是在校期间的过程性考核，还是结果性考核，对于学生能力目标、情感目标与价值目标是否真正达成均难以衡量，这体现了思想政治教育的成果显现存在滞后性，对此本书认为可以建立长期跟踪机制，通过建立学生终身成长档案的方式作为衡量教学评价体系的一个重要指标。

第三节　深度教学理念与思政课高阶教学模式的契合

教学模式作为一种理论化、体系化的有机整体，是由不同的要素组成的，通常包括教学理论、教学目标、实施条件、教学程序和教学评价。"深度教学"作为一种教学理念，注重对深层知识中蕴含的思想要素、价值元素以及思维方式的深度学习与内化，与思政课高阶教学模式提倡的"主体间性"的教学理论、知识能力价值立体的高阶教学目标、科学有效的教学方法、问题链式专题化的教学内容存在逻辑自洽关系。下面从教学模式的基本内涵入手，探讨思政课高阶教学模式的基本内容，通过探析深度教学理念在思政课教学中的实施，论述深度教学理念与思政课高阶教学模式的有机契合。

一、教学模式的基本内涵

（一）教学模式的内涵

20 世纪 70 年代初，在《教学模式》一书中，美国教学模式研究专家乔伊斯（Bruce Joyce）等将"模式"这一概念引入教学领域，"优秀的教学是由一系列的教学模式组合而成的"。"一种教学模式就是一种学习环境。教学过程的核心就是创设一种环境。"① 事实上，乔伊斯等想要表达的，教学模式就是在构建教学环境（学习环境），在教学环境中，"老师教、学生学"，老师、学生、如何教、如何学，等等，这一切构建的就是教学模式。

随之，教学模式成为一种系统的教学理论走入教学研究者的视野。国内学者受国外研究的影响，加之教学实践的迫切需求，对于教学模式的研究也逐渐深入。

那么，到底什么是教学模式？钟志贤教授认为，"所谓教学模式，是指在相应的理论基础上，为达成一定的教学目标而构建的较稳定的教学结构或程序"②。受钟志贤教授关于"教学模式"定义的启发，本书将"教学模式"理解为，在一定的教学理论的指导下，遵循教育教学的规律，尊重学生的认知特点，为实现教学目标，在教学过程中建立起来的并反过来指导教学过程的较为稳定的教学程序与教学结构。

（二）教学模式的要素

教学模式作为一种理论化、体系化的有机整体，是由不同的要素组成的，被学术界普遍接受的是"五要素说"，本书也支持这一观点。教学模式通常包括教学理论、教学目标、实施条件、教学程序和教学评价五大要素。

第一，教学理论。教育思想和教育理论是教学模式的灵魂，没有教育思想和教育理论作为基础的教学模式相当于失去了灵魂，注定不会成为一种科学的教学模式。那么，教学模式的理论基础涉及哪些教育思想和教育理论呢？不同的教学模式的理论基础是不相同的，但基本上都会涉及哲学、教育学、心理学、社会学、管理学等教育思想和教育理论。

第二，教学目标。教学目标是教育者通过一系列教学活动从而达成预期的

---

① ［美］布鲁斯·乔伊斯、玛莎·韦尔、艾米莉·卡尔霍恩：《教学模式》（第七版），北京：中国轻工业出版社 2013 年版前言，第 5 页。

② 钟志贤：《大学教学模式革新：教学设计视域》，北京：教育科学出版社 2008 年版，第 90 页。

目标,是对教学效果的一种良好的预设。任何一种教学模式的建立都是指向教学目标的,或者说为了更好地实现教学目标而建构一种教学模式,所以说教学目标是教学模式的核心要素。一般而言,可以把教学目标细化为知识目标、能力目标、价值目标与情感目标。

第三,实施条件。只有具备一定的教学条件作为保障,构建的教学模式才能顺利实施,没有满足需要的实施条件,任何教学模式都无法发挥作用,教学目标更是无从谈起。具体而言,实施条件包括客观条件(硬件)和主观条件(软件),教学方法、教学资源、教学载体等属于客观条件,而教育者的教学态度、受教育者的学习态度等属于主观条件。

第四,教学程序。教学程序看似是教学过程,更贴切地表达为教学过程中不同教学环节组成的有机系统。教学程序是为了完成教学任务进而实现教学目标,而对教学过程中的每一环节进行操作方法和实施顺序的设计。那么,是不是意味着教学程序是按部就班、一成不变的?答案是否定的,教学程序具有相对稳定性,但教学程序根据教育者、受教育者、教育环境的不同而发生变化;教学程序作为教学模式的一个重要因素,凸显的是教学模式所具有的独特的、完整的、复杂的操作程序。

第五,教学评价。一种教学模式,在教育思想和教育理论的指导下,依托实施条件,遵循教学程序开展实施,那是否是科学的、规范的、系统的教学模式,一个重要的衡量方法即教学评价。任何一种教学模式是否完成教学任务、实现教学目标,都需要教学评价的检验与判断;而教学评价的结果又对教学模式的完善与优化起促进作用,力求达到最优的教学效果。

(三)教学模式的特征

第一,教学模式具有指向性。教学模式指向的是教学目标,教学目标包含知识目标、能力目标和价值目标,而教学目标的高阶达成即"立德树人"。这也就是说,教学目标是决定教学模式建构的基本因素之一。第二,教学模式具有操作性。教学模式是基于教学理论的教学过程整体框架的建构,而教学模式的建构要服务于现实的教学实践,因此,教学模式应该具有真实性、可操作性。第三,教学模式具有整体性。教学模式是基于教学理论的教学目标、教学内容、教学方法、教学过程和教学评价等多因素、多环节、多程序的逻辑统一,是一种结构严谨的框架,因此,教学模式具有整体性。第四,教学模式具有稳定性。教学模式是经过教学理论的指导、教学实践的检验,不断进行动态调整而丰富完善的理论概括和实践总结,一旦形成便具有稳定性,并延伸出概括性与普适性。第五,教学模式具有时代性。刚刚提到教学模式具有稳定性,但按照辩证唯物主义和历史唯物主义，教学模式不可能一成不变，总是随着一定经济社会的发展，与当前社会的政治经济文化以及社会意识形态相联系、相适应，因此，教学模式具有时代性。第六，教学模式具有动态性。受经济社会发展变化和教育教学理念的影响，教学活动过程是动态变化的，而教学模式总是指向特定的教学活动，随着教学目标、教学内容、教学方法、教学过程、教学评价的变化，教学模式也在不断地调整，因此，教学模式兼具动态性。

二、思政课高阶教学模式的基本内容

思政课与其他课程相比，是否具有特殊性？前文中也提到，思政课具有特殊使命，那思政课教学势必具有独特性。第一，教学目标的独特性。思政课与其他课程同向同行，实现立德树人的教育根本任务，培养德智体美劳全面发展的中国特色社会主义合格建设者和可靠接班人，培养担当民族复兴大任的时代新人。思政课与其他课程相比，在注重知识目标的同时，更加突出价值目标。可以说，坚持正确政治方向，强化思政课价值引领功能是高校思政课价值目标的概括，这也统领着思政课高阶教学模式建构的方向。第二，教学内容的独特性。思政课承担着特殊的教育任务，在教学内容上表现为系统化。马克思主义的世界观和方法论，中国近代以来抵御外来侵略、争取民族独立、推翻反动统治、实现人民解放的历史，马克思主义中国化的两大理论成果，尤其是习近平新时代中国特色社会主义思想这一马克思主义中国化的最新理论成果，统一构成了思政课的教学内容，系统化、体系化的教学内容为引导大学生树立正确的三观奠定根基。第三，教学评价的独特性。思政课是实现立德树人根本教育任务的关键性课程。是一门集思想性、政治性、理论性于一体的课程。思政课在突出科学性和理论性的基础之上，必须体现出其独有的政治性和意识形态性，可见，思政课的教学评价是一项非常复杂的系统工程，所以在构建思政课教学评价过程中应该与其他课程做一区分，以达成思政课的特殊使命。

但是，学术界对思政课教学模式的内涵并没有形成统一的认识，已有的认识基本上都是在教学模式内涵的基础上融入思政课，或者从教学模式概念出发提出思政课教学模式。本书认为，思政课教学模式是基于思想政治教育的教学思想或教学理念，为完成立德树人的教育根本任务、培养担当民族复兴大任的时代新人，遵循学生的认知特点，针对思政课的教学内容，按照一定的教学程序，有效开展教学活动的一种范式。因此，思政课高阶教学模式应具备以下基本内容。

一是思政课教学模式的教学理论。对于一种教学模式而言，教学理论是根基，教学理论构成了教学模式建构的指导思想，教学理论影响着教学模式的实践，而教学模式的实践又反哺于教学模式的理论基础，从而推动教育教学理论的发展。可以说，教学理论的形成是一个漫长的过程，教学实践—教学经验—教学思想—教学理论，这一进程也体现了教学理论的科学性与系统性。

思政课高阶教学模式具有相对应的教学理论，同样以李松林教授在《思政课教学模式研究》中的研究为例，实践教学模式对应理论与实际相结合、教育与生产劳动相结合、知行统一的教学理论，启发式教学模式对应辩证唯物主义认识论、启发式教学思想，创新思维教学模式对应以学生为主体的教育理念、全面协调发展的教学理念、启发—创新教学理念、建构主义学习理论，讨论式教学模式对应交往教学理论、目标教学理论、教育主体理论、认知心理学相关理论，研究性教学模式对应高难度教学理论、建构主义学习理论、认知学习理论、发现学习理论、元认知理论，情感教学模式对应发现教学法、快乐教学理论、人本主义教育理论、德育心理理论，案例教学模式对应建构主义教学理论、范例教学理论、情境性认知理论，专题教学模式对应多元智力理论，活动教学模式对应多元智力理论、马克思主义认识论、心理学理论、教育学原理。

可以看出，思政课不同的教学模式对应的教学理论不同，但集中于几个教学理论，比如，马克思主义理论、建构主义教学理论、教育学心理学理论等，可以说，这些理论构成了思政课高阶教学模式的教学理论。

二是思政课教学模式的教学目标。思政课教学模式的教学目标就是教育者（当然在此也可以包括受教育者）对思政课教学模式的效果预期，或者说，通过思政课高阶教学模式将要解决的问题以及问题的解决程度。

思政课高阶教学模式的教学目标一般包括知识目标、能力目标、情感价值目标。知识目标，教育者引导受教育者掌握马克思主义科学的世界观和方法论，掌握中国革命、建设和改革开放的历史，掌握中国共产党的基本理论、基本路线、基本方略，掌握马克思主义中国化的理论成果，尤其是习近平新时代中国特色社会主义思想这一马克思主义中国化的最新理论成果，掌握马克思主义世界观、人生观、价值观、道德观和法治观等科学理论知识，整体提升受教育者的马克思主义理论素养。能力目标，教育者引导受教育者运用马克思主义基本理论提出问题、分析问题、解决问题，提高明辨是非的能力，提高独立思考的能力，提高自我认知的能力。情感价值目标是指引导受教育者增强对习近平新时代中国特色社会主义的理论认同、政治认同和情感认同，坚定"四个自信"，培养德智体美劳全面发展的中国特色社会主义合格建设者和可靠接班人，培养担当民族复兴大任的时代新人。总之，思政课高阶教学模式的教学目标是知、情、意、行的有机统一体,最终落实立德树人的教育根本任务,换言之,立德树人是思政课高阶教学模式的根本目标。

三是思政课教学模式的实施条件。在前文中已经论及实施条件包含的诸多因素,在思政课教学模式中同样如此,每种因素所起的作用是不同的,重要性也是有区别的,教师的教学投入和学生的学习兴趣是最重要的因素。在实施教学模式过程中,必须合理调配各种教学条件,实现实施条件发挥作用的最大化,教师和学生都能在良好的教学条件中发挥作用的最大化,从而实现教学效果的最优化。在这里不得不提的是,随着经济社会的发展,信息技术也获得质的飞跃,信息技术在教学中的应用已经实现了从"技术手段"浅层作用到"变革动力"深层作用的转变。在某种程度上,信息技术已经成为教学模式变革的重要力量,如今教学模式的建构已不能脱离信息技术的指导与应用。

思政课承担的历史使命对其教学模式的实施条件提出新的要求,比如,对教师自身信仰的要求,习近平总书记在学校思政课教师座谈会①上,明确提出思政课教师要做到"六个要":政治要强、情怀要深、思维要新、视野要广、自律要严、人格要正。正所谓"让有信仰的人讲信仰",思政课传递的绝不仅仅是知识、更应该是信仰的坚守与传递,这就要求思政课教师有信仰、内心有真实的信仰,才能传递信仰、让学生有信仰。可以看出,思政课高阶教学模式对其教学条件有特殊要求。

四是思政课教学模式的教学程序。科学化、系统化的思政课教学模式必不可少的是一套完整的操作程序,也称为教学程序,而任何一种操作程序和步骤都是这种教学模式的具化。比如,案例式教学模式的基本程序"教师课前提供案例及相关材料—学生课前查阅资料、分析案例、提出问题、尝试分析问题与解决问题—课中师生研讨问题、解决问题、深化问题—课后总结思考—完成教学评价"。不同的教学模式的教学程序不相同,而每一种教学模式都在本模式内按照既定的操作程序为实现教学目标而进行。

五是思政课教学模式的教学评价。"定量"与"定性"是教学评价的两大方向,"过程性"与"结论性"是教学评价的两大方法。部分学者对于思政课教学评价倾向于定性评价与过程性评价。这是因为,思政课与其他课程相比,在注重知识目标的同时,更加突出价值目标。坚持正确政治方向,强化思政课价值引领是思政课的首要目标,因此,在教学评价上注重定性评价与形成性评

---

① 新华社:习近平主持召开学校思想政治理论课教师座谈会 https://www.gov.cn/xinwen/2019-03/18/content_ 5374831.htm。

价。当然，OBE 成果导向教育理念在人才培养模式改革中脱颖而出，对思政课的教学评价影响颇深，学界在积极探索高校思政课 OBE 评价体系的构建，如多元化评价标准、生成性评价指标、综合性评价方法等。本书认为，无论是哪一种教学模式，殊途同归，都是为了更有效地实现教学目标，兼顾知识目标和能力目标，注重情感价值目标的实现。那么，情感价值目标能否实现需要一个过程性评价，课堂内与课堂外结合（如在宿舍与同学沟通交流的表现）、校园内与校园外结合（如寒暑假实习实践的表现），甚至把学生上学期间与毕业多年的表现相结合，这才是真正的形成性评价。所以，这样的形成性评价应是可定性评价与定量评价相结合的结果。

三、深度教学理念在思政课教学中的实施

基于深度学习而建构的深度教学在学术界并没有统一的概念界定，但大部分学者的观点比较集中，如郭元祥教授认为"打破表层化教学"① 就是深度教学；伍远岳教授强调深度教学就是打破表层教学的局限，集理解性、反思性、体验性于一体；罗祖兵教授认为深度教学应突出学生对教学内容的深刻理解，而这一深刻理解是在深度参与、深度学习过程中实现的。因此，深度教学是一种理念，不同阶段的学校或同一阶段不同的学校在贯彻这一理念时不尽相同。

深度教学理念最早是在基础教育中被逐渐认可并被广泛运用的教学理念，基础教育阶段不同学科对深度教学内涵的阐释和实践具有共同点：第一，注重学生对知识的深层内涵的理解、认同与实践；第二，注重学生学科素养的形成与发展；第三，注重发挥教师的有效引导作用；第四，注重培养学生的深度学习习惯。可以看出，基础教育阶段深度教学理念的贯彻凸显了核心素养这一显著特征。

那么，基础教育阶段的思政课不例外地体现出这一显著特征。但小学阶段、中学阶段的思政课在培育核心素养上略有不同，整体上来看呈现纵向进阶特质。

小学阶段注重启蒙道德情感，在《思想道德与法治》这门课程中，深度教学理念体现于发挥教师的主导作用，教师结合教学内容与生活实践，创设与学习生活环境息息相关的真实教学情境，引导学生进入情境，分析、思考、认同、实践道德与法治知识的体验。

初中阶段注重打牢思想基础，同样在"思想道德与法治"这门课程中，深

---

① 郭元祥：《知识的性质、结构与深度教学》，载《课程．教材．教法》，2009 年第 11 期，第 22 页。

度教学理念体现于思想教育——爱祖国、爱人民、爱社会主义、爱劳动、爱科学的教育，培育学生的家国情怀；人文教育——关心学生精神成长的要求，采用喜闻乐见的形式传播中华优秀传统文化和人类先进文明成果，陶冶学生的人文情操；实践教育——引导学生参与社会实践活动，在认识、体验与践行中促进正确三观的构建，提升学生的社会责任感。可以说，初中阶段的教学是将知识的学习、品德的养成、能力的培养、价值观念的判断融为一体的深度教学。

高中阶段注重提升政治素养，在"思想政治"课中，教师整合知识体系、教材体系与价值体系，融合理想信念教育、厚植爱国主义情怀、加强道德修养、培养奋斗精神并融入深度教学，引导学生在深度学习中深入思考，建构新的知识体系与价值体系。高中思想政治课深度教学应具备以下几个典型特征，教师主导战略性、学生主体参与性、问题导向精准性、问题解决科学性、取向进阶多维性、活动体验真实性、思维训练高阶性、知情意行关联性、知识体系整合性、价值引领层级性、教学评价发展性。①

高等教育阶段，思政课包含五门课程，涉及思想道德与法治、中国近现代史纲要、马克思主义基本原理、毛泽东思想和中国特色社会主义理论体系概论、形势与政策。深度教学理念在思政课的贯彻实施中横向上体现为教师的深度教学、学生的深度学习两大方面；纵向上体现为高阶教学目标、有效教学方法、深度教学内容等多方面，着重培养大学生的科学思维方法，提高大学生的政治核心素养，引导其对社会主流价值观的认同。

把深度教学理念运用于教学方法之中，创新思政课教学方法改革属实成效显著，比如，翻转课堂、对分课堂等，尤其值得一提的是问题链教学。问题链教学这一概念的首先提出者是中央财经大学的思想道德修养与法律基础教研团队，其渐进式、螺旋式、环环相扣式教师或学生提出问题—教师引导学生思考问题—师生共同解决问题的根本操作程序一直是一线思政课教师在不断改革与实践的教学方法，这也是深度教学理念运用于思政课教学方法改革的成功实践。

细究为什么能够成功？我们处在一个多变化的时代，教育教学的社会环境在变、教育教学的对象在变、教材教学的内容也在变。面对多元化的现状，思政课教师如何应对多元与多变，如何以理服人，如何解答学生对人生、对社会、对世界的现实困惑？问题链式的教学方法应运而生。例如，在讲"共产主义信仰"这一重点难点时，学生直接会问，人可以没有信仰吗？首先，要解决的问

---

① 赵思琪：《高中思想政治课深度教学中主要问题及对策研究》，四川师范大学，2021年版。

题是人为什么需要信仰？而这一问题又可以分化出：（1）信仰在人的众多需要中处于哪个层次？（2）信仰对于人生发展能起到什么作用。其次，要解决到底什么样的信仰才是好的？而这一问题又可以分化出：（1）信仰有好坏之分吗？（2）信仰的选择受到哪些因素的影响？（3）正确选择信仰的重要性是什么？（4）信仰选择的标准是什么？最后，才能解决我们为什么要选择共产主义信仰这一核心问题。而这一问题又可以分化出：（1）共产主义信仰是什么？（2）与其他信仰相比，共产主义信仰有哪些特点？（3）如何在价值多元的时代确定共产主义信仰。可以看出，九个环环相扣的分问题才能解决一个问题，这也是问题链教学方法成效显著的原因所在，在这种教师深度引导、学生深度思考的过程中解决教学的重点难点问题，思政课的实效性显而易见。

在高校的思政课教学改革中，深度教学理念融入教学设计的创新也取得实效。一个真正融入深度教学理念的思政课教学设计具体包含哪些环节？第一，课前分析，包括教学内容分析和学生特征分析。第二，教学目标设计，包含知识目标、能力目标、情感目标、价值目标等多阶立体目标设计。第三，教学内容设计，这也是最重要的环节，包含教学重点难点分析和教学流程设计。教学流程设计的第一步是课前表层学习阶段，教师发放课前学习任务单，学生发挥自主学习驱动力，认真地完成课前学习；第二步是课中深度教学与深度学习阶段，在这一环节中，教师的主导地位与学生的主体地位相互融合，教师的深度教学与学生的深度学习相互碰撞，最终实现课堂教学目标；第三步是课后深度内化阶段，这一环节是检验学生沉浸式学习成果的试金石。第四，教学评价设计，再一次回归教学目标。立体化的教学目标的达成，教学实效性的提升，学生获得感的增强，是教学评价的几个关键要素。

四、深度教学理念与思政课高阶教学模式的契合

前文已论及思政课高阶教学模式的五大基本要素，深度教学理念与思政课高阶教学模式的基本理论、教学目标、教学方法、教学内容等方面高度契合。

第一，深度教学理念契合"主体间性"理论。

"深度教学"是基于"深度学习"而建构的一种教学理念。"深度学习"是学生在学，"深度教学"是教师在教，可见，由"深度学习"延伸而来的"深度教学"依然不能离开"教"与"学""教"与"学"相互融合，教师与学生构成一个有机共同体。

主体间性理论作为思政课高阶教学模式的基本理论之一，是由现象学大师胡塞尔（E. Husserl）首先提出"主体间性"这一概念，他认为，每个人都可以称为一个具有独立性的"自我",即独立的个体,"自我"之外也同时存在着一个或者多个"他我",也是独立的个体,然后拥有一个共同的世界,所以"自我"与"他我",即两个或多个独立的个体,最终成为一个共同体。这样,传统的、单一的主体性变成多个主体性,演绎为"主体间性"。正如哈贝马斯(Jürgen Habermas)所说:"'主体间性'意味着主体与主体在交往活动中表现出来的交互主体,他们之间存在着同一性和一致性。交往双方彼此缔造对方,决定对方的存在,双方不存在建构和被建构的关系,而是在成就对方的基础上达成理解,形成共识并走向融合。"[1]

追溯最初的教育理论,教育者是主体,受教育者是客体。随着教育理论的不断发展,我们逐渐认识到,教育者与受教育者均是主体,所谓的传统的主体性教育理论,是从单一的主体与客体的关系角度来理解受教育者的主体性问题的。这种单一的主体与客体的关系,追求的是单向灌输,教育者处于权威地位,受教育者处于被动接受的状态,这容易产生教育者与受教育者之间的关系的"异化",而这种"异化"最终导致教育者与受教育者之间因缺乏双向良性的交流互动而使教学效果不尽如人意。

思政课同样面临如此尴尬的问题,教育者不仅占主导地位,还是主体,受教育者是客体,教育者具有"与生俱来"的优势,受教育者被动地接受、被动地学习、被动地发展,最终造成看似学生"在场",实则学生"不在场"的后果,教学效果可想而知。近年来,基本上已经彻底地改变了教育者的单一主体性,并且通过各种教学方法力图凸显受教育者的主体地位,但取得的效果参差不齐。高校思政课力图使受教育者有更多的获得感,让受教育者成为学习的中心,亟须借鉴主体间性理论。主体间性理论强调的不仅是教育者与受教育者均是主体,还是教育者与受教育者两个主体的相互关系,在交流与对话中扩大彼此的视野,丰富彼此的认知体系,从而获得双方的共同成长与进步。人的本质是一切社会关系的总和,在社会关系中,才能使人的本质得到不断的体现。

思政课高阶教学模式的建构应以主体间性理论为基础,教育者与受教育者均为主体,教育者与受教育者之间是一种平等的关系,这种平等指的是整个教学环节,包括课前、课中、课后的平等沟通、平等对话、平等交流,确保教学的有效性,从而取得更好的教学效果。当然,主体间性教学理论要求思政课教学"对于外部社会,既不能亦步亦趋,简单盲从,又不能漠然处之,无动于衷,而应持一种理性的态度,对促进人的发展、社会的发展保持前瞻性、引导性、

---

[1] 杨大春:《语言·身体·他者》,北京:生活·读书·新知三联书店2007年版,第257页。

规范性"①，避免沦为"工具人"。可以说，主体间性理论的思政课教学模式，有利于增强思想政治教育的接受性，有利于丰富思想政治教育的方法，有利于实现由教学的"对象化的活动"向教学的"主体间的交往"的转变。

第二，深度教学理念契合立体的教学目标。

"深度教学"是相对于"表层教学"而言的。所谓"表层教学"，即教学目标更注重教材知识的传授，教师也可以通过丰富多样的教学方法进行教学活动，但教学活动的根本指向是书本知识的传递，教学评价以学生是否记忆、理解零散孤立的知识点为标准的。而深度教学强调教师的由浅入深、层层引导，在传授基础理论知识的同时，更加重视其背后蕴含的价值观念的传递与思维方式的培养；在引导学生体验知识产生过程的同时，更加注重学生沉浸式学习习惯的养成，进而引导学生自主地进行知识构建和价值构建。可以看出，深度教学理念注重的是，对深层知识中蕴含的思想要素、情感价值元素和思维方式的深度引导、深度学习与深度内化。

思政课是开展道德情感、智慧涵养、政治素养、家国情怀和使命担当教育的核心课程，是提升学校思想政治教育的主渠道、主阵地。新时代，思政课担负着落实习近平新时代中国特色社会主义思想"进教材、进课堂、进头脑"工作的重要使命。这就要求，思政课不仅是一门传授知识的课程，更是一门以培育核心素养、铸魂育人为价值目标的课程。推进思政课改革创新要以落实立德树人的根本任务为中心环节，注重思政课的思想引领、政治引领和价值观塑造的功效。这就要求，思政课的教学目标是知识目标、能力目标与价值目标的统一体，知识目标是基础，能力目标与价值目标是思政课教学的高阶目标。思政课要坚持知识性与价值性相统一，在思政课的理论知识内部挖掘价值元素、情感元素和智慧元素，实现"解惑""授业""修身""培德""致美"的高度统一。可以说，价值培育、价值引领是思政课教学的核心价值目标。

第三，深度教学理念契合有效的教学方法。

教学方法就是在教学活动中，教师和学生双主体为实现教学目标，根据教育教学的客观规律选择和运用的方式、程序和途径的总和。教学方法是否科学合理直接影响着教学的实效性。探索有温度、有深度、有高度的教学方法，将思政课打造成启迪心灵、陶冶情操、塑造价值观的智慧之课、灵魂之课是思政课教学改革的关键所在。传统的思政课教学方法为理论讲授法，教学内容的理论性、完整性、系统性及体系化是其优点，但学生的主体性体现不尽如人意，

---

① 张耀灿等：《思想政治教育学前沿》，北京：人民出版社2006年版，第355页。

教学方法的改革，无一不力图凸显学生的主体性，比如，案例式教学方法、讨论式教学方法、体验式教学方法等。教学方法的不断改革，从理论意义上来看，推动了教育教学理论的发展；从实践意义上来看，有效地提升了思政课的教学质量和育人效果。但部分教学方法的改革浮于表面，比如，提升课堂教学中学生的参与度，提升课堂教学参与度对于提升思政课教学实效性具有积极意义，但是为了提升而提升的课堂教学参与度着实没有意义。有的课堂教学为了提升参与度，通过智慧平台不断地推送刷脸、刷题的信息，这种靠"刷"而提升的参与度是表层的参与度，是表层的教学。

"深度教学"理念注重对课程知识之后的"意义世界"的理解与构建，强调学生应在教师的引导下进行"沉浸式"的深度学习，即对知识的内在结构进行深层思考，对课堂教学过程进行深度参与。"深度教学"理念下的思政课教学应根据不同学段的学生的成长特征和认知规律采用适宜的教学方法，而这些教学方法应该回归根本，即"有效"。那到底什么才是有效的教学方法？以高校思政课为例，大学阶段可采用问题导向性教学策略和回应性教学策略，进一步将思政课程的理性知识与社会实际相结合，深度培育学生的批判性思维和反思性思维，让学生在反思中认同国家主流价值观念，并在实践中内化为社会责任和使命担当。在高校思政课课堂教学中，众多有效的教学方法中贯穿着同一核心思想，即通过层层递进、环环相扣地提出问题、解决问题来引导学生实现"沉浸式"学习，从而实现教学意义，这也是通称的"问题链"教学方法。本书认为"问题链"教学方法不是单纯的一种教学方法，而是高校思政课的有效教学方法的精髓，而这一精髓与深度教学理念不谋而合。深度教学理念强调教师在传授基础理论知识的同时，更加重视其背后蕴含的价值观念的传递与思维方式的培养，注重学生沉浸式学习素养的培育，进而引导学生自主地进行知识构建和价值构建。"问题链"教学理念关注思政课的思想性、理论性和亲和力、针对性，通过教师恰到好处的设问、层层递进地发问，最后实现问题的升华，也就是在逐一解开环环相扣的"问题链"之后，学生进入"沉浸式"学习环节，实现从观点走向方法、从知识走向信仰、从自为走向自在的升华[1]，进而从获得理论知识转化为获得品质素养，最终落实思政课立德树人的根本任务。

第四，深度教学理念契合专题的教学内容。

近年来，为提升思政课的实效性，学校不断地掀起思政课改革的浪潮，尤

---

[1] 王静：《高校思政课问题链教学法的运用与思考》，载《思政课教学》，2021年第11期，第98页。

其是在教学方法上的改革创新,如翻转课堂、对分课堂等,甚至部分教师为吸引学生的眼球,使用新潮网络语言等,这些教学方式的改革创新在合理有效的前提下当然值得肯定,但作为思政课教师,应该切记,提升思政课教学的实效性,根本在于教学内容的提升,思政课的教学内容为"王",思政课应该以理服人。

思政课的内容为"王",也就是说,要有深度的教学内容。思政课要以理服人,关键有几个着重点。第一,理论要有彻底性。彻底的理论不仅具有科学性和真理性,还具有方法论意义,既能解释历史,又能关照现实。对于高校思政课而言,思政课教师一定要和学生讲清楚基本原理的内涵与意义,一定要讲清楚基本原理的要领与运用,更要讲清楚基本原理的价值取向和实践要求。为什么有时学生抱怨思政课枯燥乏味,为什么有时教师抱怨学生课堂反馈不好?归根结底是因为理论讲得不够彻底。思政课教师必须善于运用马克思主义的基本原理、基本方法解释历史、分析现实并指导实践,进而引导大学生深化对马克思主义科学性与真理性的认识。第二,理论要有针对性。理论的针对性不仅要体现为教材的重点难点,更要善于针对学生关注的热点疑点、学生的思想困惑,而且社会的热点疑点往往与学生的思想困惑相重合。例如,怎样理解实现中华民族伟大复兴是近代以来中华民族最伟大的梦想,这是"思想道德与法治"这门课程绪论中的教学重点,也是大学生的现实关切点,更是习近平新时代中国特色社会主义思想的重要内容。本书认为,思政课教师要在分析当前经济社会发展过程中的热点问题、矛盾问题时,通过讲透基本原理进而关照现实。在把握中国历史与现实的纵横脉络中,深入理解中国所经历的苦难与辉煌,坚定中华民族的伟大复兴的理想信念,明确青少年要肩负的历史责任。

相对于浅层教学而言的深度教学理念与思政课教学内容为"王"的根本指导思想不谋而合。对于思政课而言,深度教学理念旨在引导学生深入学习马克思主义基本原理,培养大学生科学的思维方法,深化知识背后蕴含的深层次价值思想和情感要素,进而实现对社会主义主流价值观的政治认同、思想认同、情感认同和实践认同。

第四节 深度教学理念创新思政课高阶教学模式的保障机制

"深度教学"理念引领思政课教学改革创新,切实实现教学新样态的优化、教学实效性的提升,还需要构建健全的保障机制。第一,教师维度,切实落实习近平总书记对思政课教师的"六个要",深度教学理念创新思政课高阶教学模式,每个"深度"要求对思政课教师而言都是必备技能。第二,学生维度,发挥学生的主体作用,驱动学生的自主学习,即"深度学习"。第三,环境维度,现代思想政治教育理论的基本要素为思政课教学环境的构建与优化提供了重要理论依据,包括宏观社会环境、微观校园环境与新型媒体环境。第四,教学技术维度,多媒体网络教学在某种程度上实现了学生的深度学习,以"沉浸式"与"交互式"为显著特征的 VR 技术在思政课教学中的广泛应用,将大大提升思政课的实效性,但仍需关注真正"融合"的长期性与艰巨性。

一、教师维度

2019 年 3 月 18 日,习近平总书记在主持召开学校思想政治理论课教师座谈会上对思政课教师提出"六个要"——政治要强、情怀要深、思维要新、视野要广、自律要严、人格要正。这既是对思政课教师的要求,更是对思政课教师具体工作的指导,为加强思政课教师队伍建设指明了方向,更为"大思政"育人格局的形成奠定坚实基础。中国特色社会主义新时代,思政课教师应该严格按照"六个要"涵养品质、提升技能。当然,"六个要"是对思政课教师的整体要求,深度教学理念的贯彻实施对思政课教师有什么具体要求呢?首先,作为深度教学理念的认同者、倡导者与实践者,思政课教师应该厘清深度教学的相关理论,如由来、内涵、外延、特征等;其次,思政课教师要明白"深度"的是什么,本书认为"深"的是教学目标,"深"的是教学方法,"深"的是教学内容,"深"的是教学评价,每个深度要素对于思政课教师而言都是课题,都是必备技能。

对于深度教学而言,教师不仅要有一桶水,还要有源源不断的水。这源源不断的水指的是教师的理论功底。思政课有时不能吸引学生,其中一个重要因素是教师不能以理服人,甚至教师自己都不明其理。习近平总书记在学校思政课教师座谈会上强调,"要坚持政治性和学理性相统一,以透彻的学理分析回应学生,以彻底的思想理论说服学生,用真理的强大力量引导学生"。因此,思政课教师应该在理论功底上下功夫。作为高校思政课教师,是否对马克思主义经典著作信手拈来,是否对马克思主义基本原理深入浅出,是否对马克思主义中国化的理论成果尤其是马克思主义中国化新的飞跃全面把握,是衡量高校思政课教师理论功底是否过关的重要标准。

思政课教师提高马克思主义理论素养的根本办法是学习。首先,学习马克思主义经典著作。熟读马克思主义经典著作,才能准确把握马克思主义的深刻内涵，面对复杂观点、疑难问题，才能凸显辨别能力。其次，学习马克思主义中国化的理论成果。思政课教师要深入学习贯彻习近平新时代中国特色社会主义思想，持续推进习近平新时代中国特色社会主义思想进教材、进课堂、进头脑，为党育人、为国育才，引导大学生真正成为"有理想、有担当、有本领"的时代新人。在此基础上，思政课教师应该"深化"教学设计，而不是搞花架子，表面活跃，实则乏味，甚至哗众取宠，应该运用深度教学理念创新有效的教学设计。教学设计是一堂有效的思政课的灵魂。教学设计是一个系统化的过程，其目的在于达成思政课教学效果的整体优化。怎样才能做一堂好的教学设计？面对新时代、新阶段、新任务，本书认为，要办好新时代的高校思政课，教学设计不能随心所欲，必须坚持几个基本原则，如"遵循规律原则、坚持育人原则、坚持方法原则、坚持改革原则"①。另外，好的教学设计还应该在教学目标设计、教学内容设计、教学方法设计、教学评价设计这四大核心要素上下功夫，并关注教学环节的设计，具体包括如何导入，如何设问，在哪儿设问？学生会对教师的问题给予多种回答，如何去评价这些所谓的"答案"，如何开展组织讨论，如何处理好理论讲授与案例教学的关系，如何进行具有实效性的总结？这些细节环节的处理都需要教师做好设计。

二、学生维度

深度教学理念创新思政课教学模式对于学生的要求离不开一个核心主题，发挥学生的主体作用，驱动学生的自主学习，即"深度学习"。前文多次提到，"深度教学"由"深度学习"延伸而来，"深度学习"是一种"沉浸式"学习，"深度学习"理念更加注重对学生的高阶思维活动的培育和训练，是建立在新知识观基础上的学习策略。这里的知识不仅是"科学世界"的符号表征的简单记忆或机械提取，更是对"知识之后"的深层次追问。"深度学习"理念注重对深层知识中蕴含的思想要素、情感价值元素和思维方式的深度学习与内化。因此，只有厘清学生为什么不能实现深度学习，才能从根本上解决促进学生深度学习的路径问题。

究其原因，学生进行深度学习的意识与能力存在不足。具体而言，第一，学生对于思政课深度学习的动机偏低。动机是个人需求和实际行动成正比的反映，需求越大、行动力越强；反之，需求越小、行动力越弱。学习动机包括学

---

① 杨松：《新时代高校思政课教学设计的基本原则》，载《科教导刊》，2018年第8期，第119—121页。

生自身的兴趣爱好、对知识价值的认知、对自身学习能力的认定、对学习成效的评价等，学习动机强可以激发学生的学习潜力，深度学习得以见效。在思政课的学习过程中，如果学生对思政课作为立德树人根本教育任务起到关键作用的认识不足、对这门课程的学习兴趣不够，教师主导作用发挥欠缺、深度教学设计流程不完善，都会导致学生对深度学习思政课的动机降低。第二，学生对于思政课深度学习的学习方法把握不好。单一讲授法是传统思政课最主要的教学方法，学生已习以为常地认为被动接受——机械记忆是思政课的"正确"学习方法，忽视深度学习倡导的对深层知识所蕴含的思想要素、情感价值元素和思维方式的学习与内化，更不要说提及知识的建构与价值的塑造。第三，学生对思政课深度学习的反思不足。美国著名教育家杜威认为，对已学知识进行巩固继而再创造的最佳途径是反思，反思是提高学习效率的有效方式。深度学习不仅强调对知识的高水平加工，还注重对自我学习过程的监督、管理、调整、完善。当某一阶段的学习告一段落时，学生需要通过内省和反思来追溯学习过程、总结梳理知识体系，以便查漏补缺，不断优化自身认知结构、思维模式和经验体系，从而更好地促进自己由浅层学习转向深度学习。

三、教学环境维度

思政课教学环境，是指影响思政课教育教学活动的各种因素的总和。不同的因素之间相互联系、相互影响、相互作用，共同构成了思政课教学环境的结构体系。

马克思主义经典作家马克思、恩格斯在批判旧唯物主义环境决定论的基础上认为，环境创造人、人创造环境，二者统一于社会实践活动之中①。马克思主义的环境观为思政课教学环境的构建与优化提供了根本依据与科学指南。现代思想政治教育理论在马克思主义环境观的基础上认为思想政治教育是一个系统工程，基本要素是思想政治教育主体、思想政治教育客体、思想政治教育介体、思想政治教育环体。② 其中，环体指的就是思想政治教育的环境。这也为思政课教学环境的构建与优化提供了重要理论依据。

思政课教学环境都包括哪些环境？本书认为，可以分为宏观社会环境、微观校园环境与新型媒体环境。因此，为了更好地构建和优化思政课教学环境，

---

① 《马克思主义经典著作选读》[M]．北京：人民出版社，1999年版，第22页。
② 习近平：《做党和人民满意的好老师：同北京师范大学师生代表座谈时的讲话》，北京：人民出版社，2014．

应从三方面入手。第一，优化宏观社会环境。宏观社会环境主要指的是思政课教学的大环境，即社会经济发展状况，可以划分为政治、经济、文化、社会、生态等。优化思政课教学环境其实就是从国家社会层面加强"五位一体"建设。当然，对于思想政治教育者而言，应该在宣传党的十八大以来我国经济社会发展取得巨大成就方面下功夫，通过隐性教育与显性教育相结合的方式，讲好"中国共产党为什么能""中国特色社会主义为什么好""中国化时代化的马克思主义为什么行"。第二，优化微观校园环境。校园环境包括校园物质环境和校园精神环境两个方面。校园物质环境是对学生进行思想政治教育的物质载体，比如，优化保障教学活动顺利开展的基础设施，进而利用校园公共基础设施宣传弘扬社会主义正能量等；校园精神环境是对学生进行思想政治教育的有力保障，比如，提炼并概括办学理念、校风校训、教风学风等，提高学校精神文化内涵，并将其融入校园文化活动，逐渐凝练形成一所学校的精神气质，为思政课深度教学的实施保驾护航。另外，本书认为师生关系也是微观校园环境的一个重要因素。"亲其师而信其道"①，教师只有具备仁爱之心，才能更好地承担起传播知识、传播思想、传播真理、塑造灵魂、塑造生命、塑造新人的时代重任。第三，优化新型媒体环境。新型媒体主要是指网络媒体，随着信息技术的不断进步，网络媒体日益显现出更加强大的信息传递功能，深刻影响着学生的思想观念。因此，要想发挥深度教学理念、创新思政课教学模式的最大效力，应当充分发挥新型媒体的积极作用，净化校园网络环境，加强正面教育和引导，通过网络道德教育唤醒学生的自律意识，通过媒介素养教育提升学生的是非观念，通过建设专题网站增强学生的价值底色。

四、教学技术维度

2012年，教育部印发《教育信息化十年发展规划（2011—2020年）》，首次提出"信息技术与教育教学融合"。2016年12月，习近平总书记在全国高校思想政治工作会议上强调，"要运用新媒体新技术使工作活起来，推动思想政治工作传统优势同信息技术高度融合，增强时代感和吸引力"。2018年，教育部印发的《新时代高校思想政治理论课教学工作基本要求》，2019年，中共中央办公厅、国务院办公厅印发的《关于深化新时代学校思想政治理论课改革创新的若干意见》，均强调推进传统教学方式与现代信息技术的有机融合，激发思政课

---

① 习近平：《做党和人民满意的好老师：同北京师范大学师生代表座谈时的讲话》，北京：人民出版社，2014.

堂教学活力。就高等教育而言，信息技术与高等教育的有机融合，是我国教育事业的重大发展战略，也为进一步深化高校思政课教学改革和发展指明了方向。

近年来，就国内高校开展的思政课教育教学与信息技术融合的方式来说，较常见的是多媒体教学和多媒体网络教学。多媒体教学在高校思政课教学中已司空见惯，多媒体网络教学始于"慕课"的产生。大规模免费在线课程的上线，不仅为学生提供大量免费的学习资源，还实现了以教师为主体的课堂教学向以学生为中心的课堂教学的转变，尤其是学生全程参与教学过程，在某种程度上实现了学生的深度学习。这无疑是深度教学理念对信息技术与思政课教学融合的期盼。目前，信息技术与思政课教学的有机融合日益凸显，表现为以下两个方面。第一，线上、线下混合式教学的逐步推广。在大规模免费在线课程兴起的基础上，不断创新发展教学方法，实现在线教学与传统课堂教学的有机结合、教师主导地位与学生主体地位的有机结合，利用线上与线下的优势互补，实现教学效果的最大化。第二，虚拟现实技术的应用。虚拟现实技术（VR），顾名思义是一种通过虚拟环境反映现实情境的技术，"沉浸式"与"交互式"是其显著特征，可以说，该技术在思政课教学中的应用大大提升了思政课的实效性。当然，信息技术与思政课教学的融合也面临着现实困境，比如，信息技术与思政课教学到底是"结合"还是"融合"的问题，思政课教师的信息化理念、信息化能力不足的问题，等等。这些问题直接影响思政课教学是否能够实现"深度融合"。

总之，从思政课的功能定位与价值目标来讲，教学实效性是达成思政课教学价值目标的行为准则。思政课教学的实效性面临着"学生主体地位有待充分发挥""教学方法有待优化""教学内容有待整合""教学评价有待完善"的现实困境，而这些问题的解决统一于构建思政课高阶教学模式。思政课高阶教学模式的构建以深度教学理念为引领，源于深度教学理念与思政课高阶教学模式的基本理论、教学目标、教学方法、教学内容等方面的高度契合。在深度教学理念创新思政课高阶教学模式的实践中，更应该关注教师维度、学生维度、教学环境维度、教学技术维度的保障机制建设，以达成教学效果的最优化。

第三章

深度教学理念创新思政课高阶教学模式的具体路径

思政课教学要提升亲和力和实效性,必须着眼于高阶思维教学模式的构建,要解决好"教什么"(内容)、"为何教"(目标)、"怎样教"(方法)、"教得如何"(评价)等核心问题,这些问题的解决是当前思政课教学改革亟须解决的重大理论课题,更是需要迫切实施的实践课题。思政课教学要遵循新时代中国特色社会主义教育发展规律、思想政治教育规律和学生认知发展规律,从而对青年学生进行思想引导、政治引领与价值观塑造。一个完备的课堂教学新样态需要有科学的教学规划与设计、适宜的教学方式与方法、深度的教学内容与意蕴来充盈。"深度教学"理念下的思政课堂教学新样态要求完善教学设计、创新教学方法、深化教学内容,在激发学习潜能的同时,更加注重对青年学生的道德修养、社会责任、家国情怀等核心素养的培育和"关怀"。以"探究""理解""反思"为价值主旨的"深度教学"理念可以建构起达成思政课教学价值目标的高阶思维教学模式和教学新样态。

第一节 以深度教学理念完善思政课堂教学设计

课堂教学是一个系统工程,教学设计是教学系统中的关键要素,关系着教学活动的开展效果和教学目标的实现程度。教学设计是指特定课程或教学活动运用科学原理对教学资源和教学要素进行系统性规划与安排。教学设计的实施贯穿教学前、中、后三个阶段,通过合理优化配置教学资源或教学要素,最终实现特定的教学目标。对于思政课而言,教学设计是提升思政课教学实效性的关键环节和核心部件,应实现系统性和科学性的有机统一。思政课教师是教学设计的主导者,从教学设计的角度来讲,思政课教师不仅是课程的"实施者",更是课程的"生产者"和"设计者"。因此,思政课教师首先要更新自己的教育理念,培育自身的"设计"思维。以深度教学理念创新思政课高阶教学模式,首先要将深度教学理念与策略渗透思政课教学的全过程,以教学目标的实现为牵引,融合教学内容、教学技术、教学活动、教学评价等,通过合理规划来完善思政课教学计划，优化教学流程，形成具有可操作性的教学方法。

一、完善教学计划，落实深度教学理念

"计划"意为达成特定目标而预先谋划或设计的方案或途径。从管理学的释义来看，"计划既是决策所确定的组织在未来一定时期内的行动目标和方式在时间和空间的进一步展开，又是组织、人员配备、领导、控制和创新等管理活动的基础"①。就教学活动来讲，教学计划是教学活动开展的前提和重要的预先性环节。教学计划不仅承载着教学目标的完成，教学行动的方向，教学路径的实施，更承载着教学理念的贯彻执行。以深度教学理念完善思政课教学设计，首先要将深度教学的理念与策略贯彻思政课教学计划，实现深度教学理念与策略在思政课教学计划中深度融入。

1. 思政课教学计划要彰显深度教学理念

从管理学角度来讲，"计划具有首位性、普遍性、目的性、实践性、明确性、效率性等基本特征。"② 这些特征是确保计划工作的科学制定和有效开展的前提性保障。对于教学来讲，教学计划作为教学工作开展的前提性规划工作也应具备上述基本特征。以深度教学理念创新思政课高阶教学模式要求思政课教学计划深度彰显深度教学理念。一是思政课教学计划在思政课教学系统中具有首位性特征。思政课教学计划要预先性地规划好教学目标以及实现教学目标的教学方法与途径。深度教学理念作为一种引领思政课教学改革创新的教学理念，在将这一理念转化为教学实际行动之前，需要预先性地融入思政课教学计划，并在思政课教学计划中彰显深度教学理念要实现的教学目标以及实现教学目标的教学方法与途径。二是深度教学理念融入思政课教学计划要具有普遍性和系统性。教学计划是对教学工作的总体性规划，除了总体性教学目标的要求外，还有不同层级的分目标与任务。因此，深度教学理念融入思政课教学计划必须兼具普遍性和系统性，不仅要有效地融入总体教学目标与任务，还要恰当地融入各项分教学目标与任务。三是深度教学理念融入思政课教学计划要具有目的性。教学计划是为达成特定的教学目的而制定的。在教学计划制定过程中要将深度教学理念与特定教学目的深度联结，使深度教学理念在达成特定教学目的过程中发挥特有的引领作用。四是深度教学理念融入思政课教学计划要具有实

---

① 丁家云、谭艳华主编：《管理学：理论、方法与实践》，合肥：中国科学技术大学出版社2010年版，第116页。

② 丁家云、谭艳华主编：《管理学：理论、方法与实践》，合肥：中国科学技术大学出版社2010年版，第116页。

践性和可操作性。教学理念作为一种观念性的存在，要想发挥作用必须转化为实践。因此，深度教学理念有效融入思政课教学计划就需要认真思考其如何转化为教学实效的问题，也就是要规划好深度教学理念在教学实操过程中的实践性和可操作性。五是深度教学理念融入思政课教学计划要注重效率性和灵活性。教学计划作为一种前提性规划工作不可避免地具有一定的可变性。因此，在制订教学计划时，要充分考虑到教学环境和教学程序的突发变化，以及教学计划局部变更之后的预案。需要注意的是，教学计划是为特定教学目标服务的，教学计划的变化不应影响到教学目标的改变，在对教学目标达成的坚定性的前提下可对教学手段、教学资源配置等进行合理性地再安排，进而使教学活动具有明确的方向性。

2. 思政课教学计划要明确深度教学目标与任务

思政课教学计划是思政课教学活动开展的前提和重要的预先性环节。要在思政课教学计划中明确深度教学的目标与任务。一是要明确深度教学在思政课每一教学环节中要实现的教学目标、具体任务和要求，确定达成教学目标的中心任务和重点工作。思政课不仅要传授知识，更要注重知识背后的价值性和意义性追问。因此，在教学计划中要规划好每一教学环节要求达到的知识获得、能力培养与价值观塑造，特别是深度教学理念或策略所要实现的高阶思维的深度教学目标和实施方法。二是要经过充分研讨和合理论证，从逻辑上搞清楚为什么这样做，使深度教学理念与策略的实施具有合理性和"合法性"。深度教学理念与思政课教学价值目标的实现具有一定的逻辑自洽性。但在教学计划的制订中，对每一教学环节或活动为什么要采用这一深度教学策略或方式，为什么要达成这一深度教学目标都要合理地论证清楚，使深度教学理念的落实更具有科学性和操作性，使思政课教学目标更容易实现深度达成。三是对每个深度教学任务要确定责任人。教学活动是教与学的统一，教学任务的达成需要管理者、教学工作人员、教师和学生等责任人的共同努力。深度教学理念或策略在教学过程中实施的成效如何，需要有特定的责任人来负责和"执行"。而这一任务也需要在制订教学计划时科学规划，如思政课教学活动的特定场所、设备或资金投入等需要管理者和教学工作人员等来协调落实，思政课教学所有教学环节所布置的特定教学任务需要思政课教师来负责实施并确保实效，教学过程中的具体任务和作业等需要学生来"执行"并取得一定实效性等。四是要明确何时做以及怎样做。教学计划需要遵循一定程序，教学任务的完成需要特定的方式、方法，对于规划的深度教学任务何时做、怎样做都要在教学计划中得以明确，要确保任务实施时间符合程序，任务落实方式科学合理。总之，深度教学融入思政课教学计划就必须做好目标设定、任务设置以及程序要求。

3. 深度教学理念融入思政课教学计划要突出战略性和战术性

从管理学的视角来看,计划根据影响范围和实施层面的差异可分为"战略计划"和"战术计划"。"根据计划对组织整体活动的影响范围和影响程度的不同,计划制定者所处的管理层次的不同,可将计划分为战略计划和战术计划。战略计划是关于组织活动长远发展方向、基本目标的计划。它只规定总的发展方向、基本策略和具有指导性的政策、方针。战术计划是关于组织活动如何具体运作的计划。"① 从教学理念的角度来讲,深度教学融入思政课教学计划要突出战略性,要着眼于思政课教学价值目标的实现,实施"战略计划"。从教学策略的角度来讲,深度教学融入思政课教学计划要突出战术性,要着眼于具体教学活动的运作方式与途径,实施"战术计划"。在制订教学计划时要综合"战略计划"和"战术计划"的合理搭配,推动深度教学理念与策略的普遍性融入。一是要实现深度教学理念与思政课教学价值目标在教学计划中的高度契合,避免"短视思维"与"短视行为",聚焦于深度教学理念对思政课教学改革创新的引领的长远性和目的性,明晰思政课教学改革创新的初衷;二是要实现深度教学策略与思政课教学活动的深度联结,避免"蜻蜓点水"和"一带而过",聚焦于深度教学策略对思政课教学改革举措的"细致入微"和"深度指导"。总之,将深度教学理念与策略渗透思政课教学计划的全过程是达成思政课高阶教学模式创新的前提性和基础性工作。

二、优化教学流程,培育高阶思维能力

在教学实施过程中,教学理念和教学目标要通过科学合理的教学设计和顺畅的教学流程得以彰显并转化为现实。思政课要以实现教学价值目标为根本,依据大中小学不同学段学生的认知发展规律,循序渐进、分门别类地进行教学流程设计。基于"深度学习"的深度教学理念注重对深层知识中所蕴含的思想要素、情感价值元素和思维方式的深度挖掘与内化。按照深度教学理念,思政课堂教学流程可遵循"表层学习—深度学习—深度认知—深度理解—深度认同—深度自信—内化践行"等环节进行一体化设计,逐渐构建起各学段相互衔接、相互贯通、循序渐进、螺旋上升的教学设计路线图:分别在小学阶段开展启蒙式教育,注重意识感知与道德情感教育;在初中阶段开展体验式教育,注重思

---

① 丁家云、谭艳华主编:《管理学:理论、方法与实践》,合肥:中国科学技术大学出版社2010年版,第120页。

想引领与习惯养成教育；在高中阶段开展探究式教育，注重政治认同与家国情怀教育；在大学阶段注重反思式教育，注重社会责任培养与使命担当教育，最终引导学生争做社会主义建设者和接班人。①

1. 遵循深度教学理念，创新符合不同学段特征的教学设计与流程

深度教学创新思政课教学方式要遵循各学段特征。"深度教学"理念下的思政课教学应统筹大中小学思政课教学实际，遵循不同学段学生的认知特征及规律，并根据不同学段的学生的成长特征和认知规律采用适宜的教学方式。当前，在大中小学不同学段的思政课教学实践中，存在彼此之间的教学内容重复、缺失抑或是衔接不到位等问题，在一定程度上影响了思政课教学的实效性。习近平总书记指出，"在大中小学循序渐进、螺旋上升地开设思政课非常必要，是培养一代又一代社会主义建设者和接班人的重要保障"②。思政课是落实立德树人根本任务的关键课程，大中小学不同学段的思政课教学具有逻辑上的一脉相承性，但鉴于不同学段学生的认知规律和接受特点的差异，需要有针对性地进行教学设计，做到循序渐进、螺旋上升的一体化构建。依据不同学段学生的认知规律和接受特点，遵循深度教学理念、循序渐进、螺旋上升的一体化构建理路。

第一，在小学阶段开展启蒙式教育，注重意识感知与道德情感教育。小学阶段是基础教育的初始阶段，此阶段学生的思维模式以具象化思维占据主导，跳跃性较强但缺乏持久性和稳定性，易于接受感性、生动、形象的话语体系和形式。对思政课教学而言，小学阶段要根据小学生的心理特征、认知特点和成长规律更加侧重思想品德教育、生活环境熏陶教育和启蒙式教育，注重意识感知与道德情感教育的教学方式，让学生在感性感知、好奇探索中接受思政启蒙教育。"如果尊重成长中儿童的思想方法，如果想方设法把材料转译成儿童的逻辑形式，并极力鞭策诱使他前进，那么，就很可能在他的早年接受这样的观念和作风，以使他在日后的生活中成为有教养的人。"③ 可以采用情境分析的教学模式，贴近实践、回归生活情境的"环境熏陶法"和"榜样激励法"的教学设计，注重对学生日常行为规范和良好思想品质的培育，实现道德情感的深度培养。

第二，在初中阶段开展体验式教育，注重思想引领与习惯养成教育。初中

---

① 刘建涛：《深度教学理念引领思政课教学改革创新》，载《思想政治课教学》，2020年第6期，第10页。
② 习近平：《习近平谈治国理政》（第3卷），北京：外文出版社2020年版，第329页。
③ [美] 布鲁纳：《布鲁纳教育论著选》，邵瑞珍、张渭城等译，北京：人民教育出版社1989年版，第55页。

阶段是学生步入"少年期"的阶段。此阶段学生在心理和生理上较小学时期都会发生较大的变化，独立性、探索性增强，在逻辑思维上，开始从具象转化为抽象，但会带有一定的感性经验，乐于体验新鲜事物，也易于"叛逆"。这一时期的思政课教学要加强思想引导，注重生活化、体验式教育，让学生在体验新鲜事物中感悟和接受、认同主流思想观念和文化知识，加强习惯养成教育，有针对性地引导和"裁剪"，引导学生养成良好生活和学习习惯。中学阶段可采用理解性教学策略开展"合作探究+价值体验"式的教学设计，按照"合作探究+价值体验＝理解+感悟"的教学路径，进行体验式、感悟式教学设计，将学校的思政课堂与社会的思政大课堂深度联结，通过浸润式的教育，实现寓教于乐。例如，通过生活现实中的生动故事和鲜活案例来诠释社会主义核心价值观的价值内涵，让学生在体验、感悟中得到思想的升华，进而深度挖掘学生的理性思维，引导学生达成文化理解与政治认同的双向互动。

第三，在高中阶段开展探究式教育，注重政治认同与家国情怀教育。高中阶段是学生价值观养成的重要时期，是学生逐渐走向成熟的阶段。此阶段的学生理性思维能力增强，创造性、探究式思维活跃，对事物的认知呈现出持久性和稳定性，能够从不同视角观察和分析问题，具备一定的价值判断能力，对是非、善恶、美丑会形成自己独立的判断。这一阶段的思政课教学要注重夯实学生的思想基础，要讲清楚马克思主义的理论内涵与实践价值，深度联结马克思主义理论与青年学生的生活经验，注重培养学生的政治情怀，进而凝聚政治认同，达成政治共识，引领学生坚定政治信仰，提升政治素养和家国情怀。

第四，在大学阶段注重反思式教育，注重社会责任培育与使命担当教育。大学阶段的学生身心发展已经成熟，具有较强的自我意识、批判意识和逻辑思维能力，但由于处世不深，也易于被不良思想蛊惑。这一阶段的思政课教学应注重理性思维的培育和反思式教育，此外，思政课要旗帜鲜明地引导和培育学生树立正确的世界观和方法论，掌握明是非、辨真伪、分美丑的能力与方法，自觉抵制和批判各种错误的社会思潮和观点，要增强大学生的社会责任感和使命担当。"大学阶段教材内容应以逻辑性话语形式呈现文化知识。此阶段的思政课教学目标是增强大学生使命担当。考虑大学生经过前期的知识积累和思维训练，运用逻辑思维分析和解决问题的能力显著增强，所以此阶段的思政课教材应注重以严密的逻辑理路为表现形式。"[1] 让学生在反思中认同国家主流价值观

---

[1] 贾丽民、宋小芳：《新时代大中小思政课一体化建设应正确处理的几对关系》，载《思想理论教育导刊》，2022年第1期，第102页。

念，并在实践中内化为社会责任和使命担当。因此，大学阶段可采用问题导向性教学策略和回应性教学策略，以"经典原著阅读""案例理论研讨""课题调查研究"等方式，进一步将思政课程的理性知识与社会实际、学生专业相结合，深度培育学生的批判性思维和反思性思维，让学生在反思中认同国家主流价值观念，并在实践中内化为社会责任和使命担当，真正使思政课回归成启迪心灵、陶冶情操、塑造价值观的智慧之课、灵魂之课。

2. 遵循深度教学理念，设计"七步递进式"的教学流程

从人的认知规律来看，任何认知活动都是由感性认识上升到理性认识的过程，感性认识虽然是对认知对象的现象、表层、个别的认识，但其是认识的初始阶段，也是必经阶段。从课程教学的角度来看，在大中小学思政课有机衔接的实践逻辑中，学生对课程内容的学习也必然先要经历这样一个初始的阶段。因此，遵循深度教学理念，需要从初级阶段开始，进行"七步递进式"的教学流程设计。

第一步是"表层学习"阶段。"表层学习"是课程内容学习的初始阶段，是对课程内容现象、表面化的认知，"表层学习"以识记性学习为主，是停留在对知识符号本身识记层面上的学习状态，具有较强的机械性和重复性。对于思政课教学而言，"表层学习"不仅不会达成思政课教学的价值目标，更不会让学生掌握思政课理论内容的真谛所在，因此，遵循深度教学理念，学生对思政课理论内容的学习需要由"表层学习"阶段转向"深度学习"阶段。

第二步是"深度学习"阶段。"深度学习"是对课程内容本质、规律等内在性的学习，更加注重对学生的高阶思维活动[1]的培育和训练，具有一定的理解性和批判性特征，是建立在新知识观的基础上的学习策略。"深度学习的学生追求知识的理解并且使已有的知识与特定教材的内容进行批判性互动，探寻知识的逻辑意义，使现有事实和所得出的结论建立联系。"[2]"深度学习"注重对深层知识中所蕴含的思想要素、情感价值元素和思维方式的深度学习与内化。

第三步是"深度认知"阶段。"深度认知"也可以说是"深度学习"阶段的应有之义，也是对"表层学习"的突破，是经由对知识符号的记忆性表层认知转化为深度加工和内在心理活动的阶段。"深度认知"注重对某一理论知识背

---

[1] 我国学者郭元祥认为，涉及理性思辨、创造性思维、问题解决等相对复杂思维活动的深层理解、应用、分析、综合和评价等属于高阶思维活动。见郭元祥《论深度教学：源起、基础与理念》，载《教育研究与实验》，2017年第3期，第2页。

[2] 郭元祥：《深度教学——促进学生素养发育的教学变革》，福州：福建教育出版社2021年版，第5页。

后的价值性和意义性掌握,是对事实性知识(是什么)的深层次表达,是对"学习的保持"的关键,"深度认知"必然会推进"深度理解"的实现。

第四步是"深度理解"阶段。"深度理解"是"深度认知"的更深一层次的发展,是在"深度认知"基础上对整个认知结构和不同理论知识之间深层次关联性的理解。"深度理解"注重不同理论知识之间的逻辑性与融会贯通,强调理论知识体系的系统性与整体性,是对价值性和意义性(为什么)的深层次理解。"深度理解"是由"学习的保持"深化到"学习的迁移"的关键。对于思政课而言,需要达成学生对马克思主义基本原理,以及马克思主义基本原理与中国实践、中国历史、中国文化相结合所产生的重大理论成果的深度理解。

第五步是"深度认同"阶段。这一阶段是学生将思政课外在知识体系内化为自身心理活动和思维意识的阶段。"深度认同"是在"深度理解"基础上,潜移默化地将其内化为学生思维、意识乃至信仰的过程。对思政课而言,必须达成学生对党的领导,对社会主义核心价值观,对中国特色社会主义理论、道路、制度和文化等的深度认同。

第六步是"深度自信"阶段。"深度自信"是建立在"深度认同"基础上的,"深度自信"是对"深度认同"在情感和意志层面的提升。对于一个理论来讲,先要在逻辑上理解,在情感上认同,才能达成内在的理论自信,对于一个国家的发展道路、制度建设、文化文明同样如此。就思政课的教学价值目标而言,"我们对共产党执政规律、社会主义建设规律、人类社会发展规律的认识和把握不断深入,开辟了中国特色社会主义理论和实践发展新境界,中国特色社会主义取得举世瞩目的成就,中国特色社会主义道路自信、理论自信、制度自信、文化自信不断增强,为思政课建设提供了有力支撑。中华民族几千年来形成了博大精深的优秀传统文化,我们党带领人民在革命、建设、改革过程中锻造的革命文化和社会主义先进文化,为思政课建设提供了深厚力量"[①]。达成对党的领导,对社会主义核心价值观,对中国特色社会主义理论、道路、制度和文化等的深度认同,并在此基础上内化为对党的领导,对社会主义核心价值观,对中国特色社会主义理论、道路、制度和文化等的深度自信是实现思政课教学价值目标的重要标准。

第七步是"内化践行"阶段。这一阶段是由"知"转化为"行"的关键阶段。"内化践行"是通过实际行动来彰显、保持和维护共同认同的理想、观念和信仰的阶段。对于思政课而言,"内化践行"也是对理论体系和价值观念的运

---

① 习近平:《习近平谈治国理政》(第3卷),北京:外文出版社2020年版,第329页。

用、迁移和践行的过程，如学生通过深度学习马克思主义基本原理、中国共产党的百年历史，达成了对马克思主义，对中国共产党，对中国特色社会主义的深度认同与自信。那么，在实际生活和学习、工作过程中就应该用实际行动来彰显对共产主义的信仰，对中国特色社会主义共同理想的坚定，对社会主义核心价值观的保持和维护。"七步递进式"的教学流程的构建与设计是在遵循深度教学理念的基础上，对思政课教学总体流程的设计，有助于思政课教师对学生高阶思维能力的培育和思政课教学价值目标的实现。

总之，以深度教学理念创新思政课教学设计与流程，需要在符合大中小学思政课一体化机制构建的基础上，在小学阶段开展启蒙式教育，注重意识感知与道德情感教育；在初中阶段开展体验式教育，注重思想引领与习惯养成教育、在高中阶段开展探究式教育，注重政治认同与家国情怀教育；在大学阶段注重反思式教育，注重社会责任培育与使命担当教育，依据不同学段的特征，按照"表层学习—深度学习—深度认知—深度理解—深度认同—深度自信—内化践行"等环节进行一体化设计，逐渐构建起"七步递进式"各知识体系相互衔接、相互贯通、循序渐进、螺旋上升的教学设计路线，最终引导学生争做社会主义合格建设者和可靠接班人。

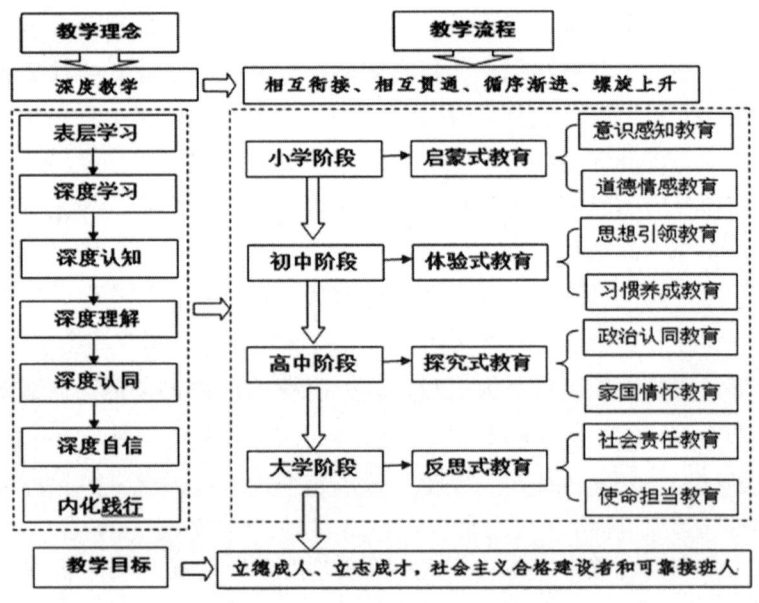

图 3.1 "七步递进式"教学流程

第二节　以深度教学理念创新思政课教学方式

对于教育教学活动而言，教学方式是为达成特定教学目的而实施的教学行为。教学方式是否科学合理直接影响着教学活动的实效。教育是培育人智慧和道德的事业，"一切教育虽都能形成品性（智慧的与道德的）；但是教育所以能形成品性，是在乎选择青少年天性的活动，调节青少年天性的活动，由此使得他的天性活动能够利用社会环境的材料。而且这种形成作用，不但形成青少年的天性活动，也全由天性活动的合作，才能成功。这是一种改造，一种重新组织的历程"①。因此，通过重新组合教学要素，探索符合青年学生天性的有温度、有深度、有高度的教学方式，将思政课打造成启迪心灵、陶冶情操、塑造价值观的智慧之课、灵魂之课是思政课教学改革的关键所在②。以深度教学理念创新思政课"层进式"和"沉浸式"的教学方式，需要通过学习共同体创设，注重学生对课堂教学过程的深度参与，充分运用理解性教学策略、问题导向性教学策略和回应性教学策略，提升教学的深度和广度以及学生对思政课堂的参与度和积极性。

一、获取与运用知识的教育方式

引导学生获取和运用知识是摆在教育教学工作者面前的重要实践课题。对于思政课教师来讲，需要遵循教书育人规律、思想政治工作规律和学生成长规律，注重知识的实践性，使思政课理论知识与学生生活经验和个体成长发生关联，让学生学会掌握知识的方法并科学合理地运用思政课理论知识。本书将借鉴本杰明·布鲁姆在《教育目标分类学》中依据知识的类别从"认知""情感""动作技能"三个领域划分教育目标的理论所探索出的递进式教育方式和杜威在《我们如何思维》中阐释的"五步程序法"，来探索和思考、获取与运用知识的路径，以期为思政课提供合适的知识获取与运用的方法与教育机制。

（一）基于教育目标分类的递进式教育方式

美国著名教育学家本杰明·布鲁姆从课程研究者的视角出发，基于教育目

---

① ［美］杜威：《民本主义与教育》，邹恩润译，北京：东方出版社2013年版，第78—79页。
② 刘建涛：《深度教学理念引领思政课教学改革创新》，载《思想政治课教学》，2020年第6期，第10页。

标的层次性,首次提出了"教育目标分类法"。依据不同的教育目标分类和学生学习层次的不同,将教育目标划分为"认知""情感""动作技能"三个领域。"认知—情感—动作技能"的三维教育目标是一个逐级深入、递进式的教育方式。其中,"认知领域"在教育目标中占比最大,"认知"主要注重学生已经通过学习记忆或再现的内容和目标,依据认知目标实现的不同,采用的方法或程度也具有层次性的差异;"情感领域"主要侧重学生内在的兴趣、态度、价值观或情绪意向等。"注重情调、情绪或接受与拒绝程度的目标。"① "动作技能领域"更加注重运动或实践操作层面的目标实现。本书仅就"认知领域"和"情感领域"的教育目标分类进行分析。

1. 基于教育目标分类的六层递进式认知方式

在认知领域中,布鲁姆依据学习的深度不同将获取知识的方式递进式地划分为:知识(Knowledge)、领会(Comprehension)、运用(Application)、分析(Analysis)、综合(Synthesis)、评价(Evaluation)六个层面。洛林·W. 安德森(Lorin W. Anderson)等基于认知过程维度和知识维度对布鲁姆的原版分类体系重新建构了"修订版分类框架"。修订版分类框架从知识的维度将知识的类别分为事实性知识(Factual Knowledge)、概念性知识(Conceptual Knowledge)、程序性知识(Procedural Knowledge)、元认知知识(Metacognitive Knowledge)四大类,将人对知识的认知过程依据认知的复杂程度递进式地划分为记忆/回忆(Remember)、理解(Understand)、应用(Apply)、分析(Analyze)、评价(Evaluate)、创造(Cerate)六大类别。

记忆/回忆(Remember)即对知识认知的初级阶段,是对具体知识的不系统的表层认知,具有一定的感性印记。如对某一历史事件的时间、地点、人物等的认知与回忆。理解(Understand)即学生在教学情境中依据自身的学习目的和经验对知识的初步的和浅层次的领会。"在教学情境中,学生被认为是基于自己已有的知识和教学环境提供的各种机会和约束(包括学生能够获得的信息),通过各种认知活动和元认知活动自主建构意义。进入任何教学情境时,学生都已经具备各种各样的知识,有着自己的学习目的以及在该教学环境中的先前经历。他们利用所有这一切去'理解'获得的信息。这一建构式'理解'过程涉

---

① [美] D. R. 克拉斯沃尔、B. S. 布鲁姆等编:《教育目标分类学:第二分册 情感领域》,施良方、张云高译,瞿葆奎校,上海:华东师范大学出版社1989年版,第5页。

及先前知识的激活以及对这些知识进行加工的各种认知过程。"① 比如，能够简要说明某一事件的发生缘由，解释事物的价值或意义，对不同类型事物进行举例、分类、总结、推断、比较等。应用（Apply）即能够对所学知识原理进行初步的运用，把抽象的理论知识转化为具体的方法论。如运用马克思主义基本原理中的相关理论解决人文社会科学中的现象或问题。分析（Analyze）即对某一事物内部构成要素的分解，并梳理各构成要素之间、要素与整体之间的逻辑关系，进而对事物整体有更加清晰明了的认知。如通过分析归因理论内容的观点来确定作者的立场和思路。评价（Evaluate）即学生基于认知规律运用理论思维对事物本质做出客观性和符合逻辑的价值判断或评价。这是学生有意义的学习或主动建构意义的过程。"在主动参与有意义的学习时，学习的认知观和建构主义观点强调学生知道什么（知识）以及他们是如何思考（认知过程）这些知识的。"② 创造（Cerate）即学生在前面分析事物各内部要素的基础上对其进行重新整合，进而创造性地构建新的知识体系或提出解决问题的方式或途径。

这六大类别的认知层级既是学生需要在认知领域中达成的目标，也是学生获取和运用知识的方式和机制。从六大类别的认知层级之间的逻辑性分析，其符合深度教学理念倡导的由浅层学习到深度学习直至达成高阶思维活动的教学理路，对作为符号表征的知识和作为逻辑形式的知识的认知具有一定的方法论指导作用。但对知识的学习还要深入"知识之后"的追问，探求知识的意义系统，这就是深入对情感领域的教育目标的分析。

2. 基于教育目标分类的五层递进式情感认知方式

同认知领域一样，情感领域教育目标的实现也需要一套层次性和程序化的获取机制，要构建为联系不同情感行为提供手段和方法的连续体。D. R. 克拉斯沃尔在布鲁姆教育目标分类学的基础上对情感领域的教育目标进行了充实和完善，将情感领域的教育目标分为兴趣（Interests）、态度（Attitudes）、价值观（Values）、欣赏（Appreciation）和适应（Adjustment）五个方面。"兴趣"目标的实现不仅要使学生觉察某种事物的存在，还要使学生越来越有意愿注意这一事物并能够做出一些积极的情感行为；"态度"即要使学生愿意承认对某一事物

---

① ［美］洛林·W. 安德森等编著：《布鲁姆教育目标分类学：分类学视野下的学与教及其测评（完整版）》（修订版），蒋小平、张琴美、罗晶晶译，北京：外语教学与研究出版社2009年版，第30页。

② ［美］洛林·W. 安德森等编著：《布鲁姆教育目标分类学：分类学视野下的学与教及其测评（完整版）（修订版）》，蒋小平、张琴美、罗晶晶译，北京：外语教学与研究出版社2009年版，第30页。

怀有积极的期望和情感，有意付出行为的姿态；"价值观"同态度一样，是对相当具体或一般化的事物所形成的态度群或价值复合体的行为；"欣赏"类似于兴趣，即用语言或行为表达对某一事物的亲近或喜爱，也可能在感知某一事物时体验到一种快感；"适应"是"一个人的某一方面与另一方面的相互关系而此联系是通过一种在这个结构内可以产生某种平衡的方式实现的"，"可以指自我概念和自我理想的内部平衡，或者指外显行为与某种角色概念之间的平衡"。①

学生的学习过程，也是情感生成和发展的过程。任何思维活动都是带有情感色彩的。教育活动要遵循认知、情感、行为的递进深入发展规律，要注重问题解决与态度、思维与情感、行动与思维之间的结合，构建情感连续体。"情感连续体是从个体仅仅觉察到某种现象并能够知觉到它这样一个层次出发的。在下一个层次上，他愿意注意某些现象。再下一个层次，他在对这些现象做出反应时具有积极的感情。最后，他的感情可能强烈到以特别努力的方式来做出反应。在这个进程的某一点上，他把自己的行为和感情概括化，并把这些概括化的东西组织成一个结构。这个结构不断增加复杂性，以致成为他的人生观。"②情感连续体的建构是学生从浅层次的知识到深层次的情感再到付出行为的内化的过程，是对学生情感素养和价值观念的内部建构与塑造的过程，从某种程度上来讲，也是一个个体的行为连续体，是情感领域教学目标的生成和达成的过程，教育活动特别是思政课教学要有效地评估认知、思维、情感和行动之间的黏合度。

情感领域教学目标的达成也是学生情感领域的教学要素"内化"的达成。"内化"是学生将外在的认知、观念、做法、标准、价值观念等由不完全采纳到完全采纳和外显表现的过程，是实现外在的认知、观念、做法、标准、价值观念等内部生长的过程。情感要素的内部生长"表现在一个人攀登情感连续体时，环境的外部控制对内部控制的允许程度。因此，在情感连续体最底下的各层次的末了，内部控制仅仅用来支配注意。在高一些的各层次上，内部控制产生适当的反应，但仅仅局限在遵从外部权威的意义上。到了更高一些的层次上，内部控制即便在没有外部权威的情况下，也会作出适当的反应。到了还要高一些

---

① ［美］D. R. 克拉斯沃尔、B. S. 布鲁姆等编：《教育目标分类学：第二分册 情感领域》，施良方、张云高译，瞿葆奎校，上海：华东师范大学出版社1989年版，第25页。

② ［美］D. R. 克拉斯沃尔、B. S. 布鲁姆等编：《教育目标分类学：第二分册 情感领域》，施良方、张云高译，瞿葆奎校，上海：华东师范大学出版社1989年版，第27页。

的层次上，那么即使遇到障碍或阻挠，也会始终不移地作出这些反应"①。

D. R. 克拉斯沃尔在《教育目标分类学：第二分册 情感领域》中引用了赫伯特·凯尔曼（Herbert C. Kelman）在《顺从、认同作用与内化：态度变化的三个过程》（"Compliance, Identification and Internalization: Three Processes of Attitude Change"）一文中对学生所遵循的顺从、认同作用、内化三种不同过程的态度变化的理论。

"顺从（compliance）可以被说成是在个体因为希望从另一个人或群体那里得到赞同反应而接受影响时发生的。他采取诱发的行为，不是因为他相信这种行为的真意，而是因为他期望通过遵从而得到某种奖励或赞赏，以及避免某种惩罚或责难。……

"认同作用（identification）可以被说成是在个体因为想要同另一个人或群体（例如，教师或学校中其他权威人士）建立或维持一种令人满意的关系而接受影响时发生的。……个体实际上相信他由于认同作用而采取的这些反应。……从认同作用中产生的满意是由于这类遵从的行动。

"内化（internalization）可以被说成是个体因诱发行为的内容——这种内容由观念和行动所构成——得到内部奖励而接受其影响时发生的。个体采取这种诱发行为，是因为这种行为同他的价值体系相一致的。……用这种形式采取的行为，往往是与个体现有的价值观融为一体的。因而，从这种内化中产生的满意感是由于相信这种新的行为的真意。"②

从顺从到认同作用再到内化的过程，显示了学生学习程度和学习效果的连续不断地变化，乃至最后塑造他的世界观、人生观和价值观。将知识由外在状态"内化"为学生的思维和行为是有阶段性和层次性特征的。遵循学生"个体觉察—情感行为—情感行为复合体"的深化发展过程，D. R. 克拉斯沃尔将"内化"过程递进式地划分为"接受"（Receiving）、"反应"（Responding）、"价值的评价"（Valuing）、"组织"（Organization）、"由价值或价值复合体形成的性格化"（Characterization by a value or value complex）。

第一层次"接受"是最低级的类别。在"接受"层面，由浅入深地划分为"察觉""愿意接受"和"有控制的或有选择的注意"三个亚类别。在这一层

---

① ［美］D. R. 克拉斯沃尔、B. S. 布鲁姆等编：《教育目标分类学：第二分册 情感领域》，施良方、张云高译，瞿葆奎校，上海：华东师范大学出版社1989年版，第30页。
② ［美］D. R. 克拉斯沃尔、B. S. 布鲁姆等编：《教育目标分类学：第二分册 情感领域》，施良方、张云高译，瞿葆奎校，上海：华东师范大学出版社1989年版，第31—32页。

面，要引导学生将自己的注意力集中到某一"刺激物"上，并通过区分不同的"刺激物"，有意愿地将注意力聚焦于并有意识地寻找这一"刺激物"或刺激的状态。第二层次"反应"是学生对情感刺激作出固定反应的阶段。在"反应"层次，由低到高的层级可以划分为"默认的反应""愿意的反应""满意的反应"。在这一层次，学生的学习呈现出对规则、法律、要求等外在的各种期望的遵循到内在自愿自发的反应再到自愿自发的带有情绪性的反应的"内化"过程。在这一层次，学生能够区分情感刺激并赋予其情绪意义。第三层次"价值的评价"是学生日益增长的"内化"阶段。在这一层次，学生开始持有一种价值，并不断产生对拥有某种能力或价值的愿望的"价值的接受"，进而内化到自身言行的"对某一价值的偏好"，直至"信奉"这一价值观念和理论力量；当学生"内化"的价值不止一个时，就需要把各种价值组成一个体系。第四层次"组织"，这一阶段是学生将多个价值有关的情境相继加以"内化"的阶段。这一阶段经历了"价值的概念化"和"价值体系的组织"两个过程，亦即学生渴望评价或发展价值相关情境的基础理论假设，并支配性地将其作为自己的价值观念；当价值组织体系"内化"到学生的价值思维中时，学生"个体根据一套相互联系的价值观、建构或世界观，对负有价值的各种情境作出始终如一的反应"①。这样就"内化"到第五层次，"由价值或价值复合体形成的性格化"②，这也是"内化"的最终阶段。这一阶段含有两个亚类别："泛化心向"和"性格化"，也就是外在的价值观体系内化为学生自身言行和人生哲学的过程，在这一阶段，学生乐意根据价值体系来修正或改变自身的行为，进而形成自身始终如一的价值观和人生哲学。

总之，基于布鲁姆教育目标分类学融合了"认知领域""情感领域""动作技能领域"三个层面的教育目标。这三个层面是一个由表层认知内化到情感、价值观念乃至行为的深度达成过程。教育目标的深度达成过程也是教育工作递进式教育方式的展开过程。"认知—情感—动作技能"的递进式过程与深度教学倡导的由表层学习到深度学习的过程是具有逻辑自洽性的。这些理论对思政课教学方式的创新具有重要的启发意义。思政课教学要使知识由"表层认知"升华为"深度认同""深度践行"，进而达到"转识成知，转知成智，化知识为美

---

① [美] D. R. 克拉斯沃尔、B. S. 布鲁姆等编：《教育目标分类学：第二分册 情感领域》，施良方、张云高译，瞿葆奎校，上海：华东师范大学出版社1989年版，第36页。
② [美] D. R. 克拉斯沃尔、B. S. 布鲁姆等编：《教育目标分类学：第二分册 情感领域》，施良方、张云高译，瞿葆奎校，上海：华东师范大学出版社1989年版，第37页。

德,化美德为言行"的功效,充盈思政课理论知识的价值元素、情感元素和智慧元素,进而实现思政课教学由知识导向向价值观塑造导向的转化,提升思政课的亲和力,有效达成价值引领的教学价值目标。

(二)认知过程的五步程序法

美国实用主义教育家杜威在《我们如何思维》一书中对人的思维活动进行了论述。他认为,人的思维活动不是依赖于本能冲动和外在环境刺激而采取行动的活动,人的思维活动是通过既有的事物来推测或预知未来的事物的活动,是人区别于动物性,摆脱本能、欲望的活动,思维不仅可以提升人的认知水平,还可以赋予自然事物不同的地位和价值。因此,思维不是一种自发自生的认知活动,而是学生在学习过程中遇到了某些困惑或怀疑时,由某些事物引发或激起的认知活动。当学生在遇到某些困惑或怀疑时,便会思考运用何种理论,采用何种方案来解决问题,而能够引起学生思考进而解决问题的只能是其以往的经验和在头脑中的知识。与此同时,学生的思维活动也是对以往经验和知识的验证,对自身所持有的见解的验证。"培养良好思维习惯时,最重要的因素就是要养成这样一种态度:肯将自己的见解搁置一下,运用各种方法探寻新的材料,以证实自己最初的见解正确无误,或是将它否定。保持怀疑心态,进行系统的和持续的探索,这就是对思维的最基本要求。"①

思维能力的培养不是一蹴而就的,是需要引导、训练加以提升的。对于人类而言,教育事业是有责任有义务来培养学生的思维能力,帮助学生养成良好的思维习惯的。"教育的任务在于传授各种可能的信息,而不在于对每一见解均提供证明,但教育有责任让受教育者养成牢固而又有效的习惯,来区分哪些信念是经受过检验的,而哪些还仅仅是人们的猜想、推测和论断;要以真诚、活泼和开朗的态度接受那些确有根据的结论,并在个人工作习惯中掌握适当的方法,对自己遇到的各种问题进行相应的探索和分析。……因此教育有重大责任为培养它们创造条件。培养这些习惯,就是思维训练。"② 教育对学生思维能力的培养来说,不是去创造思维能力,而是让学生对思维能力进行合理恰当地运用。在教学过程中,教师要了解学生已有的思维习惯与倾向,设计教学活动更适合激发学生的思维能力,培养学生对教学内容和方式的吸引力。

学生的思维过程也是深化认识、获取知识的过程。学生的认识过程(思维)不是被动地接受既有事物,而是通过学生的主体创造性对不符合自身境况的要

---

① [美]约翰·杜威:《我们如何思维》,伍中友译,北京:新华出版社2010年版,第12页。
② [美]约翰·杜威:《我们如何思维》,伍中友译,北京:新华出版社2010年版,第24页。

素进行积极改造,进而使思维探究继续深化的过程。"认识的过程不单单是消极地接受所与的事物;也不是限定在对材料的选择和重新安排上。它是对不符人意的境况的组成成分的积极改造,以力图满足探究的要求。"① 学生对事物的认知和探究需要一个逐级深化的过程,托马斯·希尔在《现代知识论》一书中基于杜威的实验主义思想和对思维的阐释总结出了学生认知过程的"五步程序法"。

第一步,即认识的起步阶段,认识产生于经验过程的间断、不和谐以及"对差异或困难的感受"②。这是认识能够发生的必要条件,如果学生的经验过程总是一帆风顺的,则学生活动很难被激起,当问题与困难在学生经验过程中出现,学生就需要重新调整经验境况,以使学生的经验境遇符合自身对知识的探究。"认识产生于经验过程的间断、不和谐、'对差异或困难的感受'。只要一切和顺,认识就处于休眠状态;但是,一旦'困难产生',认识的活动就激发了。境况要求重新调整,仅仅因为这样,就迫使人们去追求认识。"③ 因为在杜威看来,任何认识的活动都必须放置到其所处的实践背景中来考察,这也就是杜威倡导的认识的情境特征。对经验境遇的积极改造也意味着学生认知的实质性进展。第二步,即学生在"惊讶"于问题和困难在经验境遇中出现后需要对困难和问题进行"界说"。在这一步中,学生要将思维聚焦于"困难"及相关物,并有意识地运用理智的思维对现存的问题进行思考。"认识的理论唯一会有实质性进展的方面存在于一种新的情境逻辑之中,在这种逻辑中,每一种'认识行动都被看作是解决某一特殊境况中的某一具体问题的努力'。"④ 第三步,即认知过程深化的关键环节,学生要依据以往经验对问题和困难的解决做出解答,这需要学生具有很强的智谋和应变能力,对问题和困难的解决做出解答也是认知过程的"跳跃",但往往是以"假说"的形式最先呈现。因此,在这个时候需要学生对可供选择的提示进行"精心培植",以便做出有成效的解答。第

---

① [美]托马斯·E·希尔:《现代知识论》,刘大椿等译,北京:中国人民大学出版社1989年版,第404—405页。
② [美]托马斯·E·希尔:《现代知识论》,刘大椿等译,北京:中国人民大学出版社1989年版,第405页。
③ [美]托马斯·E·希尔:《现代知识论》,刘大椿等译,北京:中国人民大学出版社1989年版,第405页。
④ [美]托马斯·E·希尔:《现代知识论》,刘大椿等译,北京:中国人民大学出版社1989年版,第401页。

四步,即"对已提示的解答所具有的蕴含进行'合理的加工'或演绎。"① 也就是运用提示的解答所具有的"蕴含"来进一步检验提示的解答。在这个过程中,需要运用学生认识过程中的逻辑思维对多个"假说"性解答进行逻辑分析,"形成一个信念,应该经过认真思维,有意识地思考这一信念的性质、条件和意义。这不能是自娱自乐的幻想"②。第五步,也是认知过程的最后一步——证实。即经过前期认知过程的不断深化与逻辑分析,必然会证实一个假说而排除其他。这一阶段,学生需要通过精心安排,证实某一观念所产生的结果是否实际发生。如果通过证实发现其确实实际发生并能够合理证实其他假说条件不存在,则学生必然会产生对这一观念的接受、认同和信仰。

当然,认知过程的"五步程序法"是学生在学习过程中对某一问题或困难的认知深化过程。当这一问题或困难在学生经验境遇中解除之后,便意味着对这一问题的探究将会结束,思维回归于平静。但思维的平静期仅仅是暂时的,因为探究的过程是永远无止境的,所以随着新的困难与问题在学生经验境遇中再次出现,学生会在更高的水准上寻求思维世界的新调整,以使学生的认知持续深化。总之,认知过程的"五步程序法"是学生在认知事物时程序上的一种方法,与深度教学在教学方式上的理念具有一定的契合性,注重思维的运用、逻辑的演绎与信念的达成,讲求探究式教学、反思式教学、情景式教学,用反思的思维方式深度联结学生的生活情境,去探究知识及知识背后的价值与意义。这些理念、程序与方法对思政课教学方式的改革创新具有一定的借鉴价值。

二、以深度教学理念创新思政课教学方式

教学方式是为达成特定教学目的而实施的教学行为。教学方式是否科学合理直接影响着教学的实效。任何教学方式都不是"纯粹"的,必须同特定课程的教学内容、学生及学生的学段特征相连接,"在教育教学实践中,没有纯粹的课程内容,也不存在纯粹的教学方法,任何教学模式都是课程内容与教学方法的耦合过程"③。对于思政课而言,如何在研判学生思想特征和动态的基础上,将教学方式和思政课教学内容及其所蕴含的思想要义、道德情感与价值取向深度联结,探索有温度、有深度、有高度的教学方式,将思政课打造成启迪心灵、

---

① [美]托马斯·E·希尔:《现代知识论》,刘大椿等译,北京:中国人民大学出版社1989年版,第401页。
② [美]约翰·杜威:《我们如何思维》,伍中友译,北京:新华出版社2010年版,第6页。
③ 李梁、刘翔宇:《思政课目标、课程内容与教学方法的理论思考》,载《思想理论教育导刊》,2019年第4期,第98页。

陶冶情操、塑造价值观的智慧之课、灵魂之课是思政课教学改革的关键所在。"深度教学"理念强调学生理论学习与生活情境的深度联结，注重对课程知识之后的"意义世界"的理解与构建，倡导学生应在教师的引导下进行"层进式"和"沉浸式"的深度学习，即对知识的内在结构进行深层思考，对课堂教学过程进行深度参与，对生活实践的深度感悟，可以有效创新思政课教学方式，达成思政课教学目标。

（一）深度教学创新思政课教学方式要研判学生思想特征及动态

深度教学注重教学方式、教学内容与学生生活情境及思想动态的深度联结。在深度教学理念的引领下，创新思政课教学方式，实现"教"的效果与"学"的效果的双赢，首先要聚焦学生的思想特征及动态，特别是处于"拔节孕穗期"的青年学生，要遵循其成长规律，研究青年学生的兴趣爱好，科学把握青年学生的思想动向，分析研判青年学生的思想需求，通过"把好脉""问好诊""定好向"有针对性地设计和实施教学方式，为提升思政课实效性提供"良方"。

1. 思政课教学应掌握青年学生的思想特征及动态

当今社会，互联网内嵌于人们的生活深处已经是不争的事实。青年学生群体已经成为网络群体的主要组成部分。《中国互联网络发展状况统计报告》（第45次）显示：学生群体在网民规模中占比最多，达26.9%，且呈现低龄化趋势。[①] 当代青少年的思想活动特征与互联网息息相关。网络空间已成为青年学生社会互动、思想交流、情感抒发的重要场域。依托网络世界和网络空间这一载体生发出的社会思潮和价值观念也深深地影响着青年学生的思想。由此可见，在当前多元社会思潮和价值观念纷繁复杂、跌宕起伏的时代，网络空间已然成为思想舆论斗争的主战场，而争夺对象往往是处于"拔节孕穗期"的青年学生。个体自我在不同时期都会呈现出阶段性的思想特征。青少年学生在对自我认知、发展目标、个人品性、价值观念等方面尚不清晰；社会经验不足，适应社会环境和处理人际矛盾的能力尚有欠缺；价值目标尚未定型，价值判断和价值评判的能力尚未成熟，自我控制能力欠缺，容易受到不良的思想观点和社会思潮的蛊惑和诱导，"最需要精心引导和栽培"[②]。思政课教学必须根据青年学生所处的社会环境，深入掌握青年学生的阶段性思想特征和思想动态，分析研判可能出现的思想问题，为寻求精心引导和栽培的"解心良方"，创新思政课教学方

---

① 中国网信网，第45次《中国互联网络发展状况统计报告》，2020年4月28日，第35页，https://www.cac.gov.cn/2020-04/27/c_1589535470378587.htm.

② 习近平：《习近平谈治国理政》（第3卷），北京：外文出版社2020年版，第329页。

式，提供科学合理的依据，为提升思政课教学实效性"把脉定向"。

2. 思政课教学应直面多元社会思潮对青年学生价值观的冲击

任何意识形态、思想观念都必然与现实社会中的物质活动息息相关。正如马克思所说，"意识在任何时候都只能是被意识到了的存在，而人们的存在就是他们的现实生活过程"①。一个开放多元的社会往往既存在着主流意识形态，又充斥着诸多非主流异质的意识形态。主流意识形态是任何国家和民族精神凝聚力的体现。而非主流意识形态往往会产生"离心离德"、社会分崩离析的境遇。不可否认的是，当今社会，多元社会思潮和价值观念共存共生，主流与非主流竞相发声，纷纭激荡，相互冲突。网络空间已然成为诸多社会思潮碰撞与冲突的主战场，一些不良和负面的社会思潮借助网络空间"乘虚而入""蛊惑人心"。处于"拔节孕穗期"的青少年则一直是国外敌对势力和非主流社会思潮争夺的重点人群。

异质非主流社会思潮在网络空间中往往会契合青年学生的兴趣爱好、情感情绪、利益诉求和思想愿望，以碎片化、轻松化、娱乐化、时尚化、戏谑性、蹭热点、造舆论的形式制造所谓的"真相"，冲击青年学生的头脑。这些思潮往往打着民主、自由、正义、公正的旗帜，实则是经过伪造和包装的"谎言"和"伪科学"，其目的是混淆是非、颠倒黑白，模糊和淡化青年学生的政治信仰、认知能力、价值甄别力和是非判断力。当前，新自由主义、历史虚无主义、消费主义、"普世价值"论、民粹主义等异质非主流社会思潮对青年学生价值观念的影响较广、危害较大。这些不良社会思潮有的是以个人主义为理论基础，奉行西方自由化、私有化的价值理念，反对、抵制社会主义制度的公有制和民主制；有的歪曲历史，抹黑英雄，制造谎言，否定中国共产党的领导；还有的倡导所谓的绝对"价值中立"，宣扬消费至上、娱乐至死的人生导向。异质非主流社会思潮的传播和泛滥在一定程度上歪曲了青年学生的自我认知和判断，侵蚀了青年学生的政治信仰，模糊了青年学生的集体观念，扭曲了青年学生的文化涵养和审美情趣，对处在"拔节孕穗期"的青年学生的思想和行为必然会产生重大影响。对思政课来讲，要使青年学生做到"不畏浮云遮望眼"，就必须聚焦当前青少年所处的生活情境，科学研判异质非主流社会思潮对青少年思想特征及动态的侵蚀，结合思政课教学内容采取有针对性的教学方式，不断提升思政课教学实效性，强化思政课的思潮引领、思想形塑和文明传承功效。

---

① 《马克思恩格斯选集》（第1卷），北京：人民出版社2012年版，第152页。

(二) 深度教学创新思政课教学方式要符合循序渐进原则

深度教学理念注重对理论知识中蕴含的思想要素、情感价值元素和高阶思维方式的深度学习与内化。思政课是开展道德情感、智慧涵养、政治素养、家国情怀和使命担当教育的核心课程。深度教学理念与思政课教学价值目标具有逻辑自洽性。但深度教学创新思政课教学方式不可能一蹴而就，必须按照循序渐进的原则开展由表层学习到深度学习的教学。对思政课而言，深度教学创新思政课教学方式需要以科学的灌输教育夯实思政课理论知识，以"启发+层进+沉浸"式教育培育高阶思维，以实践教育强化思政理论的知行合一，最终达成思政课教学价值目标。

1. 以科学贯通式灌输教育夯实思政课理论知识

灌输教育是教育的基础和必要环节，是开展思想政治教育工作的内在诉求和必要举措。在任何教育活动中，初始状态的教育必须经过灌输教育。这里所讲的"灌输"是科学的灌输教育，所谓科学的灌输教育是符合青年学生认知规律的灌输，不是强制与压制的"洗脑式"灌输。灌输教育要循循善诱、符合逻辑、有理有据。对于思政课而言，在深度教学理念的引领下，需要以科学贯通式灌输教育夯实青年学生的思政课基础理论知识，帮助青年学生掌握扎实的马克思主义理论基础，树立正确的世界观、人生观和价值观。思政课教学实施科学贯通式灌输教育要明确"为什么灌输？""灌输什么？""怎样灌输？"等问题。

第一，要明确"为什么灌输？"遵循教育规律，灌输教育是教育活动的重要环节，特别是对思政教育而言，要将我国的主流思想和价值观念从外部"灌输"给青年学生，这是教育的应有之义，也是思政教育实现立德树人教育目标的必要举措。我国著名马克思主义哲学家陶德麟先生认为，"灌输是把人们未知的东西传授给人们的必要手段之一，是教育的基础一环。实际上每个人一出生就在接受灌输。没有灌输，孩子怎么会说话识字？怎么会懂得加减乘除？不接受'传道授业解惑'，怎么能在脑子里自发地产生知识？'举一反三''闻一知十'也要教者有所'举'、受教者有所'闻'才有可能。马克思主义是精湛德科学理论，不经过灌输是不可能'掌握群众'的"[①]。追溯灌输理论，在马克思主义理论中已经有体现。马克思在《黑格尔法哲学批判导言》中曾经指出："批判的武器当然不能代替武器的批判，物质力量只能用物质力量来摧毁；但是理论一

---

① 于涓、佘双好：《从文化建设的视角看社会主义核心价值观的培育和践行——访中国社会科学院马克思主义研究院顾问、武汉大学教授陶德麟》，载《马克思主义研究》，2012年第4期，第21页。

经掌握群众，也会变成物质力量。"① 从马克思主义理论的视角来看，灌输理论源于无产阶级的革命运动实践，与其所处的时代和社会背景息息相关，灌输的目的在于启发工人阶级革命的觉悟，其隐含的是对无产阶级革命觉悟的启发式教育活动。列宁在《怎么办?》中指出，"阶级政治意识只能从外面灌输给工人，即只能从经济斗争外面，从工人同厂主的关系范围外面灌输给工人。只有从一切阶级和阶层同国家和政府的关系方面，只有从一切阶级的相关关系方面，才能汲取到这种知识"②。在列宁看来，工人阶级不可能在自身内部发出科学的革命理论，只能从外部加以"灌输"。马克思主义的灌输理论强调了资本主义制度之下的革命理论对工人阶级革命实践的重要性，也明确了灌输教育的重要意义。时代不断发生变化，灌输教育的内涵和方式都应与时俱进，但灌输方式对于思政教育的重要意义从未减弱。当今时代，多元社会思潮和价值观念共存共生，主流与非主流竞相发声，纷纭激荡，相互冲突。一些不良和负面社会思潮借助网络空间不断冲击处于"拔节孕穗期"的青少年的灵魂，迷失青年学生的自我认知和判断、侵蚀青年学生的政治信仰、模糊青年学生的集体观念、扭曲青年学生的文化涵养和审美情趣。面对这些复杂的现象和问题，思政课必须采用科学的灌输教育方式帮助青年学生明是非、辨善恶，进而树立正确的价值观念。因此，坚持科学的灌输教育方式既是马克思主义思想教育的应有之义，也是开好思政课的内在要求和重要保障。

第二，要明确"灌输什么?"灌输教育指向的内容是灌输教育的核心，对于思政课教学而言，要明确"灌输什么"需要先明确思政课教学的价值目标。思政课教学灌输的内容要服务于思政课教学价值目标。对于思政课教学内容而言，首先要以灌输教育的方式让青年学生熟知马克思主义基本理论及马克思主义中国化的重要理论成果，在此基础上，理解并掌握马克思主义科学的世界观和方法论。这种"灌输"的教育是必要的环节，就像小学生背诵课文一样，因为只有把表层的知识掌握了才能深入"知识之后"，去探寻知识背后的思想意蕴和情感价值，正所谓"读书百遍，其义自见"。2014年5月30日，习近平总书记在北京市海淀区民族小学主持召开座谈会时就谈道，少年儿童培育和践行社会主义核心价值观首先要做到"记住要求"。"记住要求，就是要把社会主义核心价值观的基本内容熟记熟背，让它们融化在心灵里、铭刻在脑子中。由于大家还在学习阶段，社会阅历不多，对社会主义核心价值观的涵义不一定能理解得很

---

① 《马克思恩格斯选集》（第1卷），北京：人民出版社2012年版，第9页。
② 《列宁全集》（第6卷），北京：人民出版社2013年版，第76页。

深，但只要牢记在心，随着自己年龄、知识、阅历不断增长，会明白得更多、更深、更透"①。因此，思政课教学要先以科学贯通式灌输教育的方式，不断推进社会主义核心价值观、马克思主义基本理论，特别是以及习近平新时代中国特色社会主义思想进入青年学生头脑，使其内化于心、外化于行，进而培养其爱国情、强国志、报国行。

第三，要明确"怎样灌输？""怎样灌输"就是要掌握科学的灌输教育方式，因为灌输教育如果方法不当则会产生事倍功半的效果。科学的灌输教育就要在马克思主义灌输理论的指导下，遵循青年学生的认知规律和思想政治教育规律，开展贯通式的灌输教育。马克思主义思想教育理论倡导的灌输理论不同于西方自由主义将"灌输"理解为强迫接受，即"洗脑"的方式。科学的灌输教育要服务于思政课教学价值目标，灌输不能强制性，不能"填鸭式"，也不能是"机械式""教条式"的"满堂灌"。马克思主义"灌输理论显然是集合了教育目的、教育内容、教育方法等多方面因素共同作用的思想政治理论体系，其基本内涵是以科学的思想政治理论体系为内容，需要遵循思想政治教育规律，并通过启发引导的方式，帮助教育客体形成理论学习的自觉性，完成思想意识由自发到自觉的自我转化，从而实现人的全面自由发展"②。思政课教学要采用灵活多样的灌输教育方式，要结合思政课教学内容，打通理论知识之间的"知识壁垒"，实现知识贯通、思想融通。要坚持灌输性与启发性的统一，"当灌则灌""当启则启""灌启结合"，要结合青年学生的生活经验和日常感知恰当地灌输，要通过灌输教育整合来引导青年学生的价值观念，使其通过学习、教育、实践自觉形成科学的世界观。因为"一种科学思想体系，只能通过学习、教育、实践而自觉形成，不能通过盲目的、经验的方式自发产生，这是科学思想、正确世界观形成发展的规律，是不以人的意志为转移的客观必然性"③。总之，方法为目的服务，思政课教学要以思政课教学价值目标的实现为靶心，运用马克思主义灌输理论，采用科学合理的灌输教育方法。

2. 以"启发+层进+沉浸"式教育培育高阶思维

思政课教学需要以科学的灌输教育夯实理论基础，在青年学生不能自觉自发地选择学习内容时，需要从外部恰当地进行知识"灌输"，以确保青年学生学

---

① 习近平：《习近平谈治国理政》（第1卷），北京：外文出版社2014年版，第182页。
② 杨涛：《"灌输论"视角下新时代高校爱国主义教育论析》，载《大学教育科学》，2021年第3期，第41页。
③ 侯爽：《关于灌输理论与思想政治教育本质的再研究》，载《思想理论教育导刊》，2009年第10期，第74—78页。

习内容的正确性。这是思政课教学必要的教学方式,但在思政课教学过程中不能一味地灌输教育,要注重"灌输"与"启发"的结合。思政课教学需要青年学生掌握系统的基础理论知识,但这仅仅是教学价值目标的初级层面,在掌握扎实的基础理论知识的基础上,还要运用启发性教育,注重青年学生的能力培养与价值观塑造。要着力培养青年学生的辩证思维、批判思维、开放思维、抽象思维和创造思维,培养学生自觉运用马克思主义的基本立场、观点和方法分析和解决问题的能力。

"深度教学"理念注重对课程知识之后的"意义世界"的理解与构建。思政课教学要以"启发+层进+沉浸"式教育培育青年学生的高阶思维。启发式教育要注重培养青年学生在学习行为中的主体性、自主性和创造性。思政课教学的设问设计、研讨设计、活动设计等都要蕴含启发性,要遵循循序渐进、由浅入深、由易到难的思路,进行"层进式"和"沉浸式"教学,使青少年学发挥其认知的能动性,将思政课理论知识与自身经验相联结,自觉构建知识的意义系统。"这种能动的认知参与意味着学习不是对知识的浅层次学习(记忆、背诵),不是对知识符号的简单占有,而是追求深层次学习(反省、探究),是将知识理解并内化为自身经验的一部分。深层次的求知是学生对知识进行主动意义建构的持续过程。"① 进而使青年学生在潜移默化、润物无声中领悟思政教育的真谛。思政课教学还要注重对目标、情境、活动、评价等要素进行"启发式""层进式""沉浸式"设计,注重目标—内容—方法—策略—活动—评价等要素之间的整体性、递进性、耦合性和关联性。可采用问题导向性教学策略、课题研究式教学策略、专题讨论式教学策略和回应性教学策略,以"经典原著阅读""案例理论研讨""课题调查研究"等方式,进一步将思政课程的理性知识与社会实际、学生专业相结合,不断引导青年学生强化对问题的思索与探究。"'问题引领'的价值在于在关联学生经验背景的基础上,唤起主体的求知欲、兴趣和需要,激发学生学习的积极主动性,使其'自我卷入'到学习之中。……'问题引导'能使教学不仅是知识符号的占有,更能使教学进一步'深'到思维品质层面。"② 采用学习共同体和师生成长共同体等形式创新思政课高阶思维培育的场域,真正使思政课回归成启迪心灵、陶冶情操、价值观塑造的智慧之课、灵魂之课。

---

① 朱宁波、王志勇:《论深度教学的理论逻辑——基于杜威经验主义知识论视角》,载《当代教育科学》,2021年第11期,第26页。
② 朱宁波、王志勇:《论深度教学的理论逻辑——基于杜威经验主义知识论视角》,载《当代教育科学》,2021年第11期,第27页。

3. 以实践教育强化思政课知行合一

实践教育主要是充分运用思政课实践教学的实践育人功效,不断发挥思政课理论性与实践性相统一的特征。众所周知,实践教学是思政课教学中不可或缺的重要环节。一方面,思政课堂理论教学的理论知识需要到社会实践中得到验证;另一方面,实践教学中的体验和感悟也能深化思政课理论知识,进而内化到青年学生的情感和价值观层面。因此,思政课不仅需要强化运用马克思主义理论及马克思主义中国化的系列理论成果,特别是习近平新时代中国特色社会主义思想铸魂育人,用马克思主义理论武装青年学生的头脑,也需要运用实践教学的方式实现化识为智、化智为行,这既是思政课的重要组成部分,也是构建"大思政课"的应有之义。习近平总书记指出,"要坚持理论性和实践性相统一,用科学理论培养人,重视思政课的实践性,把思政小课堂同社会大课堂结合起来,教育引导学生立鸿鹄志,做奋斗者"①。思政课不是一个孤立的小课堂,而是一个与社会现实密不可分的大课堂,要注重社会大课堂的育人功效。

在现实世界中,所有事物都是彼此联系的,每一个事物及其变化发展都是经验世界中的一部分。人类在经验世界中总是处于与不同事物打交道、感悟事物变化发展的现实情境中。思政课教学要善于在社会大课堂中建构情境,着眼于中华五千年的优秀传统文化,中国共产党百年的奋斗史、成就史,立足新时代中国特色社会主义的生动实践,让青年学生通过实践来感悟。充分发挥爱国主义教育基地等教育平台的作用,运用我国在政治、经济、文化、社会、生态、军事等领域所取得的最新成果等教育资源,让青年学生在情境中感悟中华民族的底蕴、中华优秀传统文化的魅力、感悟新中国的来之不易、感悟改革开放四十多年的沧海桑田,感悟中国特色社会主义的制度自信、道路自信、理论自信和文化自信。思政课要善于把思政"小课堂"同社会"大课堂"结合起来,使现实生活成为思政课的丰富源泉,善于发现社会现实中的典型思政素材,将身边的典型案例融入课堂教学,用理论引领实践,用实践回馈理论,让思想政治教育真正入耳入脑入心。因此,思政课要善用社会生活中的典型案例浸润青年学生的心灵,培养青年学生的道德情感,点亮青年学生的精神底色,丰富思政课教育内容,逐步达成思政课雕琢青年学生的精神世界的价值目标;要强化生活情景对青年学生的熏陶与感染,以生活体验强化价值塑造,用文明的深厚涵养浸润学生的精神世界,让青年学生真信真行,在实现理论自觉的基础上达成实践自觉。

---

① 习近平:《习近平谈治国理政》(第3卷),北京:外文出版社2020年版,第331页。

（三）深度教学创新思政课教学方式要注重层次性和结构化

结构化思维是管理学领域经常运用的一种思维方式和管理技能。结构化思维强调对问题的解决要结合分析原因、制定方法、采用措施、取得实效等进行多层面的思考，注重从整体上分层次地认识和解决问题。在教学方式的设计和规划方面，结构化思维同样具有重要作用，运用结构化思维设计教学方式可以使教学过程更加条理化、清晰化和完整化，能够做到纲举目张。深度教学理念创新思政课教学方式要将一堂课作为一个系统、一个整体，并且要采用层进式的教学方式设计，要注重系统整体内部要素的合理搭配和科学安排，既要注重整体性的战略安排，又要关注内在策略和方法的战术搭配，在课前准备、课中实施、课后练习、效果反馈等方面做到各个部分衔接合理，富有逻辑性和结构性，能够层层深入，逐层递进，最终指向教学目标和教学效果。因此，深度教学创新思政课教学方式要注重整体性和层次性。

1. 以深度教学构建"四步""六维"递进式教学方式

根据思政课的课程性质及特点，以深度教学理念推进思政课程教学的改革创新，可以逐渐构建起"表层学习—深度学习—深度内化—效果反馈"的"四步"和"看、视、听、思、论、写"的"六维"递进式教学方式。就"四步"而言，这四个环节既是一堂课的完整结构呈现，又体现了一堂课不可或缺的要素构成和层次递进。思政课承载着政治引导、价值塑造、主流意识形态传导、文明传承的功能，是立德树人的关键课程。这个课程不仅要授业、解惑，还要传道，要将马克思主义理论、中华优秀传统文化、社会主义核心价值观等的核心要义和精髓传递给青年学生，不仅要让其掌握知识，还要塑造其灵魂和价值观念。因此，思政课教学必须达成深度内化、深度认同与自觉践行，要通过青年学生的知识涵养、言谈举止和行为规范彰显思政课教学的实效性。就"六维"而言，思政课教学过程要赋予学生一定的任务。这些任务要遵循要教授内容的理论体系与逻辑结构，要通过"刺激"青年学生的感官，丰富青年学生的思维，触动青年学生的灵魂，达成一堂课的教学目标。就思政课教学来讲，"看"即看文本、看原著、看课件、看案例、看拓展资料等。众所周知，思政课更多的是理论层面的知识，教材中呈现出的理论一方面连接着经典原著，另一方面映射着现实问题。因此，要通过让学生看原著，对理论溯源，掌握原汁原味的"理论盛宴"，要通过让学生看现实案例等进一步感知理论的魅力和现实力量。"视"即观看教学微视频、专题教学视频。"听"即听"经典随身听的音频"。"视"和"听"都是教学中需要采取的一种表层学习的教学手段，特别是针对中小学思政课，要结合小学生和中学生的认知特点选择较为感性的视频、音频等教学辅助资料潜移默化地触动学生的心灵，从而为青年学生实现知识的深化与迁移做好准备。知识的迁移"从本质上说，一开始不是学习一种技能，而是学习一个一般观念，然后这个一般观念可以用作认识后续问题的基础，这些后续问题是开始所掌握的观念的特例。这种类型的迁移应该是教育过程的核心——用基本的和一般的观念来不断扩大和加深知识。"①。"思"即思考教学难点、感悟哲学道理。"论"即小组结构化研究讨论。"写"即撰写微评论、专题作业、课程思维导图、解答研讨问题。"思""论""写"等是一种较为深度学习的教学手段，学生在前期感性认知的基础上要继续深化，根据所学的思政课理论知识形成自己的思考和见解，要通过思考和感悟知识，提升自身的理论涵养；要通过研讨、辩论，提升自身的价值判断和甄别力；要通过写作等练就自身的逻辑思维和总体素养。最后，要依据思政课教学价值目标，通过思政课教学的实效性和学生课堂教学的获得感为评价导向，结合学生学习的意义感、自我感和效能感进行综合评估。如图3.2所示：

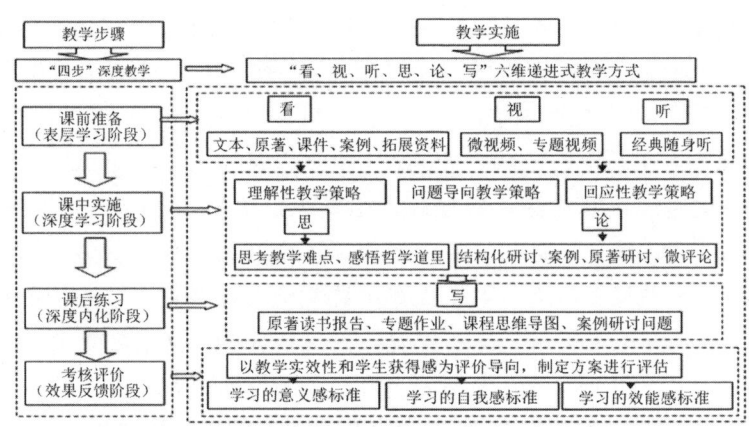

图 3.2　深度教学理念下的教学流程设计

2. 以深度教学创新思政课结构化教学方式

深度教学创新思政课教学方式不仅要注重层进性，还要讲求结构化。结构化教学方式是与思政课教学内容密切相关的一种教学方式。本书将着重列举专题的结构化、情境的结构化两种教学方式。

专题式教学是思政课教学改革过程中较为常见的一种方式，以教材为蓝本，

---

① ［美］J. S. 布鲁纳：《布鲁纳教育论著选》，邵瑞珍、张渭城等译，王承绪、曾继铎等校，北京：人民教育出版社1989年版，第31页。

结合学生实际、授课实际、社会发展实际等因素，将集中的内容予以模块呈现，由此形成了若干专题。在教学内容上，专题式教学主张以课程为单位，打破章节限定进行专题化教学设计，通过专题案例、专题课件、专题视频、专题作业等要素深挖课程的情感元素和价值元素，不断提升教学的意义感和效能感；在教学方式上，专题式教学突出价值引领。根据思政课教学特点和专题的教学目标，运用理解性教学策略、问题导向性教学策略、回应性教学策略等，设计"专题案例分析""结构化研讨""专题微评论""专题经典原著选读""专题辩论赛"等教学活动，注重"知识之后"的追问，以案例设计驱动、学生主导的方式推动教材体系向教学体系转化，使整个教学环节具有探究性和合作性。专题式教学方式必须整合教学内容，使教学专题呈现结构化特征，实现"知识符号—逻辑结构—意义系统"之间的结构化呈现。前文也已经谈到知识本身是具有结构性和层进性的，"在知识的内在结构中，符号是知识的外在表达形式，是知识的存在形式，即符号存在。离开了符号，任何人都不可能生产或创造知识，也不可能理解知识。而逻辑形式是知识构成的规则或法则，逻辑形式是人的认识成果系统化、结构化的纽带和桥梁，是认识的方法论系统，没有了特定的逻辑形式，同样不能构成知识。意义是知识的内核，是内隐于符号的规律系统和价值系统。只有把握住符号、逻辑形式、意义系统之间的内在关联，才能从整体上理解知识和掌握知识"[1]。因此，专题的结构化也是要把知识的思维方法、知识结构、理论体系梳理清晰，在教学过程中要实现学生对知识的适应性与超越性相统一、知识性与价值性相统一、理解性与内化性相统一、"问题引领"与"情感内化"相统一。

　　情境的结构化是指在思政课教学过程中要建立起理论知识与生活情境之间的深度联结，实现"知识背景—知识本身—生活情境"之间的结构化。深度教学理念注重在情境教学过程中对"知识之后"的追问与探究。"指向深度教学的真实情境设置，一方面要还原知识发生的背景和情境，尽可能接近真实世界样态的问题情境，构建知识与生活的关联。"[2] 知识本身不是孤立存在的，是人类在认识世界和改造世界过程中凝练出的关于物质文明和精神文明的认识和成果的总结，其内涵也会随着人类实践活动的深化而不断丰富发展。因此，知识必然存在着知识产生的背景与人类生活实践的密切关联。为加深学生对知识的深

---

[1] 郭元祥：《深度教学——促进学生素养发育的教学变革》，福州：福建教育出版社 2021 年版，第 79 页。

[2] 朱宁波、王志勇：《论深度教学的理论逻辑——基于杜威经验主义知识论视角》，载《当代教育科学》，2021 年第 11 期，第 28 页。

度理解与内化，在教学过程和评价中可以采用结构化的情境创设进行教学。情境的结构化教学方式的目的在于以结构化的情境创设深度联结知识与生活情境，培养青年学生用已知来感知未知的能力，使思政课教学更具有情境性、理解性、反思性与体验性，培养青年学生的学习习惯、态度和兴趣，将思政课教学打造成触及人灵魂的教学，达成塑造灵魂的教育目的。正如雅斯贝尔斯（Karl Theodor Jaspers）所言，"全部教育的关键在于选择完美的教育内容和尽可能使学生之'思'不误入歧路，而是导向事物的本源。教育活动关注的是，人的潜力如何最大限度地调动起来并加以实现，以及人的内部灵性与可能性如何充分生成，质言之，教育是人的灵魂的教育，而非理智知识和认识的堆集"[①]。

第三节　以深度教学理念深化思政课教学内容

教学内容是课程教学的核心要素，是教师与学生在教与学的互动中传递出的生成性素材和信息。对于一门课程来讲，教学内容要服务于特定课程的教学目标与任务。在我国的国民教育体系中，思政课是进行思想政治教育，传播主流价值观念的主阵地和主渠道。就思政课教学内容的特性来讲，思政课是兼具知识性和价值性且更注重价值性的课程。因此，思政课教学改革既要注重知识的传递与内化，也要注重价值观念的塑造和引导，寓价值观引导于知识传授之中。运用"深度教学"理念深化思政课教学内容，需要挖掘课程内容深层次的价值意蕴和德行涵养，建构知识之后的"意义世界"，引导学生对知识的内在结构进行深层思考的深度学习，将价值观引导以潜移默化、润物无声的方式渗透在知识传授中，逐步使思政课堂由事实性知识传授向价值性思维引导转变，实现由知识型教学向信仰型教学和智慧型教学的提升，实现思政课程内容的"螺旋式上升"，进而达到思政课教学的目标要求。

一、明晰知识的结构、层次与本质

知识是人类在认识世界和改造世界过程中凝练出的关于物质文明和精神文明的认识和成果的总结，知识不是固化的，其内涵是随着人类实践活动的深化而不断丰富发展的。教育教学工作的基本职能之一就是将知识传授于学生。那

---

① ［德］雅斯贝尔斯：《什么是教育》，邹进译，北京：生活·读书·新知三联书店1991年版，第4页。

么，知识的内在结构是怎样的？教育者需要传授给学生怎样的知识？学生又需要掌握知识的哪些要素与精义？这些问题是开展教育教学工作，特别是思政课教学工作必须搞清楚的问题。《中国大百科全书》中阐释了传统意义上的知识观，知识"是客观事物的属性与联系的反映，是客观事物在人脑中的主观映像"①。但作为在教育教学中传授给学生的"知识"的含义不应仅局限于此。知识应该蕴含更丰富、更立体的内涵。从目前诸多学者研究成果来看②，大多数学者认同我国学者郭元祥教授的观点，认为"知识既是人类探究客观世界所达到的认识结果，也是人类面对复杂的客观世界所寻找到的信念，更是指向自我所揭示的生存意义"③。

（一）作为符号表征的知识

众所周知，符号是人类指涉外在事物的表现形式或物质载体。知识作为人类在认识世界和改造世界过程中凝练出关于物质文明和精神文明的认识和成果的总结，首先是作为符号呈现的。作为符号表征的知识是对外在事物"事实"层面的呈现，是对外在事物"是什么"的表述，是处理"物与我"（在这里，物与我是两个独立个体，二者处于彼此分离状态）的关系。这一知识符号是外在于人的意识和思维的，具有形象性、生动性和易变性，学生通过感觉等感性认识来认知作为符号表征的知识。教育教学工作需要将作为符号表征的知识传授给学生，让学生首先了解作为对象和客体的知识的表层符号。这是学习的基本要求和基础性工作，"学生获得了清晰的、稳定的和有组织的知识体系，这不只是构成了课堂学习活动的主要的长期目标，或不仅是构成了用来评定影响学习和保持的一切因素的主要的因变量（或标准）"④。对知识或知识体系的表层认识是教育教学工作需要传递给学生的基础性知识，是学生能进一步深度学习的"敲门砖"。但作为符号表征知识只是一种结果、一种产品。"认识论立场的知识观是一种'事实取向'的知识观，将人类认识的成果当作'库存知识'来

---

① 中国大百科全书总编辑委员会：《中国大百科全书·教育》，北京：中国大百科全书出版社1985年版，第525页。
② 本书对知识内在结构的认知观点认同我国学者郭元祥教授的观点。郭元祥教授提出，知识具有三维的内在结构，即符号表征、逻辑形式、意义系统。很多有关知识内在结构的文献基本都是以此展开论述的。详见郭元祥：《深度教学——促进学生素养发育的教学变革》，福州：福建教育出版社2021年版，第74页。
③ 郭元祥：《深度教学——促进学生素养发育的教学变革》，福州：福建教育出版社2021年版，第74页。
④ [美] 奥苏伯尔等：《教育心理学——认知观点》，佘星南、宋钧译，北京：人民教育出版社1994年版，第199页。

认识或接受，将知识认为是一种结果、一种定论、一种事实、一种产品，排除了事实以外的其他意蕴，如价值、文化、意识形态等。认识论立场的知识观是一种'结果取向'的知识观，仅仅关注结果性的知识，而忽视知识产生和发展的过程，更没有从学生发展的角度去思考知识生成的过程和学生发展过程之间的关系。"① 学生对作为符号表征知识的掌握无法真正达成教育教学的长久目标。

符号表征是知识的外在表现形式，知识符号总是外在于学生的思维，它并不是教育教学活动的最终目的。真正的教育教学要做到让知识与学生"相遇""相融"，即让知识融入学生的思维逻辑和生命历程中去，让学生在学习知识的同时提升自身素养与能力，感悟到生命的意义。因此，教育教学工作要突破只注重"创新"教学形式或教学程序，忽视深化知识内涵的表层教学，更要深入知识的深层次内涵，达成深度教学。"当下的课堂教学改革停留于教学程序的简单翻转和教学时间的粗暴分配的层面上，导致课堂呈现出把知识仅仅当作符号而进行的表面学习、表层学习、表演学习的局限性。知识处理缺少必要的深度，制约了教学目标的完整达成和深度达成。"② 总之，作为符号表征的知识是知识的表层呈现，是学生学习知识的基础认识对象，但对知识内在结构的认知不应仅仅局限在符号表征，应经由表层认知深化到知识的内部，注重"知识之后"的追问，掌握知识内在的逻辑、思想和方法。

（二）作为逻辑形式的知识

知识作为人类在认识世界和改造世界过程中凝练出关于物质文明和精神文明的认识和成果的总结，符号表征构成了其外在的表现形式，在知识结构的内部还蕴含着对客观事物规律性的内涵。可以说，符号是知识蕴含的客观事物规律和意义的载体。学生对知识的掌握，除了认知作为符号表征的知识外，还要掌握作为逻辑形式的知识，即透过符号表征掌握知识内部蕴含的客观事物的规律。"教育中的知识，不是一种事实存在，或者符号存在，不能作为展品或者定论、结果直接展示在学生面前，而是基于前人的认识成果，通过师生互动而产生的新的意义系统。"③ 从词义上分析，逻辑是思维的规律、规则，是人对外在

---

① 伍远岳：《论深度教学：内涵、特征与标准》，载《教育理论与实践》，2017年第4期，第60页。
② 郭元祥：《深度教学——促进学生素养发育的教学变革》，福州：福建教育出版社2021年版，第86页。
③ 郭元祥：《深度教学——促进学生素养发育的教学变革》，福州：福建教育出版社2021年版，第70页。

客观事物规律性、系统性的理性把握，作为逻辑形式的知识是隐含在符号表征之内的。前文谈到，符号表征是形象的、生动的、易变的，而逻辑形式则是内在的、本质的、系统的，是作为思想和方法的知识，学生需要通过概念、判断、推理等理性认识来认知作为逻辑形式的知识，来把握客观事物的本质和规律。从某种程度上来讲，知识的逻辑形式也是学生认识客观事物规律和本质的方式。学生要通过知识的逻辑形式来彰显知识符号的特有价值以及人类对客观世界的理性把握。

知识是需要学习和再生产的。学生掌握知识，不仅要掌握知识的本质和规律，还要转"知"成"智"，掌握对知识的科学运用，以及通过运用知识的逻辑思维形式实现知识的再生产。从知识运用的视角来看，"知识的本质在于支持学生进行思维，进行创造性的应用、判断与问题解决，进而生成新的知识"[1]。学生在运用知识和再生产知识的过程中也催生了自身逻辑思维能力的提升，"包括态度的形成，感情的理智态度；包括应付和反应我们生活中遇到的基本感受能力和方法"[2]。这些逻辑思维能力的提升本身也是自身素养的彰显，是经由作为符号表征知识到逻辑形式知识的深度学习之后才能得到的。"对思想逻辑的欣赏，是有教养的一种表现，这是在专门学习后才可能具备的一种能力。这种能力是一种洞察力，既有全局观，有通盘认识，又能看到一组思想与另一组思想之间的联系。只有通过专门学习，人们才能欣赏一般思想的确切表达，领会这些思想在表达时彼此之间的相互联系，以及它们在理解生活方面的帮助。在抽象思维的理解和对具体事实的分析过程中，人们的思维能力得到了训练，经过如此训练的大脑，其思维能力，既能极为抽象，又能极为具体。"[3] 总之，作为逻辑形式的知识是知识的深层呈现，是学生学习知识的内部逻辑结构和思想方法的认知，但知识作为人类在认识世界和改造世界过程中凝练出关于物质文明和精神文明的认识和成果的总结，总是蕴含着知识与人的情感、精神、价值等之间的意义关系。

（三）作为意义系统的知识

知识作为人类认识和改造世界的成果体现，从内在要素上来看，必然蕴含

---

[1] 张良：《深度教学"深"在哪里？——从知识结构走向知识运用》，载《课程·教材·教法》，2019年第7期，第37页。
[2] [美]约翰·杜威：《我们怎样思维·经验与教育》，姜文闵译，北京：人民教育出版社2005年版，第250页。
[3] [英]怀特海：《教育的目的》，庄莲平、王立中译注，上海：文汇出版社2012年版，第18页。

着"意义"的层面。知识不仅是对"真的世界"的概括与提炼，还是对"善的世界"和"美的世界"的描述与生发。苏格拉底的著名论断"美德即知识"阐释了人的善、美等优秀品质与知识的内在关联。苏格拉底认为，人的善、美等优秀品质和素养并不是天生的，而是要通过后天教育对知识的学习来习得的。一个人只有掌握了善与美的知识，才能生成善与美的行为。众所周知，善、美与人类生活的世界是密不可分的，人类社会的发展和文明的进步需要更多的善的举动与美的品质，也可以说，善与美是内嵌在人类生活世界之中的，而善与美也是需要从知识中来习得的。这彰显出了知识的"意义内涵"与"意义系统"。对于教育教学工作而言，"不能停留在对符号本身的占有和理解上，而应该通过具体知识的学习，理解具体知识所表征的特定事物和事务的本质及其规律、价值及其意义、思想及其方法、情感及其态度，引导通过知识理解学生建立起学生与外部世界的内在联系"①。也就是说，教学仅仅将知识的符号表征传递给学生，让学生理解并掌握知识的逻辑形式显然是不够的，还要进一步深度教学，引导学生深入领悟知识内在结构中蕴含的魅力、智慧与涵养。"教学不只是教师对知识作充分解释以引起学生的理解和确认，还需要引起学生通过知识的解释和理解而产生对现实世界和未来生活的预见，从而获得知识内在的意义。"② 因此，对知识内在结构的理解，不应仅仅停留在理论符号和经验的直观层面，还应结合人类的生活世界本身去窥透知识深层次蕴含的意义性、情感性、价值性的内核。

作为意义系统的知识必然指向个体的生存与发展，对人的价值世界与意义世界的生成与拓展具有重要作用。英国教育学家麦克·扬（Michael F. D. Young）在《未来的课程》中，运用课程社会学的观点，区分了"作为事实的课程"和"作为实践的课程"。扬认为，"'作为事实的课程'这一概念及其内在的知识观，将知识看成是外在于学生，包括教师和学生，通过它在教学大纲和课本中的具体体现，已经被人们广泛地接受，并对我们的教与学的概念有着深刻的影响"③。在扬看来，"作为事实的课程"所彰显的知识观割断或遮蔽了知识本身与学生的社会关系之间的联系，仅仅把知识作为一个符号或物品来呈

---

① 郭元祥：《课堂教学改革的基础与方向——兼论深度教学》，载《教育研究与实验》，2015年第6期，第1—6页。
② 郭元祥：《深度教学——促进学生素养发育的教学变革》，福州：福建教育出版社2021年版，第78页。
③ ［英］麦克·扬：《未来的课程》，谢维和、王晓阳等译，上海：华东师范大学出版社2003年版，第31页。

现。而"作为实践的课程"所彰显的知识观则主张知识与师生的实践活动、社会关系之间的内在关联性。"作为实践的课程"主张"知识不再被当作是为了让教师进行分配和传递,而从学术'发现者'处传递下来的私有财产。知识成为师生合作工作的产物"①。"课程远不只是师生实践的产物。它也是家长、雇主和行政人员等人对于教育是什么的观念的产物。"② 因此,从某种程度上来讲,扬的阐述也进一步说明了知识与学生的社会关系、生活世界之间的内在关联,将课程与知识拓展到人的社会关系层面,彰显了作为意义系统知识的价值所在。

总之,符号表征、逻辑形式、意义系统形成了知识的整体结构。知识的三重内在结构不仅蕴含了知识本身的符号与逻辑结构,也建构起了知识与学生本身生活世界的内在关联,以及对学生的个体发展与生命价值的指引作用。知识的三重内在结构各有其不可或缺的价值,彼此之间是层层深入、逐级递进的关系。教育教学工作,特别是思政课教学要确保知识三重内在结构之间的连续性和完整性,要实现知识三重内在结构及要素之间的有效衔接,避免对知识的静态化、片面化与孤立化理解。要引导学生实现对知识结构化、深层化、生活化、情感化、价值化、意义化的理解,将知识与自身的生活世界深度联结,让知识指导自身的个体发展,生成并拓展自身的意义世界。这本身也是教育学的基本立场和观点。知识要实现符号、逻辑、意义、价值的有机统一,就要注重"意义"的丰富与扩充。

明晰知识的结构、层次、本质和规律是教育教学工作的基础和前提,知识不能作为脱离学生而独立存在的"他者",而要融入学生的思维世界和生活世界中,为学生所掌握和运用,进而改变学生的心智,提升学生的素养。这本身也是教育的目的所在。怀特海(Alfred North Whitehead)在《教育的目的》一书中谈道,"知识的要义就在于知识的运用,表现为我们的灵活掌握,体现在智慧的光芒之中。尊重知识,首先要看谁有知识,其次要看怎么运用知识。知识之所以能够增益心智,就在于知识的运用能够改变心智发展过程中的直接经验"③。因此,知识最终要被学生掌握和运用。对于思政课教学而言,在明晰知识的结构、层次、本质和规律之后,要从符号表征、逻辑形式、意义系统等层面梳理

---

① [英]麦克·扬:《未来的课程》,谢维和、王晓阳等译,上海:华东师范大学出版社2003年版,第34页。
② [英]麦克·扬:《未来的课程》,谢维和、王晓阳等译,上海:华东师范大学出版社2003年版,第35页。
③ [英]怀特海:《教育的目的》,靳玉乐等译,北京:中国轻工业出版社2016年版,第36页。

知识的整体结构和内在逻辑，进而运用深度教学理念实现思政课教学内容的递进式深化、创生性内化，实现思政内容与生活实践（情境）的深度结合。

二、实现思政课教学内容的递进式深化

深度教学之"深"的一个重要维度就是教学内容的深化，即如何通过教学实现课程内容由表层到深层的转化，通过挑战性、问题式、创造性的授课，最终走向高阶思维的培育。深度教学"深在学生参与，倡导主动、积极；深在课程内容，倡导知其所以然；深在学习人物，倡导挑战性、高投入；深在学习过程，倡导问题解决、知识运用与创新；深在学习结果走向批判、创造等高阶思维，或整合认知与非认知的割裂，发展情感、价值观或追寻意义"[①]。前文谈到，知识要实现符号、逻辑、意义、价值的有机统一。在实际教学过程中，教育者要引导学生不仅知其然，还要知其所以然，更要将课程教学内容深度内化为学生自身的言行与德行。从本质上来讲，深度教学理念倡导的是一种"大教学论"，是一种不肤浅、不铺张，而又愉悦、深刻的教学艺术呈现。正如夸美纽斯（Johann Amos Comenius）所言，大教学论"就是一种把一切事物教给一切人的全部艺术，这是一种教起来准有把握，因而准有结果的艺术；并且它又是一种教起来使人感到愉快的艺术，就是说，它不会使教员感到烦恼，或使学生感到厌恶，它能使教员和学生全都得到最大的快乐；此外，它又是一种教得彻底、不肤浅、不铺张，却能使人获得真实的知识、高尚的行谊和最深刻的虔信的艺术"[②]。因此，教与学不仅仅是传递、获取知识的场域，更是文化交往、情感交流、信念达成的大场域。对思政课教学而言，运用深度教学实现思政课教学内容的递进式深化，既要统筹大中小学思政课内容的有效衔接，实现各学段内容的递进式深化；又要整合"知识—能力—素养"的递进式深化，注重学理性与价值性的结合，实现真善美的统一；还要注重对思政课内容进行建构性和反思性的设计，坚持建设性与批判性的统一。

（一）大中小学思政课内容的递进式深化

前文已经在大中小学思政课一体化机制构建的基础上，对如何以深度教学理念创新思政课教学的设计与流程进行了分析，并依据不同学段的特征，按照"表层学习—深度学习—深度认知—深度理解—深度认同—深度自信—内化践

---

① 张良：《深度教学"深"在哪里？——从知识结构走向知识运用》，载《课程·教材·教法》，2019年第7期，第34页。

② ［捷］夸美纽斯：《大教学论》，傅任敢译，北京：教育科学出版社1999年版，第1页。

行"的"七步递进式"教学方式,得到了各知识体系相互衔接、相互贯通、循序渐进、螺旋上升的教学设计路线。众所周知,形式是为内容服务的。如果没有科学的教学内容设计作为基础,再好的教学方式也都是浮萍。对思政课而言更是如此,思政课首先要科学设计教学内容,扎牢立德树人关键课程之"根"。思政课教学内容要体现循序渐进、螺旋式上升,注重内涵式建设和学段性深化。习近平总书记在学校思想政治理论课教师座谈会上指出:"要把统筹推进大中小思政课一体化建设作为一项重要工程,推动思政课建设内涵式发展。"① 2019年8月,中共中央办公厅、国务院办公厅印发的《关于深化新时代学校思想政治理论课改革创新的若干意见》要求统筹推进思政课课程内容建设,"遵循学生认知规律设计课程内容,体现不同学段特点,研究生阶段重在开展探究性学习,本专科阶段重在开展理论性学习,高中阶段重在开展常识性学习,初中阶段重在开展体验性学习,小学阶段重在开展启蒙性学习"②。要实现各个学段教学内容的有效衔接,递进式推进,使得课程内容更加规范化、体系化,避免课程内容的重复式讲授和表层化的"水平式"教育,否则就无法真正达成思政育人的实效。

按照《关于深化新时代学校思想政治理论课改革创新的若干意见》要求,遵循不同学段学生的认知规律和思政课教学规律。小学阶段的"道德与法治"要注重道德启蒙和习惯养成,增强自我认同;初中阶段的"道德与法治"要注重体验式和生活化学习,增强规则意识和情感认同;高中阶段的"思想政治课"要注重常识性学习和价值甄别能力、价值判断能力,增强政治认同;大学阶段的"思政课"要注重知识的学理性和担当意识的培养,加强理想信念教育。各学段的课程既要"守好一段渠,种好责任田",又要"护送到站,做好交接";既要有所侧重,注重课程内容的基础性、阶段性,又要统筹发展,注重课程内容的发展性、整体性和进阶性。不同学段的思想政治教育要呈现出由表入里、由浅入深的过程。

以"社会主义核心价值观"的课程内容为例,社会主义核心价值观从价值维度体现了中国特色社会主义道路、理论、制度和文化的本质特征与独特内涵,是当代中国特色社会主义的灵魂,凝聚了当代中国全社会的价值共识,构筑起

---

① 习近平:《习近平谈治国理政》(第3卷),北京:外文出版社2020年版,第331—332页。
② 新华社:《中共中央办公厅 国务院办公厅印发〈关于深化新时代学校思想政治理论课改革创新的若干意见〉》,http://www.gov.cn/xinwen/2019-08/14/content_5421252.htm,2022年12月14日。

当代中国人的意义世界,是思政课在不同学段要重点讲授的内容。小学阶段对"社会主义核心价值观"的课程内容设计要重在启蒙。以小学生自身生活为依托,从"看到什么""听到什么"等方面进行教育。比如,通过国旗、国徽、国歌等通俗教育,唤起小学生的爱国意识,使其认识到"我是谁",通过对革命烈士、英雄人物、时代楷模、好人好事的通俗讲解,使其初步认知社会的善与美。初中阶段对"社会主义核心价值观"的课程内容设计要重在体验性与情感性。比如,通过VR技术虚拟仿真或亲自带领学生深入爱国主义教育基地,讲解爱国人物、爱国事迹等使学生体验"爱国"的精神内涵,明确"是什么"的问题;带领学生到我国改革开放的前沿阵地,参观"大国重器",了解经济社会发展的巨大成就,体会"富强"的价值内涵;带领学生从事劳动,体验劳动美的乐趣。此外,初中阶段还可以通过日常中"排队""过马路""意见表达"等生活化的教育方式使学生初步感悟"文明""民主""友爱"等价值观念的内涵,进一步激发学生爱党、爱国的热情,增进对中国特色社会主义的思想情感。高中阶段对"社会主义核心价值观"的课程内容设计要重在常识性和政治性。这一阶段要在前阶段启蒙、体验的基础上开展常识性和知识性的教育,在理论上将社会主义核心价值观不同层面、不同维度的理论价值内涵讲深、讲透、讲活,让学生理解"为什么"的问题。比如,关于"民主",不仅要掌握民主的理论内涵和价值旨趣,还要了解中西方民主类型、民主制度的差异,了解我国社会主义全过程人民民主的实践立场和理论阐释,增强学生的民主意识和政治认同。大学阶段对"社会主义核心价值观"的课程内容设计要重在方法性和思想性。大学阶段的思政课是在帮助学生树立正确的世界观、人生观和价值观的基础上,系统掌握马克思主义的立场、观点和方法,并能够运用马克思主义的立场、观点与方法分析和解决问题,进而培养学生的使命担当和理想信念。对"社会主义核心价值观"的课程内容而言,不仅要培养学生"知其然""知其所以然",还要培养学生的理性辨析能力、科学弘扬与践行的能力。比如,关于"民主",不仅要培养学生运用马克思主义的观点和方法全面科学地掌握"民主"的价值内涵,还要科学辨析、自觉抵制西方的"形式民主""假民主",在实践中认真践行社会主义全过程的人民民主,并将其内化为社会责任与使命担当,在实践中认同国家主流价值理念,进而更加坚定中国特色社会主义的信念。

  总之,运用深度教学实现思政课教学内容的递进式深化,就要统筹大中小学思政课内容的有效衔接,实现各学段内容的递进式深化,使课程内容体现学段性,要呈现出教学内容的循序渐进、螺旋式上升,注重思想性、政治性、理论性,切实构筑起大中小思政课一体化共同体,共同推进思政育人取得实效。

（二）知识—能力—素养层面的递进式深化

在课程教学过程中，知识、能力与素养培育并不是平行并列关系，而是一种层级深化的关系。在三者定位与关系中，知识获取处于基础性和前提性地位，是对基本概念、基本理论、基本方法的认知与掌握；能力培养是在知识掌握的基础上，形成特定的科学思维与方法，进而正确认识世界、改造世界；素养培育在三者中处于高阶层面，旨在帮助学生形成良好的情感、积极的人生态度和高尚的价值取向。知识—能力—素养深化的过程是任何教育教学过程中教与学互动的过程，既是"教师教"的深化过程，也是"学生学"的深化过程，是教与学共同发力育人的过程。"在人类教育史上一直存在着从强调教逐渐转移到学或者从强调学逐渐转向教的钟摆运动。但有效的教学活动其关键不在于到底应该将重心放在'教'还是放在'学'上，而在于引导教师对教学予以深度的理解和体认进而进行教学决策。"① 教师的深度教学与学生的深度学习的根本目的在于深化课程内容，使其实现知识—能力—素养层面的递进式深化。

对于学校教育而言，伴随着自然科学的飞速发展，科学主义知识观在教育教学中越发占据主导地位，传递知识、获取知识成为教育教学的主要目标和任务之一，而教育教学对人的全面发展的重要作用已然显得"苍白"。"人而无德，行之不远。没有良好的道德品质和思想修养，即使有丰富的知识、高深的学问，也难成大器。"② 所谓教育的根本任务在于立德树人。知识不仅是对"真的世界"的概括与提炼，还是对"善的世界"和"美的世界"的描述与生发。这本身就是知识的深化问题。对于思政课教学而言，思政课是落实立德树人根本任务的关键课程。深度教学理念的运用不应只停留在知识层面，这不仅不符合深度教学理念的本真归旨，也不符合思政课教学价值目标的实现。"知识教学层面的深度教学在根本上仍然是知识教学及其实践的新的具象表征。因而它难以摆脱知识教学的固有缺陷及问题——难以规避知识教学在历史演进中所逐渐凸显的对如何进行知识传递的教学方法和技术的片面迷恋，从而产生教学的异化。"③ 深度教学理念引领思政课教学改革创新需要实现思政课教学内容的递进式深化，由知识教学深化到能力培养与价值塑造。

---

① 程良宏：《从知识教学到文化实践：深度教学走向深入的视域演进》，载《课程·教材·教法》，2019年第7期，第42页。
② 中共中央宣传部、中央广播电视总台：《平"语"近人——习近平总书记用典》，北京：人民出版社2019年版，第50页。
③ 程良宏：《从知识教学到文化实践：深度教学走向深入的视域演进》，载《课程·教材·教法》，2019年第7期，第42页。

强化思想引领，培养社会主义合格建设者与可靠接班人关系着"培养什么人""为谁培养人"这一课程价值目标的实现，是思政课必须解决好的问题。从课程性质与定位来讲，思政课是一门以培养能力、培育核心素养、铸魂育人为价值目标的课程。"思政课重在塑造学生的价值观，这一点必须牢牢抓住。强调思政课的价值性，不是要忽视知识性，而是要通过满足学生对知识的渴求加强价值观教育。只有空洞的价值观说教，没有科学的知识作支撑，价值观教育的效果也会大打折扣。"① 因此，在课程内容上，思政课要坚持知识性与价值性的统一，实现知识的深化与再生产化，强化思想引导与价值引领，注重对学生意义世界的构建与充盈。思政课要培养的不是单一的"知识人"，而是理想信念坚定的全面发展的人。知识是思政课教学内容的基本单元，思政课教学改革要注重知识的传递与内化，更要注重价值观念的塑造和引导，寓价值观引导于知识传授之中。而这恰恰也是深度教学理念倡导的教育策略。"深度教学强调在知识处理过程中由对知识的形式理解进入意义理解的深度。对知识的意义理解需要对知识所承载的思维方式、学科思想及其所表达的情感、态度加以理解和内化。"② 运用深度教学理念创新思政课教学内容，要善于在理论知识内部挖掘价值元素、情感元素、道德元素、政治元素与智慧元素，注重学生对知识的理解、知识的运用、能力的提升、素养的培育，实现"解惑""授业""培德""至美"高度统一与递进深化，要注重对理论知识的深度挖掘、深度处理、深度掌握，达成"转识成知、转知成智、转智成信"的目标，实现思政课教学由知识导向向价值观塑造导向的转化。思政课要充分发挥教学内容和主流价值观念的"塑形"功效，用习近平新时代中国特色社会主义思想为青年学生的思想"铸魂塑形"，从"四史"中汲取营养和智慧为青年学生的思想"正身塑形"，用社会主义核心价值观重塑青年学生的"价值生态"，铸就青年学生的思想之魂。

总之，思政课是开展道德情感、智慧涵养、政治素养、家国情怀和使命担当教育的核心课程。思政课的课程性质和定位决定了其教学内容不应仅仅停留于知识的表层，还应该对深层知识蕴含的思想要素、道德要素、情感要素、政治要素和特定的思维与方法等进行挖掘与深化，进而实现知识—能力—素养的层级深化，达成高阶思维活动培育和思政课教学价值目标的实现。

---

① 习近平：《思政课是落实立德树人根本任务的关键课程》，载《求是》，2020 年第 17 期，第 12 页。

② 郭元祥：《论深度教学：源起、基础与理念》，载《教育研究与实验》，2017 年第 3 期，第 5—6 页。

(三) 对思政课内容的生成性、建构性和反思性深化

建构主义理论视域中的知识并不是学生对客观世界的直观反映，而是学生基于自身的经验对客观世界的一种具有主体性的诠释和说明，并且随着学生对客观世界认知的不断深入，知识也会不断被生成、建构和升华，从而内化并充盈于学生的知识结构之中。知识的生成、建构过程不是被动接受式、直接反映式的过程，而是一种对知识再加工和再创造的过程。"生成性教学不是接受性的，不是把知识当作定论和唯一的结果来接受，生成的过程是开放的、情境化的、反思性的。从此意义上说，生成性即建构性，是主体自我的建构过程，生成彰显了教学的过程属性和过程价值。"① 学生对知识的建构并不是受外在刺激而进行的被动活动，而是基于学习主体自身的兴趣对知识蕴含的意义的主动建构的过程，也是学生深度联结外在知识与内在经验的过程。知识的建构过程是建立在将学生置于特定问题情境对旧的知识或问题的解构与破解的基础上的。"学生置身于'真实的问题情境'之中，在学习共同体的协作下通过问题的生成与困惑的解除来建构个体知识，从而实现知识与经验的交融、理智与情感的互动。"② 知识内容在学生内在经验世界的建构过程中伴随着的是学生对知识内容的理解和反思。这也恰恰说明了知识的建构过程是学生主动思考的过程，也是对知识深化学习的过程。"个性是个体区别于他人的独特价值，学习中主要体现为学生在理智和情感方面的自由，只有当学生用自己的方式分析和理解学科问题，并自行思考、自我建构的时候，学习才能在真正意义上发生。深度教学必须确立学生在学习中的主体地位，综合运用自主、合作、探究等学习方式让学生逐级递进地掌握新知。"③ 理解意味着对知识结构与逻辑意义的深度把握，反思意味着对知识意蕴的逻辑性思考与主体性建构。反思是学生在知识建构过程中形成的自主的、理性的认识活动，是知识内容进入学生的认知结构，触及学生的思维与判断，引起学生对知识的意义进行深层次追问与逻辑性思考的活动。"反思总是去寻求那固定的、长住的、自身规定的、统摄特殊的普遍原则。这种普遍原则就是事物的本质的真理，不是感官所能把握的。"④ 学生对知识的反思

---

① 郭元祥：《深度教学——促进学生素养发育的教学变革》，福州：福建教育出版社2021年版，第25—26页。
② 朱宁波、王志勇：《论深度教学的理论逻辑——基于杜威经验主义知识论视角》，载《当代教育科学》，2021年第11期，第28页。
③ 王芳芳：《再现—经历—转化：深度教学的实现机制及其条件》，载《课程·教材·教法》，2021年第2期，第74页。
④ ［德］黑格尔：《小逻辑》，何麟译，北京：商务印书馆1980年版，第76页。

已然超过知识的表层，深化到知识的内在结构与逻辑意义。学生对知识的深度学习与理解，必然会使学生形成一种"普遍性"的学习模式。"把事物作为更普遍的事情的特例去理解——理解更基本的原理或结构的意义就在于此——就是不但必须学习特定的事物，还必须学习一个模式，这个模式有助于理解可能遇见的其他类似的事物。"① 作为兼具知识性、思想性、政治性和价值性的课程，思政课需要在深度教学理念引领下对思政课教学内容进行建构性和反思性深化设计，以达成教学价值目标。

思政课教师要对思政课教学内容进行系统化、体系化设计，帮助学生对教学内容进行自主建构与充分理解。思政课具有丰富的教学内容和庞大的理论体系，"思政课教学涉及马克思主义哲学、政治经济学、科学社会主义，涉及经济、政治、文化、社会、生态文明和党的建设，涉及改革发展稳定、内政外交国防、治党治国治军，涉及党史、新中国史、改革开放史、社会主义发展史，涉及世界史、国际共运史，涉及世情、国情、党情、民情，等等"②。如果没有系统化、体系化的梳理与设计，学生就很难进行完整而又深刻的主体建构。"深刻系统的教学内容是思政课教学的核心，从总体上规定了思政课的教学范围、教学性质，蕴含着思想政治理论教学的目的、任务和要求。……教师要注重在深刻把握思政学科整体性和逻辑性的基础上，准确把握教材的基本思想、逻辑体系及内在联系，以系统专业的教学内容促进思政课深度教学。"③ 因此，思政课教师需要在遵循教书育人规律、思政教育规律的前提下，按照思政课不同课程教材内容进行系统化、体系化设计，科学把握思政课不同课程教学内容的基本理论与逻辑体系，系统掌握不同课程教学内容之间的内在关联并开展深度教学，使学生对思政课教学内容有一个整体性的把握和体系性的认识，帮助学生充分理解教学内容。

思政课教师在授课过程中要善于深度联结思政课教学内容与学生的认知结构，帮助其更好地进行自主建构和逻辑反思。要讲清楚思政课教学内容的逻辑体系与价值意蕴。比如，在讲授中国特色社会主义理论时，要注重促使学生对中国特色社会主义理论有整体性把握，形成自主建构与逻辑反思。因为"重视

---

① ［美］J. S. 布鲁纳：《布鲁纳教育论著选》，邵瑞珍、张渭城等译，北京：人民教育出版社1989年版，第36—37页。
② 习近平：《思政课是落实立德树人根本任务的关键课程》，载《求是》，2020年第17期，第8—9页。
③ 叶静：《深度教学：高校思政课改革的导向和路径》，载《扬州大学学报》，2021年第3期，第109页。

中国特色社会主义理论整体内容的基本结构，不仅有助于学生对理论体系的整体性理解与把握，以中国特色社会主义理论的基本观点、核心概念和科学原理建构知识，还可以将课堂运行建立在对中国特色社会主义理论的高阶思维水平之上，帮助学生运用所学知识进行迁移和创造，使学生可以在中国特色社会主义理论的建立与发展、中国现代化建设的现状与未来之间建立深切的关联，培养学生形成思政课独有的问题思考与解决的能力与素质，从能力培养的根本性上提升理论自身的说服力。"① 在讲授习近平新时代中国特色社会主义思想时，要注重从历史和逻辑的维度进行深度讲解，要讲清楚习近平新时代中国特色社会主义思想产生的时代性、必然性、实践性和发展性，习近平新时代中国特色社会主义思想产生的时代背景、社会历史条件、历史地位等；讲清楚习近平新时代中国特色社会主义思想作为马克思主义中国化最新理论成果对马克思主义的原创性贡献；讲清楚习近平新时代中国特色社会主义思想的核心内容及其内在逻辑和科学体系；讲清楚"中国共产党为什么能，中国特色社会主义为什么好，马克思主义为什么行"及其内在的逻辑关联性。在深度教学的基础上，思政课教师要引导学生系统而全面深刻地掌握习近平新时代中国特色社会主义思想，深化对这一理论的理解，形成主体性建构与逻辑性反思。"思政课深度教学通过对中国特色社会主义理论体系内容的深度处理，培养大学生在中国特色社会主义理论学习中的思想认知、情感体验、思维方式等方面的实质变化，由此达成对大学生思想政治素养的深层培育。其中，在深度反思中培育大学生对中国特色社会主义理论与党的路线、方针、政策的深度认同，是思想政治素养的核心。思政课教学要充分体现深度教学的反思性特征，培育大学生的深度政治认同。"② 总之，对思政课内容的建构性和反思性深化是达成思政课教学价值目标的必然要求，有助于深度培养学生的建构性思维、理解性思维、批判性思维和反思性思维，让学生在理解中建构，在建构中反思，在反思中批判异质社会思潮，深度认同国家主流价值观念。

三、实现思政课教学内容的创生性内化

知识具有的符号表征、逻辑形式、意义系统的三维内在结构与逻辑体系，不仅蕴含了知识本身的符号特征与逻辑结构，还建构起了知识与学生精神世界

---

① 李寒梅：《走向深度教学：高校思政课教学改革的必由之路》，载《思想理论教育导刊》，2018年第6期，第109页。
② 李寒梅：《走向深度教学：高校思政课教学改革的必由之路》，载《思想理论教育导刊》，2018年第6期，第110页。

的内在关联，彰显了科学性与价值性的有机统一。教育活动本身就是引领学生既要认识客观世界的内在规律，又要实现"必然王国"向"自由王国"的转变，进而达成真、善、美的统一，正如德国学者恩斯特·卡西尔（Ernst Cassirer）所言，"教育的本意其实就是发展人的自我认识，开启、孕育个体人生的价值内涵，把自我引向对善好人生的追求"①。对我国社会主义教育事业的发展来讲，立德树人是教育的根本任务。思政课是落实立德树人根本任务的关键课程，学校要通过思政课这一主渠道和主阵地，落实好"为党育人、为国育才"的重要使命。以深度教学理念深化思政课教学内容就要实现思政课教学内容的创生性内化，达成认知、理解、内化的有效衔接。

众所周知，知识认知是任何一门课程内容学习的基础性环节，对于思政课教学而言也是如此。思政课教学要让学生掌握基本的理论内容，需要厘清的是，"掌握"不仅仅是"记忆"，不能把"掌握"局限在"死记硬背"或"机械照搬"之中，要让学生真正掌握知识，必须触及"理解"这一概念。思政课是兼具知识性、思想性、价值性与政治性的课程，从某种程度来讲，思想性、价值性与政治性对于思政课来说更重要。思想、价值与政治必然与学生的精神世界相联结，都需要学生在认知的基础上对理论知识进行理解与内化。因此，要运用深度教学理念将思政课理论知识与学生的经验相联系，使学生通过自身经验由认知内化为理解，激发学生的意义感与发展潜能。"只有在充分考虑学生经验的基础之上将课程知识转化为教学内容，才会使课程知识与学生的精神世界接洽与融合，才会使教学具有体验性、意义性与实用性。深度教学的价值追求是学生的发展，需要激发学生的发展潜能。"②

理解教学内容是学生走向理论知识内化的必要环节，思政课教学要采用深度教学理念倡导的"知识之后"的追问方式，让学生追求高阶性、理解性内容的挑战。"受教育者当时获得他并不理解的知识，但终有一天他会理解这些知识，并将它赋予灵性之中，逐渐接近循迹于知识背后的精义。"③ 也就是说，对思政课教学内容的理解不是浅层次的理解，而是要通过理解思政课教学内容实现知识的迁移，即能够运用知识进行独立的思考与行动。思政课教学要让学生明白真正的理解是深刻的、有根据的理解，只有先理解知识，才能内化知识。

---

① ［德］恩斯特·卡西尔：《人论》，甘阳译，上海：上海译文出版社2004年版，第1页。
② 朱宁波、王志勇：《论深度教学的理论逻辑——基于杜威经验主义知识论视角》，载《当代教育科学》，2021年第11期，第27页。
③ ［德］雅斯贝尔斯：《什么是教育》，邹进译，北京：生活·读书·新知三联书店1991年版，第5页。

理解是解构知识与建构知识的过程，要通过理解来建构和丰富学生自我的知识结构与精神活动。"理解教学在开始的时候最好是不断地给学生提供现有理解性内容的挑战，而不是注重教更多的内容。从一开始，学生必须意识到，理解需要积极思考他们知道什么以及能做什么，而不是简单地不加批判地接受新知识。对学生来说必须很清楚的是，理解并不是简单地习得，而是通过积极的智力劳动而获得的。"① 由此可见，对理论内容的理解不仅是知识的迁移与内化的过程，还是一种积极的学习方式，是一种挑战自我知识结构、提升自我认知水平、丰富自我精神境界的方式。理解意味着一种思维的洞察力和对理论的穿透力。

思政课教学要引导学生通过理解提升自我思维的抽象能力和对事物的普遍领悟能力。理解从本质上来讲不是照本宣科，也不是"水中望月"，而是对理论知识的领会与迁移。学生通过理解能够对理论知识达成一个整体性把握，不仅把握知识的本质和逻辑，还可以把握知识的价值与意义。"理解还指一种在具体环境中灵活运用知识和技能的能力，而不是像在考试中以一种照本宣科的方式输出知识。所以，当要求学生理解所学的知识与技能时，我们并不是在讲一些冗余的废话。此时，我们所追求的是让他们能够在各种环境下灵活地运用知识，同时还要求他们对知识的背景给予理解与把握。这些背景性的东西既包括凸显知识价值的理论或原则，也包括使其被称之为知识而非权威性教条的原因。"② 因此，理解是思政课教学内容创生性内化的必要环节，也是达成思政课教学内容融入学生自我经验世界，内化为学生思维、情感、态度的必要环节。

2019年，中共中央办公厅、国务院办公厅印发了《关于深化新时代学校思想政治理论课改革创新的若干意见》（以下简称《意见》），指出要统筹推进思政课课程内容建设，"坚持用习近平新时代中国特色社会主义思想铸魂育人，以政治认同、家国情怀、道德修养、法治意识、文化素养为重点，以爱党、爱国、爱社会主义、爱人民、爱集体为主线，坚持爱国和爱党爱社会主义相统一，系统开展马克思主义理论教育，系统进行中国特色社会主义和中国梦教育、社会主义核心价值观教育、法治教育、劳动教育、心理健康教育、中华优秀传统文化教育"③。《意见》中的这一阐释从总体上概括了思政课的主要内容和核心要

---

① ［美］格兰特·威金斯、杰伊·麦克泰：《理解为先模式——单元教学设计指南（一）》，盛群力、沈祖芸、柳丰、吴新静、郑丹丹译，福州：福建教育出版社2018年版，第121页。
② ［美］格兰特·维金斯、杰伊·麦克泰：《理解力培养与课程设计》，幺加利译，北京：中国轻工业出版社2003年版，第39页。
③ 中共中央办公厅、国务院办公厅：《关于深化新时代学校思想政治理论课改革创新的若干意见》，北京：人民出版社2019年版，第6—7页。

义，同时提出了要遵循学生的认知特点和规律，在不同学段采用适合的教学方式进行教学（关于教学方式，前文已经论述，这里不再赘述），科学合理的教学方式是推进思政课教学内容内化为学生知识结构和价值世界的不可或缺的举措，但就思政课教学内容本身来讲，还要从课程的特点和本质上厘清理论内容的内在结构和逻辑，实现思政课教学内容与学生经验世界的深度联结。本书将以本科阶段开设的五门思政课为例，根据不同课程内容的特点及其内在结构和逻辑进行分析。

本科阶段开设的五门思政课包括"马克思主义基本原理""毛泽东思想和中国特色社会主义理论体系概论""中国近现代史纲要""思想道德与法治""形势与政策"。这五门思政课是一个系统化的整体，共同进行马克思主义理论教育，汇聚成高校思想政治教育的主渠道。与此同时，各门课程又自成体系，都蕴含着各自的重点内容与理论侧重点，在整个思政课教学体系中占据不同的地位。

从理论内涵上来讲，"马克思主义基本原理"课程在本科阶段五门思政课中是最基础的课程，课程帮助学生认知、理解、领会马克思主义基础理论，要将马克思主义的立场观点和方法内化到学生的思想结构和精神世界中，通过"知""思"促进其逻辑思维能力的提升，在此基础上，能够系统运用原理内容深层次地领会马克思主义立场观点和方法。对于"马克思主义基本原理"课程来讲，只有将原理知识讲透彻，讲明白，讲出哲理、道理来，才能让学生抓住理论的本质内涵，进而理解、认同，实现知识的迁移。"理论只要说服人，就能掌握群众；而理论只要彻底，就能说服人。所谓彻底，就是抓住事物的根本。"① 通过对马克思主义基础理论的深度讲解，帮助学生掌握并深度领会人类社会发展的规律、社会主义发展规律特别是中国特色社会主义发展规律，强化学生对马克思主义的科学真理性与人类社会发展的历史必然性的理解，培养其感知未来、把握大势的能力与素养。正如习近平总书记所指出的："要抓好马克思主义理论教育，深化学生对马克思主义历史必然性和科学真理性、理论意义和现实意义的认识，教育他们学会运用马克思主义立场观点方法观察世界、分析世界，真正搞懂面临的时代课题，深刻把握世界发展走向，认清中国和世界发展大势，让学生深刻感悟马克思主义真理的力量。"② 总之，"马克思主义基本原理"课

---

① 《马克思恩格斯全集》（第3卷），北京：人民出版社2002年版，第207页。
② 本书编写组：《习近平总书记教育重要论述讲义》，北京：高等教育出版社2020年版，第98页。

程要通过理论的穿透力和精神的感染力改造学生的世界观,使其树立马克思主义的世界观和方法论,系统领会并掌握马克思主义的立场观点和方法,要将马克思主义的立场观点和方法内化到学生的思想结构和精神世界中,进而帮助其提升分析问题和解决问题的能力与水平,帮助其树立共产主义远大理想和中国特色社会主义共同理想。

"毛泽东思想和中国特色社会主义理论体系概论"(以下简称"概论")课程在高校思政课程体系中处于核心地位。该课程主要内容是马克思主义中国化的理论成果,与"马克思主义基本原理"的课程内容具有一脉相承和与时俱进的关系,应该说是马克思主义理论在中国情境中生命力的延续。马克思主义中国化的理论成果是马克思主义基本原理与中国在不同时期(革命、建设、改革)的具体实际相结合、与中华优秀传统文化相结合的产物,"概论"课程的理论内容具有极强的"中国特性""中国方案"和"中国逻辑"。"概论"课程不仅要让学生认知、掌握"马克思主义基本原理同中国具体实际相结合所产生的马克思主义中国化的理论成果是什么"的问题,要让学生认知两大理论成果的深刻内涵、现实关照与文化要义,还要让学生深度理解、感悟为什么能够产生这两大理论成果,要理解两大理论成果之间的理论逻辑、历史逻辑与现实逻辑关系,并通过学习、体验、感悟中国特色社会主义事业取得的伟大成就,领悟党的政治文化精髓,实现党的创新理论特别是习近平新时代中国特色社会主义思想理论同学生认知结构与思想世界的深度联结。要发挥主流意识形态和主流价值观念的整合功效,抓住马克思主义的理论根本,运用马克思主义中国化时代化的最新理论成果整合纷繁芜杂的社会思潮,最大限度地形成政治合力,使党和国家的主流意识形态真正内化到学生的认知结构,加深内在体验,让学生从内心感知到"历史和人民选择马克思主义是完全正确的,中国共产党把马克思主义写在自己的旗帜上是完全正确的,坚持马克思主义基本原理通中国具体实际相结合、不断推进马克思主义中国化时代化是完全正确的"[1],深刻感悟到中国共产党领导的正当性和历史必然性,马克思主义理论的科学性和真理性以及中国特色社会主义道路的正确性和宽广性,进而更加坚定对中国特色社会主义的理论自信、制度自信、道路自信和文化自信。

"中国近现代史纲要"课程在高校思政课程体系中起到实践基础的作用。该课程以实现中华民族伟大复兴为历史主题与实践脉络,彰显了中国近代以来经

---

[1] 习近平:《在纪念马克思诞辰 200 周年大会上的讲话》,北京:人民出版社 2018 年版,第 14—15 页。

过艰辛探索并取得伟大成就的历史。正如习近平总书记在庆祝中国共产党成立100周年大会上指出的，"一百年来，中国共产党团结带领中国人民进行的一切奋斗、一切牺牲、一切创造，归结起来就是一个主题：实现中华民族伟大复兴"①。从课程性质上来讲，作为思政课程的"中国近现代史纲要"课程，不是历史课程，不能将历史线索的梳理、历史事件的阐释、历史人物的评价等作为教学目的，而是要运用"深度教学"理念，通过梳理中国近现代历史脉络，深刻阐释历史背后的内在规律和理论逻辑，深度挖掘知识和理论深层中的价值情怀和政治导向，讲清楚历史的辩证法、历史发展的规律与大势，澄清社会思潮的理论本质，用深刻的学理揭示良莠不齐的社会思潮。让学生在中国近现代史的学习中，了解党史、国史、国情，树立唯物史观和"大历史观"，把握历史发展大势，深刻领会中国近现代历史深层次的历史逻辑、实践逻辑与理论逻辑，提升历史分析能力，辨析社会思潮，抵制历史虚无主义。以史育人，拓宽青年学生的价值维度，强化青年学生的政治热情，进而内化为爱党、爱国、爱社会主义的政治认同与价值情怀，起到思想引领、政治引领和价值观塑造的育人效果。

"思想道德与法治"是侧重于人生观、价值观教育的思政课，该课程通过正确人生观教育、理想信念教育、道德规范教育和法治教育等，不断提升学生的思想道德素质和法治思维与素养。"'思想道德与法治'是一门融思想性、政治性、科学性、理论性、实践性于一体的思政课。本课程针对大学生成长过程中面临的思想道德与法治问题，开展马克思主义的人生观、价值观、道德观、法治观教育，帮助大学生提升思想道德素质和法治素养，成长为自觉担当民族复兴大任的时代新人。"②"思想道德与法治"课程相比较于其他思政课程来讲，其课程内容与学生的经验世界和思维世界联系更密切，需要学生在经验世界中获得更多的体验和感悟，通过实现课程内容与学生经验世界的价值融通，进而内化为学生的道德与法治自律，提升学生的道德与法治素养。"思想道德与法治"课程要在研判学生思想动态的基础上，通过注重挖掘理论知识的深层次的道理、学理、情理和哲理，运用透彻的理论力量感染学生，用身边的榜样、英雄、楷模的先进事迹丰富"思想道德与法治"教育教学内容，运用现实的案例折服学生，达成以理服人、以情感人的效果。引导和规范学生的价值观念，用

---

① 习近平：《在庆祝中国共产党成立100周年大会上的讲话》，北京：人民出版社2021年版，第3页。

② 本书编写组：《思想道德与法治》（2021年版），北京：高等教育出版社2021年版，第10页。

正确人生观、价值观、世界观塑造学生的价值取向和灵魂，使学生者领悟人生真谛，坚定崇高的理想信念，将崇高的精神追求和价值理念内化为学生的行为遵从，锤炼道德品格，引领学生成长成才，增强学生对我国主流价值观念的认同。要做好"大思政课"，实现社会"大课堂"与"思想道德与法治"课程内容的衔接，发挥爱国主义教育基地等平台作用，通过体验式教学、沉浸式教育培养学生的道德情感，点亮学生的精神底色，逐步达成思政课雕琢学生的精神世界，锤炼学生的道德品格，规范学生的言行，提升学生的道德与法治素养的教学价值目标。

"形势与政策"课程相比较于其他思政课程具有普遍性和特殊性。就普遍性来讲，"形势与政策"课程作为一门思政课具有政治性、思想性和实践性。2018年，教育部印发《教育部关于加强新时代高校"形势与政策"课建设的若干意见》明确指出，"形势与政策"课程要围绕习近平新时代中国特色社会主义思想的教学内容，重点讲授党的创新理论成果和新时代中国特色社会主义的生动实践。就这一主要教学内容来讲，讲好"形势与政策"课必须坚定正确的政治方向，不仅要从理论上讲深、讲透、讲活党的最新理论成果，还要善于从中国特色社会主义伟大实践中捕捉生动的思政素材。讲明白党的最新理论成果，特别是习近平新时代中国特色社会主义思想对伟大实践的理论指导作用；讲生动中国特色社会主义伟大实践对党的创新理论成果，特别是习近平新时代中国特色社会主义思想的科学性、真理性、时代性和实践性的现实呈现，不仅让学生掌握党的最新理论成果，感悟新时代中国特色社会主义生动实践及伟大成就，还要引领学生掌握马克思主义的立场观点和方法，深刻理解领悟中国发展的大势与大道。就特殊性来讲，"形势与政策"课程的教学内容具有较强的时效性，即"与时俱进性"。"形势与政策"课程的教学内容要紧跟国内外的最新时事，做到及时更新、及时讲解。但就"形势与政策"课程的核心内容来讲，又具有一定的稳定性和规范性，要通过最新时事政治的讲授，深刻、全面解读党的大政方针政策以及一以贯之的核心思想，确保课程知识体系的完整、全面与规范。通过循循善诱、启智赋能，让学生在学习"形势与政策"专题教学内容的过程中掌握背后的知识体系和思想逻辑，达成对党的创新理论特别是习近平新时代中国特色社会主义思想的深度理解与高度认同，进而增强"四个自信"。

总之，思政课教学改革创新既要注重知识内容的传递与内化，也要注重价值观念的塑造和引导，寓价值观引导于知识传授之中。以深度教学理念深化思政课教学内容，就要实现思政课教学内容的创生性内化，达成认知、理解、内化的有效衔接。思政课要运用"深度教学"理念对课程表层知识进行处理，在知识讲授和传递达到"充分深度"的前提下，挖掘课程内容深层次的价值意蕴和文化涵养。要以思政课课程内容的政治引导功能引领社会思潮发展，培根铸魂，实现政治认同；以思政课课程内容的思想塑造功能形塑学生的价值观念，实现价值认同；以思政课课程内容的文明传承功能雕琢学生的精神世界，启智增慧，实现文化认同，逐步使思政课堂由事实性知识传授向价值性思维引导转变，由知识型教学向信仰型教学和智慧型教学提升，实现思政课课程内容的"螺旋式上升"和"创生性内化"，切实提升思政课的育人实效。

四、实现思政课教学内容与社会生活实践（情境）的深度结合

自古以来，教育与生产劳动就存在着密不可分的关系。教育事业是造就和培养人的事业，关乎"培养什么人""为谁培养人""怎样培养人"等重大问题。对于一个社会来讲，教育不是脱离社会现实的"空洞说教"，而是服务于社会，与特定社会现实密切相关的崇高事业。教育事业要培养的人，来自社会又服务于社会，是改造社会的主体。因此，教育只有与社会现实、生产劳动相结合，才能更好地培养出服务于社会的有用人才。马克思将教育与生产劳动的结合看作培养全面发展的人的唯一方法。在近代中国遭受西方列强凌辱之时，我国著名教育家蔡元培怀抱"志以教育，挽彼沦胥"的信念，倡导"教育服务于社会""教育报国"的教育改革。教育只有与社会现实相结合，才能不断焕发生机，达成教育之根本目的与任务。在我国，立德树人作为教育的根本任务彰显了我国教育事业对人才培养的重心与目标：以德为先，培养德、智、体、美、劳全面发展的社会主义合格建设者和可靠接班人。

思政课作为落实立德树人根本任务的关键课程，肩负着重要的课程任务与时代使命。思政课是进行马克思主义理论教育，承载着用习近平新时代中国特色社会主义思想培根铸魂重要使命的课程。我们要清醒地认识到，马克思主义不是脱离社会现实的空洞理论，思政课也不是脱离社会现实的"纯粹说教"的课程。马克思主义理论是在社会实践中产生并丰富发展的，思政课教学内容也都是来源于社会现实生成的生动丰富的思政教育资源，并为我国经济社会发展服务的。因此，作为进行马克思主义理论教育的主渠道和主战场，思政课必须与社会现实相结合，引导学生知行合一。正如习近平总书记在全国思政课教师座谈会上指出的，"马克思主义是在实践中形成并不断发展的，要高度重视思政课的实践性，把思政小课堂同社会大课堂结合起来，在理论和实践的结合中，教育引导学生把人生抱负落实到脚踏实地的实际行动中来，把学习奋斗的具体目标同民族复兴的伟大目标结合起来,立鸿鹄志,做奋斗者"①。2021年3月,习近平总书记在看望参加全国政协会议的医药卫生界教育界委员时又特别强调,"思政课不仅应该在课堂上讲,也应该在社会生活中来讲","'大思政课'我们要善用之,一定要跟现实结合起来"。② 习近平总书记关于思政课实践性的重要论述,为进一步深化思政课教学改革指明了方向,开拓了路径,提供了资源。思政课不仅是理论课,也是实践课。为进一步强化思政课实践教学环节,2018年教育部印发的《新时代高校思想政治理论课教学工作基本要求》中要求"从本科思政课现有学分中划出2个学分、从专科思政课现有学分中划出1个学分,开展本专科思政课实践教学"③。2020年中央宣传部、教育部印发的《新时代学校思想政治理论课改革创新实施方案》明确要求"各高校要规范实践教学,把思想政治教育有机融入社会实践、志愿服务、实习实训等活动中,切实提高实践教学实效"④。这些政策的出台与执行进一步规范和推进了思政课实践教学的深入实施。倡导思政课与社会现实的结合,彰显了思政课教学的"大教育""大格局""大使命""大目标"。当前,"大思政课"已然成为思政课教学改革的重要风向标。"大思政课"打破了传统意义上授课时空限制,拓宽了思政育人的场域,突破了传统的课堂教学和理论讲授,丰富了思政课教学主体、教育资源,是"集合课内课外、校内校外、线上线下全时空领域鲜活思政教育素材,构建起纵向贯穿大中小学全学段、横向贯通学校与社会全时空的思政课"⑤。"大思政课"要走出教室、走出校园、走出书斋,走向社会,在社会生活中,实现思政理论与社会现实的密切结合,打造思政课实践育人"共同体"。

"大思政课"要汇聚社会思政教育资源,激活社会"大课堂"。理论是现实的升华。只有将理论与现实紧密结合,才能赋予理论以生机活力,也才能更好地讲好理论。讲好思政课需要社会现实给予鲜活的资源支撑。思政课是进行马

---

① 习近平:《思政课是落实立德树人根本任务的关键课程》,载《求是》,2020年第17期,第13页。
② 杜尚泽:《"'大思政课'我们要善用之"(微镜头·习近平总书记两会"下团组"·两会现场观察)》,载《人民日报》,2021年3月7日,第1版。
③ 《教育部关于印发〈新时代高校思政课教学工作基本要求〉的通知》,中华人民共和国教育部政府门户网站,http://www.moe.gov.cn/srcsite/A13/moe_772/201804/t20180424_334099.html. 2023年1月5日。
④ 《中共中央宣传部 教育部关于印发〈新时代学校思想政治理论课改革创新实施方案〉的通知》,中华人民共和国 教育部政府门户网站,http://www.moe.gov.cn/srcsite/A26/jcj_kcjcgh/202012/t20201231_508361.html,2023年1月5日。
⑤ 曾令辉:《科学把握"大思政课"的本质》,载《中国教育报》,2022年3月17日,第5版。

克思主义理论教育，用习近平新时代中国特色社会主义思想培根铸魂的课程。从理论与现实的结合角度来讲，马克思主义理论也是时代的产物、实践的产物，是马克思、恩格斯等经典作家在其所处时代对社会现实问题的思考与总结。马克思主义哲学是马克思、恩格斯等经典作家在前人理论的基础上对时代问题的哲学拷问，时代问题、社会现实是其"生命之源"；马克思主义政治经济学是马克思、恩格斯等经典作家对资本主义社会现实问题的理论分析与阶级批判；科学社会主义理论是马克思、恩格斯等经典作家在对资本主义社会现实制度批判的基础上对未来社会制度及状态的科学探索。深刻理解马克思主义理论必须深入分析马克思、恩格斯所处时代的社会现实问题，否则就无法真正掌握马克思主义的真谛。因此，思政课教学内容是现实的、有生命力的，而不是"干巴巴的"，枯燥的"学院式"的理论。思政课教学内容不应拘泥于教材，限定于"纯"理论，要打通思政课教学内容和社会各种思政教育资源的壁垒，深度链接理论课堂与社会现实，用好社会"大课堂"，实现思政"小课堂"与社会"大课堂"的双向互动，强化学生的参与感、体验感。"从教育学的角度看，体验是指学生在学习过程中对教材内容内化后，在特定的教育情境中的内心反省、内在反应或内在感受。体验是学生在教育过程中认知情感和意志综合作用的结果，涉及对自然事物、社会现象和人自身的评价和观点。体验活动既可通过身体力行来进行，也可通过心理移情来进行：把自己置身于某种特定的情境，或设想自己处于某种状态而产生特有的体会。"① 亲自体验是提升思政课教学实效性和丰富思政课教学内容的必要举措，当前诸多学校根据不同学段学生的认知规律通过走向社会，走入爱国主义教育基地或依托历史文化资源借助 VR 虚拟仿真技术开展体验式教学，大大提升了学生对思政课的获得感。实现思政课教学内容与社会生活实践（情境）的深度结合，坚持"走出去"和"引进来"，实现思政"小课堂"与社会"大课堂"的双向互动，汇聚社会思政育人"大能量"。

　　思政课不应仅仅局限于学校课堂，要坚持走出课堂、走出校园，走向社会，深度链接思政课教学内容的实践之源，要善用生活中的思政资源，将思政课的"道理"与社会现实中的"事实"相结合，用"事实"验证"道理"，用"道理"解释"事实"。"课堂是思政课教学的主渠道、主阵地，但思政课教学也需要在传统的课堂内外探索教学内容与教学方式的拓展途径，为教学寻找深入浅出的实践之源、浅入深出的理论之基。'大思政课'，是通过空间与资源的开发

---

① 郭元祥：《深度教学——促进学生素养发育的教学变革》，福州：福建教育出版社 2021 年版，第 138 页。

和运用来延展思政课教学的渠道与阵地，由此呈现了思政课格局之'大'。"①社会"大课堂"为思政课教学提供了丰富而生动的思政教育资源，这些鲜活的思政教育资源是思政课理论内容的现实支撑。感性、鲜活、生动、新颖，这些特征恰恰符合青少年的认知特点，易于被青少年接受和理解。"当代青少年思想活跃、思维敏捷、观念新颖、兴趣广泛，探索未知的劲头足，接受新生事物快。立足新时代中国特色社会主义生动实践，将亿万中国人正在书写的时代篇章作为鲜活素材，达到沟通心灵、启智润心、激扬斗志的效果。"② 因此，思政课要根据课程内容和理论知识拓宽不同类型的实践渠道，深度链接理论知识与社会现实。如带领学生走进农村，开展乡村振兴、脱贫攻坚的实地调研，通过亲身体验乡村日新月异的变化、农民越发富足的生活，验证和感悟党政策的正确性，深刻认识习近平新时代中国特色社会主义思想的实践伟力；当然，思政课走出课堂，走向社会进行"现场教学"并不是被动地接受社会生活中"现成"的资源或素材，而是要通过身临其境的接触、了解，引发学生对社会现实问题的思考，解决学生的思想困惑，验证并充分理解、感悟思政课教学内容。因此，思政课走出课堂，走向社会的"现场教学"必须以问题为导向。"以问题导向的教学理念来促进思政课深度教学，就是要把教学内容与历史发展、现实问题结合起来，与学生成长过程中的思想困惑紧密联系起来，引发学生对理论问题和社会发展矛盾问题的深度思考，让他们真正懂得理论只有经过实践的检验才能真正发挥作用，从而提高青年学生用辩证唯物主义和历史唯物主义的世界观和方法论来思考问题、分析问题、解决问题的能力。"③ 通过将思政课教学内容与社会现实问题的深度链接，用社会实践中的"事实"检验思政课教学内容的正确性，用思政课教学内容来解释社会实践中的"事实"，提升青年学生运用马克思主义立场观点方法分析问题和解决问题的能力，进而坚定中国特色社会主义道路自信、理论自信、制度自信、文化自信。

实现思政课教学内容与社会生活实践（情境）的深度结合也可以采用"引进来"的方式将"可移动"的社会生活中的思政教育资源引入校园、课堂，进而加强思政课教学的实践性和生动性，提升思政课教学的实效性。客观而论，

---

① 徐蓉、周璇：《善用"大思政课"推进教学改革创新》，载《思想理论教育》，2021年第10期，第61页。
② 田丽、赵婀娜、黄超、吴月：《大思政课，总书记心中的一件大事》，载《人民日报》，2022年5月22日，第1版。
③ 叶静：《深度教学：高校思政课改革的导向和路径》，载《扬州大学学报》，2021年第3期，第109页。

思政课走出课堂、走出校园，走向社会，通过亲身体验和"设身处地"感悟能够极大增强思政课的实效性，使青年学生更好地理解课程内容，感悟时代之伟大、中国共产党之伟大、祖国之伟大。但思政课走出校园，走向社会从事实践教学也存在着很大的局限性：思政课是为全校学生开设的课程，由于学生人数众多，学校很难组织或实现全部学生都能走出校园、走向社会从事社会实践活动，往往推选学生代表参加实践教学，其他学生间接参加实践教学，这种模式无法实现实践育人全参与、全覆盖，也会使思政课教学效果大打折扣。因此，在校园内开展形式多样的活动，通过"引进来"的方式将"可移动"的社会生活中的思政教育资源引入校园、课堂，让全体学生参与其中，可以有效提升教学实效性。"引进来"的社会生活中的思政教育资源要符合思政课教学内容，贴近学生的生活现实和成长实际，以学生喜闻乐见的形式开展。如通过"非遗进校园""爱国主义教育进校园""传统文化进校园""主题宣讲报告会"等方式，邀请行业先锋、时代楷模、先进模范、典型人物、党政领导干部等"现身说法"，讲述身边故事，回应社会现实问题，积极弘扬中国特色社会主义伟大实践中的"正能量"，引发学生对思政理论与现实的思考，以达成"触景生情"的效果，提高中国特色社会主义理论的感召力。当然，通过"引进来"的方式丰富思政课教学内容，提升思政课教学实效性，绝非单靠思政课教师或所属部门的一己之力就能完成。众所周知，思想政治工作是学校一切工作的生命线。做好学校思想政治工作，办好"大思政课"需要举全校之力来谋划、部署、推进。学校各相关部门要加强协作，协同推进，杜绝各自为政。在学校党委的统一部署下，马克思主义学院（或思政课所属部门）要与党委宣传部、学生处、教务处、团委等部门联合，统一谋划，共同推动"可移动"的社会生活中的思政教育资源进校园、进课堂，实现思政课教学内容与社会生活实践（情境）的深度结合。

  实现思政课教学内容与社会生活实践（情境）的深度结合要挖掘历史文化资源，用好历史这一最好的教科书。思政课教学应该遵循三个逻辑：理论逻辑、实践逻辑和历史逻辑，并且坚持三者的统一。思政课要从马克思主义中国化的理论成果中讲出理论逻辑和理论自信，要从中国特色社会主义伟大事业中讲出实践逻辑、道路自信和制度自信，要从中华文明史和"四史"中讲出历史逻辑和文化自信。当今世界正处于百年未有之大变局，习近平总书记多次指出，要胸怀"两个大局"，统筹把握中华民族伟大复兴战略全局和世界百年未有之大变局。对于思政课教学而言，胸怀"两个大局"需要有"大视野""大格局"，最关键的是要有"大历史观"。思政课教学要紧密联结时代变局，赋予思政课教学内容以历史逻辑，回答好时代之问。这就对思政课教师提出了更高的要求，正像习近平总书记在学校思政课教师座谈会上指出的："历史是最好的老师。思政课教师的历史视野中，要有5000多年中华文明史，要有500多年世界社会主义史，要有中国人民近代以来170多年斗争史，要有中国共产党近100年的奋斗史，要有中华人民共和国70年的发展史，要有改革开放40多年的实践史，要有新时代中国特色社会主义取得的历史性成就、发生的历史性变革，通过生动、深入、具体的纵横比较，把一些道理讲明白、讲清楚。"[①] 思政课教师要有宽广深厚的历史视野。不仅自身要强化中华优秀传统文化教育和"四史"教育，还要给学生以正确的历史观。"'四史'教育能够以正确的历史观反对历史虚无主义，有效促使学生在把握历史规律中深化对中国特色社会主义的认同和对中国共产党执政规律的认识。"[②] "四史"是历史中的现实，只有以史为鉴才能更好地面向未来，思政课要培养学生纵观历史、现实与未来，在历史逻辑中把握历史大势，掌握历史主动。

总之，深度教学作为一种注重学生深度学习、促进学生综合发展的教学理念和教学策略，可以完善思政课教学设计、创新思政课教学方式、深化思政课教学内容，实现思政课教学内容、目标、方法、评价之间的有效贯通，完成思政课教材体系—教学体系—知识体系—价值体系—信仰体系之间的有效衔接，实现思政课教学层层递进，逐级深入，达成"教"的深度与"学"的深度的统一，提升思政课高阶思维培育目标。

[①] 习近平：《思政课是落实立德树人根本任务的关键课程》，载《求是》，2020年第17期，第11页。

[②] 杨增崒、赵月：《善用"大思政课"：深刻内涵、时代价值与建设理路》，载《学校党建与思政教育》，2022年第5期，第120页。

第四章

深度教学理念创新高校思政课的案例解析

针对当前思政课教学改革亟须解决的理论课题，本章将结合笔者近年来在思政课教学改革方面所做的努力与探索，通过"进课程、进课堂"开展相关研究，综合分析基于深度教学理念的思政课教学改革的若干案例，在探索过程中依托"马克思主义基本原理"课程章节的教学设计与实施、以红色家书项目为载体的"思想道德与法治"课程教学改革、以"问题导向"与"专题教学"相结合的"概论"课程改革等，探索并建立深度教学理论体系的实践策略。在课程改革实施的过程中，笔者更加强烈地感受到，要切实达成课程改革的目标，实现思政课教学目的，教学过程中需要聚焦学生学科素养发展，通过深度教学引导学生深度学习，实现教学的育人功能，真正实施发展性教学，达到思政课高阶思维教学模式的构建。

第一节 "深度教学"理念下思政课教学的改革与创新
——以"马克思主义基本原理"课程为例

在深度教学理念下创新思政课高阶教学模式，对"马克思主义基本原理"课程来进行教学改革实践，目的在于实现"课程化人"与"人化课程"的双重建设目标。从"课程化人"的角度来讲，深度教学通过建立师生共同成长的学习共同体，实现马克思主义基本原理与新时代中国特色社会主义生动实践的深度链接，拓宽思想政治教育的实施渠道与辐射范围，占据主流意识形态的舆论高地，弘扬主旋律，传播好声音，全力打造新时代思政课程，全面落实习近平总书记对学校思政课教学"八个统一"的要求，因事而化、因时而进、因势而新，为培养时代新人奠定坚实的课程基础。从"人化课程"的角度来讲，通过打造"线上+线下"的学习共同体，转变教学方法，不断创设课堂，实现学生知识与能力、过程与方法、情感态度与价值观的三重建设目标，切实将深度教学理念有效融入马克思主义基本原理的思政教学改革与实践当中，不断增强学生对思政课的获得感、认同感与成就感。

一、设计思路

（一）具化核心素养矩阵，明确教学方向

以深度教学理念创新思政课高阶教学模式要将深度教学理念与策略渗透到思政课教学全过程，以教学目标的实现为牵引，通过合理规划和完善思政课教学计划，优化教学流程，形成具有可操作性的教学方法。深度教学理念的实质核心就是基于学生深度学习后具备的能力来构建课程体系，因此，要聚焦马克思主义基本原理课程的课程目标，以模块化的方式具体地、清晰地呈现教学目标矩阵，实现教学目标核心化、素养化、可操作化。

（二）拓宽线上教学资源渠道，创新教学内容

基于深度学习的深度教学理念注重对深层知识中蕴含的思想要素、情感价值元素和思维方式的深度挖掘与内化，再结合新时代大学生的心理特点，建设"线上"课堂，将"马克思主义基本原理"课程的基本内容进行线上资源模块化处理；同时拓宽线上资源的教学渠道，不再仅仅局限于超星学习通 APP，而是广泛利用互联网的优势，充分发挥学生自身的学习动力，结合个人的兴趣爱好、知识特长等优势，"活化"马克思主义的"抽象"原理，将马克思主义基本原理的抽象理论与学生丰富多样的日常生活紧密联系起来，转变话语表达方式，不断增强思政课的思想性、理论性和亲和力、针对性，真正将思政课改革创新在落细、落小、落实上下功夫。

（三）结合党史学习教育活动，设计线下课堂

遵循深度教学理念，结合大学生具体学情进行分析，在大学阶段注重反思式教育，注重社会责任培育与使命担当教育，因此，马克思主义基本原理课堂在线下环节中要突出党史学习教育内容，将中国共产党史、新中国史、改革开放史与社会主义发展史有效衔接在马克思主义基本原理的相关内容之中，通过丰富的"四史"资料具象化呈现马克思主义基本原理的"哲学智慧"，深度培育学生的批判性思维和反思性思维，让学生在反思中认同国家主流价值观念，并在实践中内化为社会责任和使命担当，引导学生深刻领悟马克思主义是中国共产党的"看家本领"，是回答"中国特色社会主义为什么好"的根本所在。

（四）突出教学成果导向，建设"七个一"工程

依托深度教学理念，按照"表层学习—深度学习—深度认知—深度理解—深度认同—深度自信—内化践行"等环节进行一体化设计，逐渐构建起"七步

递进式"各知识体系相互衔接、相互贯通、循序渐进、螺旋上升的教学设计路线,将马克思主义基本原理教学实践以成果化的方式体现出来。依托"四史"学习教育,有效衔接党史学习教育与马克思主义基本原理的深度融合,产生一批可观的、质量优良的教学成果,从逻辑与历史的双重视角有效阐释"马克思主义为什么行"的时代之问。

二、实施路径

（一）课前预备：精准服务学生 满足学生个性需求

1.学习通线上互动调研,了解学生学习需求

学生的认识过程不是被动地接受既有事物的过程,而是通过主体创造性不断深化知识、获取知识的过程。在这一过程中,学生的学习需求与兴趣起着至关重要的作用。为充分调动学生的学习积极性和主动性,本书着眼于学生的学习需求,通过使用超星学习通APP的线上通知、讨论帖、问卷调查等线上方式,围绕专题教学内容进行互动调研,了解学生在学习马克思主义基本原理这门课程中的期待与疑惑,具体表现在三个方面：识记原理知识、理解具体内容、拓展实际生活。如果是在原理知识的识记层面,建议学生通过预习网上资源与复习超星学习通APP课后练习题,充分利用线上资源进行学习,巩固复习基础知识与内容;如果是在理解具体内容层面存在疑惑或根本无法理解艰难晦涩的哲学内容,建议学生积极填写线上资源预习反馈单,带着问题回到线下课堂,教师将通过课堂提问、原著阅读、小组答疑等课堂环节进行答疑释惑。在尊重学生差异性的前提下,最大限度地实现马克思主义基本原理的课堂效果。

2.充实线上学习资源,拓展学生学习视野

第一,深度教学注重教学方式、教学内容、教学资源与学生生活情境及思想动态的深度联结。打造线上资源的"提前预习—课中学习—复习反馈"学习闭环,充分高效地利用学习资源。鉴于马克思主义基本原理"抽象晦涩"的课程性质,必须将抽象的哲学原理与生动多元、丰富多样的现实生活联系起来,只有这样才能深化学生对马克思主义基本原理课程内容的掌握、理解与运用。因此,在此次"线上+线下"课程的试行改革过程中,对线上资源进行了模块化处理：在学科内容上,分为唯物论、辩证法、认识论、唯物史观、政治经济学、科学社会主义;在线上资源上,将超星学习通APP上的线上资源扩充至学生可以随时获取的各种线上网络资源,如短视频、纪录片、电子书、慕课视频、网易公开课、TED演讲等。希望学生在完成对马克思主义基本原理"线上预习+线下课堂学习"之后,再返回线上资源深化认识,形成"线上预习基本原理—课

堂学习理解深化知识—线上拓展复习反馈"的完整闭环，从而有效地实现抽象化的马克思主义基本原理内容与学生多元个性发展需求的有机统一，促使马克思主义基本原理的抽象内容进入学生的生活世界，进而较为顺利地进入学生的心坎和头脑中。

第二，实时关注互联网、智媒体、自媒体上各种良莠不齐的网络信息对学生精神世界的影响，做到遵循学生成长规律，研究青年学生的兴趣爱好，科学把握学生思想动向，分析研判学生思想需求的基础上，充分发挥思政课的主阵地作用，传播正能量，弘扬主旋律，引导学生明辨是非曲直。具体而言，要充分利用超星学习通 APP 回帖、微信交流等网络优势，科学回答学生对现实生活的疑惑与不解，研判网络不良舆情在学生群体中的传播，积极正向引导、侧面疏通，全面把控学生的精神生活，从问题着手，从生活中着眼，切实贴近学生的生活实际，引导学生成长成才。

3. 把准核心素养培养方向，科学制定教学项目

根据深度教育理念与"马克思主义基本原理"课程的课程性质，并结合国家对加强思政课实现立德树人根本任务的课程要求，思政课教学不仅要传授知识，还要注重知识背后的价值性和意义性追问。尤其是对于深度教学策略与思政课教学活动的深度联结，避免"蜻蜓点水""一带而过"，注重基于深度教学策略对思政课教学改革举措的"细致入微"和"深度指导"。总之，"马克思主义基本原理"课程教学改革的方式之一就是明确将深度教学理念与策略渗透到"马克思主义基本原理"课程的教学目标：

首先，以学会学习、健康生活、团队合作、实践创新、人文底蕴、科学精神为核心素养科学研制教学目标，并以模块化的方式具体地、清晰地呈现教学目标矩阵，以此设计"马克思主义基本原理"线上课程与线下课程的教学计划方案。

其次，整合优化"马克思主义基本原理"课程的内容供给，实现网络课程资源的模块化建设。依托学习通的学习平台，建设网络课程资源，通过慕课及其他教学资源，制定课前自学模块；依托年轻化视频平台 B 站，依照专题化的授课内容建设线上授课网络课堂，引导学生深刻理解、领悟学科内容，围绕"课前自学—课中导学—课后复学"的主线脉络，实现线上课程的知识性功能，引导学生充分理解马克思主义的基本原理、基本方法与基本立场。

最后，整合线下课程的能力输出渠道，制定"学生成果项目培优"方案，实现学生学习成果的项目化操作，提升学生的科学精神与人文品格。

（二）课中教学：活化授课内容，深化课程理论难度

1. 转换教学语言与话语风格，增强师生互动

在精准需求的前提之下，创新思政内容供给的话语表达体系。在课堂的授课过程之中，教师要注重转变传统权威式的灌输姿态，将控制式的艰涩难懂的哲学语言转化为日常地、通俗的、幽默的话语，以平等对话的方式分享给学生，而不是教给学生。同时，鼓励学生将线上的资源分享给教师和同学们，承认并尊重学生对课程内容的自主选择、自我理解，积极赞赏学生对课程内容的自我建构与分享互动，将教师的话语权与学生的互动交流适当结合，进一步提升思政课堂教学的亲和力、说服力和认同感。

2. 加强线下课堂理论厚度，回归原著本身

为加强线下课堂理论厚度，回归原著本身，本书项目积极响应"读原著，悟原理"的号召，通过阅读马克思主义经典著作（如《1844年经济学手稿》《德意志意识形态》《共产党宣言》《家庭和私有制国家的起源》《劳动从猿到人的转变中的作用》《矛盾论》《实践论》等），创建出"经典阅读—笔记摘抄—撰写反馈—小组分享"的"阅读四步法"，逐步树立起学生"勤读书、好读书、读好书"的学习意识与分享意识，积极经典阅读与分享共同体，并引导学生将马克思主义经典著作与当下现实生活结合起来，特别是和习近平新时代中国特色社会主义思想、"四史"学习教育活动结合起来，学习反思、内化分享，深刻领悟马克思主义经典著作对当代中国乃至世界发展趋势的科学研判，不断深化学生对"马克思主义为什么行"的切身感悟，进而提升马克思主义基本原理课程的教学实效性。

3. 学生活动项目驱动化，切实提升"马克思主义基本原理"课程的"获得感"

为培养学生的合作力、沟通力、项目探究等核心素养，提升学生学习的"获得感"，本书积极探索切实提升学生学习获得感的实现路径，具体表现在三个方面：（1）自主规划学习。学生结合自己的学习兴趣、爱好特长、学科优势等，从马克思主义基本原理六个模块中自选其一组成小组，从线上学习资源的收集、课程讲授过程中的原著分享到课后学习汇报单的集体撰写，整理成讲稿，参与大学生讲思政课的班级选拔赛，经过选拔后进入学校及省内的选拔赛，以赛促学，以学促进，不断提升学生对马克思主义基本原理的深刻认知；（2）小组合作互学。具有共同项目目标的小组成员内部需要资源共享，每名学生对六大模块中的某一个模块进行解读，形成项目化的马克思主义基本原理解读，力求全面概括马克思主义基本原理内容的六大模块，或对项目内容在某一模块中

进行深度论证。(3) 经典著作班级集中学。每次线下课的最后二十分钟，主讲教师结合此次课程的主要内容，选取适当的经典原文，使用谈话法、讨论法等具体教学方法，带领学生"有问题地读、有启发地读、有收获地读"，力求学生从理论上有更深的理性认知与情感认同。

（三）课后反思：多重评价体系，增强课程情感认同

"深度理解"是由"学习的保持"深化到"学习的迁移"的关键，课后反思是为了形成"学习迁移"，加强对所学内容的深度理解。为增强学生"能学习—学习好—长久学"的信心，主讲教师在做足"课前预备—课中授课"的基础上，着力进行课后评价改革，注重鼓励性评价与发展性评价相结合，注重等级制批阅和过程性评价。以激励为主，以改善为要，逐渐摒弃"学习是为了分数"的传统观念；通过过程性评价，引导学生形成"课前提前预习—课中集中学习—课后巩固复习"的学习闭环，从而转变"学习求过"的不良心态。"线上+线下"教学改革的目的主要在于深化学生理论知识、历练学生创新思维、提升学生实践能力、完善学生素质与涵养，力求达到因材施教、个性发展。为此，本书将采取过程性评价与终结性评价相结合的方式。最终考核权重分配如下。(1) 过程性评价。依据CIPP评价模式，充分考虑项目的设置背景、输入形式、过程环节与影响效果。平时成绩占有30%比重，主要包括：线上讨论、预习笔记、学术论文、微视频制作、思政课堂、理论测验。(2) 终结性评价。期末成绩占有70%比重，主要采取闭卷考试形式。闭卷考试主要考查学生分析问题、解决问题的能力。故多采用灵活的主观题型，鼓励学生提出创新见解。

三、主要问题

（一）教师资源保障有待进一步提升

在实施过程中，学生的专题项目是根据其个人兴趣爱好、学科优势等不同方面自主选择、小组合作完成的，使得班级中的学生项目种类多样，教师指导的时间明显不足，难以实现对每个项目进行精细化指导。这说明，"精准滴灌、精准施教、精准服务"的理念在具体的实施过程中，需要大量人力、物力的投入。在这方面，此次教学改革先行先试仍然有不足。

（二）课堂教学任务量与学生个性化需求之间的张力仍然存在

此次教学改革项目虽然极力注重学生的个性化需求，通过自主学习模块与活动项目模块，突出学生的个性特长，力求做到因材施教，但由于思政课的授课对象为全校所有专业学生，班级数量多、学生人数多，每位思政课教师承担着大量的教学任务量，在实际授课过程中，很难顾及到每一位学生的个性化需

求,课堂教学任务量与学生个性化需求之间的张力依然存在。

(三)"活化"抽象的马克思主义基本原理的教学方法有待进一步完善

在此次教学改革项目过程中,笔者依据马克思主义基本原理的课程性质和特点,运用深度教学理念采用了多种教学方法,力求将抽象的理论内容通俗化、现实化,比如,理论讲授法、故事分享法与对比分析法等,但由于在教学实践中,不同教学方法的掌握与运用程度存在参差不齐、教学内容与教学方法匹配度存在不合理等问题,学生在情感认同与深化理解层面仍存在一定的差距。

四、优化措施及持续规划

(一)充实课堂保障力量,实现精准服务

尝试探索多人协同共管课堂的模式,在学生项目的前期指导、中期辅导以及后期完善的整个流程中做到更精细化的服务与管理;将辅导员、班主任、主讲教师等多方力量吸纳到课堂当中来,以其作为学生项目指导教师,更精准地服务学生。

(二)细化教学目标的核心素养矩阵,精细制定教学项目

继续发挥线上资源的丰富性以及多样性,这对于满足学生的个性需求来讲是极为有利的一面;但在有效衔接线上与线下的课堂过程中,需要更加细化分析学生对线上教学资源的利用特点,如资源的主题热点、教学内容的共同关注点等,依托数据优势,分析班级学生对教学内容的最大需求;同时教师必须统筹核心素养与学生的学习需求,更精细地制定教学方案、确定教学主题与实施方案。

(三)探索先进教学方法,提升教学效果

对于"马克思主义基本原理"课程而言,它最大的困难在于"抽象晦涩的概念"如何贴近学生丰富鲜活的现实世界,让学生能够立足于现实基础之上进行反思批判。因此,对于教师而言,如何运用更先进的教学方法,优化具象呈现的教学内容,让学生能够立足现实进行分析、思考、批判,是"马克思主义基本原理"课程的教学目标之一,也是培养时代新人,服务社会的价值目标之一。因而,需要进一步探索更先进的教学方法,具象化呈现复杂的抽象概念,使其既能吸引学生的兴趣,又能启发学生的思考,进而推动学生学习的内驱力,推动师生在课堂之上的双向建构,真正构建出"有情有义、有滋有味、有理有料"的马克思主义基本原理课堂,这仍然是接下来需要不断探索与尝试的重中之重。

第二节 "深度教学"理念下教学方法的改革与创新
——以"双师共上一堂思政课"为例

思政课是落实立德树人根本任务的关键课程。思政课教学方式是否科学合理直接影响着教学的实效性。探索有温度、有深度、有高度的教学方式,将思政课打造成启迪心灵、陶冶情操、价值观塑造的智慧之课、灵魂之课是思政课教学改革的关键所在。"深度教学"理念注重对课程"知识之后"的"意义世界"的理解与构建,强调学生应在教师的引导下进行"层进式"和"沉浸式"的深度学习,这就要求思政教育不再局限于课堂中,而是在思政课理论内容的引导下将教学活动延伸至课堂之外,构建"大思政课"的育人场域。在此背景下,"双师共上一堂思政课"模式应运而生,"1+N"双师教学模式也逐步形成。这种混合式思政教学模式可充分弥补传统课堂中教学内容单一、方式滞后、学生学习兴趣不足的问题,为学生全面的发展提供帮助和支持。

一、项目整体情况

思政课是学校落实立德树人根本任务的关键课程。如何在教学实践中增强思政课的实效性已然成为教学改革的现实课题。新时代下,加强和改进思政课教学,需要一种全新教育教学理念来引领。"深度教学"是基于"深度学习"而建构的一种教学理念和策略。"深度学习"理念更加注重对学生的高阶思维活动的培育和训练,是建立在新知识观基础上的学习策略。这里的知识不仅是"科学世界"的符号表征的简单记忆或机械提取,而且是对"知识之后"的深层次追问。"深度学习"理念注重对深层知识中蕴含的思想要素、情感价值元素和思维方式的深度学习与内化。从教学价值目标上来讲,"深度教学"理念与思政课存在逻辑自洽关系。运用"深度教学"理念优化和创新思政课教学新样态、提升思政课教学实效性对于构建学生的"意义世界"和"价值世界",引导学生扣好"人生第一粒扣子"具有重要意义。为解决现实教学中存在的引导力不足问题,本书运用"深度教学"理念,挖掘思政课知识体系中凝结的思想要素、智慧成分和德行涵养,旨在打造集高阶性、创新性和挑战性于一体的金课,引入思政双师教学模式,构建"1+N"思政课堂。立足学生视角,构建三段式教学体系,通过课前、课中、课后的配合,更好地培育学生思政学习能力和素养。

(一) 教学目标

通过采用"双师协同，同上一堂课"的新型授课模式，特别是将助教或讲师和副教授、教授相组合，专业课教师、社会兼职教师与思政课教师相结合等。坚持"以师生发展为中心，构建师生成长共同体"的教育理念，促进以老带新，以新促老，提升课程质量，改善课堂交互氛围，提高学生抬头率，培养学生多元认知能力，使学生不仅掌握科学的马克思主义基本原理，还要能够运用马克思主义的立场、观点、方法分析问题和解决问题；丰富教师的教学经验，拓宽研究领域，促进教学水平的提高，将"马克思主义基本原理"课程打造成启迪心灵、陶冶情操的智慧之课。

(二) 思政课"双师共上一堂课"模式内涵

思政课"双师共上一堂课"教学主要是指在传统课堂中消解教师讲解、学生被动接受的模式，一堂课由两个甚至两个以上教师共同讲授。"1+N 双师课堂"中的 1 是指 1 个思政课教师作为主讲教师，N 是指 N 个专业课教师或助教老师负责教学辅助工作，形成"双师"的教学共同体，实现教学效果提升和教师能力发展的双重目标。在双师课堂中，由于将党政领导干部、专业课教师、社会兼职教师等广泛纳入到思政课课堂中，课堂教学呈现出多方式、多平台、多载体、多途径的特点，形成了思政课"1+N 双师教学"模式，能够更好地为学生提供思政教学服务，在校内校外和线上线下建立思政教育阵地，多重协作下更高质量地完成思政教学任务。

(三) 思政课"1+N 双师教学"模式实施的原则

1. 以院内院外教师协作为基础

思政课"1+N 双师教学"的主要目标是促进学生成长，马克思主义学院内部教师和院外教师配合的教学方式，可从不同角度为学生带来学科知识，并运用多种授课方式系统讲解教学内容，对于学生发散思维的培养和学习能力的提升起着重要推动作用。院内院外教师协作的具体落实原则是要保障院外教师所持教学资源与思政课课程内容有着一定的关联度，在课前双师要进行充分的沟通交流，有针对性地对教学内容进行设计和优化，在完成思政课知识点传授的同时，能够利用拓展内容开拓学生思路，实现达到学生学习兴趣和能力持续提升。

2. 以校内校外教师互动为核心

思政课"双师教学"模式的实质为混合教学，教学方式和方法没有固定的要求，针对传统课堂引导力不足的问题，开展思政课"1+N 双师教学"模式要以校内校外教学活动为依托，以灵活的教学方式带给学生更加多元的体验。校内教师在教学中，可通过信息化平台和手段，针对部分话题可开展项目式、案例式、合作式教学活动，利用多元教学方法来吸引学生注意力；而校外外聘教师，可为学生讲解红色文化、社会热点和政治制度等，为学生带来最新的时政信息和热点事件，在校内教师和校外教师的配合下，增加思政学习的广度和深度。

3. 以线上线下教学合作为手段

思政课双师课堂包含本校教师和校外教师，二者在不同的教学环节中负责不同的教学内容，采用不同教学方式、扮演着不同的角色。本校思政课教师一般采用线下方式进行教学，校外教师由于地域空间的问题可采用线上方式授课，线上名师教学可带来不同区域、不同领域的教学资源和内容，弥补传统教材内容的局限性。通过线上线下的深度配合，更加全面地讲解思政知识点内容，实现教学质量和效果的协同提升。因此，线上线下教学是双师教学模式的基础，也是具备一定效果的优质手段。

二、"双师教学"模式的设计与实施

"双师教学"模式主要是在依据德国著名物理学家赫尔曼·哈肯（Hermann Haken）所创立的协同理论（Synergy Theory）的基础上所开展的协同教学。协同教学追求的价值观是师生自身发展需要与社会发展需要的统一，协同教学实施的主要教学策略是既注重教学系统的整体结构又注重系统内部各要素之间的关系，并从诸要素的关系入手，创设有利于师生发展的和谐课堂氛围和教学环境，进而实现教学系统的整体优化。赫尔曼·哈肯（Hermann Haken）在著作《关于协同学》中，提出了在课堂教学中采用协同教学的具体操作策略：

（1）选定协同教学的目标；
（2）明确协同教学的三要素，"导""学""练"；
（3）采用协同教学的方式；
（4）协调师生间的情感；
（5）采用"知""情"协同学习；
（6）恰当使用教学媒体；
（7）善于协同课内与课外。

基于赫尔曼·哈肯（Hermann Haken）提出的协同教学的具体操作策略，"双师教学"模式在马克思主义基本原理课程教学实践中的设计思路如下：

（一）在课前准备环节设计"双师教学"模式

在课前准备环节设计马克思主义基本原理课程的"双师教学"模式，首先，需要思政专业教师注重"以生为本，因材施教"的育人策略，按照学生的学科背景、兴趣爱好、个性特长、个体差异、身心发展特点等情况，来掌握学生的实际学习情况。在此基础上，借助"双师教学"协同平台，与搭档教师共同商量研讨，开展"双师共上一堂课"集体备课会，适当融入彼此的学科背景、授课风格，设计出符合班级学生发展需求与学习需要的分层式教学方案。在此过程中，需要线下思政专业教师在课前提前深入了解本节课需要讲解的疑难知识点，掌握教材中的重点教学内容，以做好"双师教学"课堂的辅助工作。最后，利用先进的信息技术，将整理出来的教学知识点整理汇总，与线上教师协同布置课前预习任务，引导学生以线上线下协同的方式，完成教师发布的学习任务，努力做好上课的准备。

（二）在课中实施环节设计"双师教学"模式

"马克思主义基本原理"课程注重辩证思维的训练，是抽象思维与形象思维相互结合的课程。"马克思主义基本原理"课程的双师协同教学需要教师各司其职，主讲教师要认真备课，熟知所讲理论内容的逻辑脉络、主旨思想和价值意蕴，时刻把握好理论的学理性、科学性和价值性，既要完成课堂内容知识链、价值链的有效契合，还要总体把握学生在课堂上的学习状态与投入度，运用科学适当的教学方式把马克思主义基本原理中的深刻理论讲透、讲活。双师协同教学中配合教师要以情感人、以理服人，坚持理论联系实际，充分运用专业知识和现实案例，引导学生积极参与学习过程，激发学生对理论知识的理解和感悟，注重情境创设，调动学生的思维活动，使理论知识与学生的精神世界相遇，进而产生情感共鸣和价值认同。

在课中实施环节设计"双师教学"模式，需要线上专业教师做出教学计划，以分层教学方式在"双师教学"协同平台上开展教学，按照循序渐进的教学原则，首先讲解一些课程的基础理论知识，帮助基础差的学生打好基础；其次讲解一些深层次的思政课内容，如马克思主义理论知识、哲学原理等，深化学生对思政课内容的掌握与理解，逐渐提高其学习水平；最后适当讲解一些拓展性的思政教学内容，如何运用马克思主义的科学世界观和方法论分析和解决现实问题等。在此过程中，"双师"应明确自身职责。线下思政课教师应明确自身职责，要组织好课堂教学，监控好学生的学习情况，做好答疑工作。线上教师要科学设定师生互动环节，通过学生线上学习问题、学习进度、学习效率，来及时把握学生学情。另外，还应鼓励学生"不懂就问"，若是在课后联系不到线下思政专业教师，则可通过"双师教学"协同平台，向线上思政名师寻求帮助，而线上思政名师则应在回答完学生问题后，针对其问题与线下思政教师进行沟通和交流，探讨彼此教学环节中存在的不足之处以及教学误区，并通过不断反思与自我总结，最终探索出有效的"双师教学"模式。

（三）在课后反馈阶段设计"双师教学"模式

在课后反馈阶段设计思政课"双师教学"模式，主要用于线上教师与线下教师协同完成作业批改任务后，进一步了解学生对知识点的掌握情况，以及思想观念存在的问题，再经由协商和探讨，制定出有效的评价手段，从而学生评价工作。比如，思政课专业教师首先可通过线上交流平台，将各教师会聚到一起，共同交流学生在彼此教学模式中的学习成效、学习表现、学习能力等，全面掌握学生的学习情况；其次，通过组织开展以"三结合"为主题的学术讨论大会，探讨与叙述彼此的教学模式、教学理念，即线下、院内、校内思政教师讲述自己的教学模式，由线上、院外、校外思政名师来听课和评课，然后再反过来进行评课与听课；最后，彼此指出几点教学误区、不足之处等，帮助彼此提升教学能力。另外，在学生反馈方面，应适当引导学生对自己近期学习情况、学习进度、学习成效、学习模式进行自我反思、自我总结与自我评价，引导学生认识自我、了解自我，使其积极向专业教师寻求帮助，探索真正适合自己的学习模式，进而来提高自身学习成效。

三、取得的成效、突出的亮点

通过对思政课中"双师教学"模式实践效果的分析发现，院内院外、线上线下、校内校外三结合"双师教学"模式的应用，不仅为学生打造出更加积极向上、和谐良好的学习环境，营造出"大思政"教育氛围，提高了学生的学习兴趣，开拓了学生的知识视野等，帮助学生潜移默化地提高了综合学习能力，还促使思政课教学模式得以有效改革与创新，实现教学效果与质量的稳步提升。因此，在思政课中践行"双师教学"模式，可促使其达到事半功倍的教学效果。

（一）成果成效

基于"双师"教学模式的教学实践很好地激发了学生的的头脑风暴，起到了深度教学的作用。在"双师"共同授课过程中，教师不同的教学风格和感染力，激发了学生的学习兴趣，使学生参与课堂的积极性与主动性得到增强，学生的获得感显著提高。在教学改革实践的基础上，教学团队通过提炼思路，总结经验，形成了教改论文《思政课"双师教学"模式的实践探索》，实现了教学与科研互相促进的新局面，更好地将教材体系变成了教学体系。

（二）亮点与特色

1. 建构"1+N"双师教学模式

"1"代表1位思政课教师；"N"代表1位思政课教师、1位专业课教师或者1位社会兼职教师。依托"1+N"互动教学系统及网络课堂进行了全面应用，不断改进和优化系统运用、调整教学模式，取得了良好的效果。

2. 凸显院内院外、校内校外、线上线下"三结合"

（1）院内院外相结合。既有马克思主义学院内部教师授课，又有马克思主义学院外部教师授课。（2）校内校外相结合。既有学校内部教师授课，又有学校外聘教师授课。（3）线上线下相结合。既有线下校内思政教师授课，又有线上校外兼职教师授课。

3. 形成"师师互动、师生互动"学习共同体的新格局

"双师共上一堂课"在师生的智慧"碰撞"中，促使教师不断转变教育观念，增长教育智慧，促进学生健康成长，提高学生综合素养，实现教师与学生互相包容、彼此融合、共同生长。

四、项目实施中存在的主要问题

马克思主义基本原理"双师共上一堂课"改革项目虽然取得了一定成效，但在改革实践中仍旧存在一些亟须解决的问题。

第一，教学设计有待优化。"双师教学"过程中，两位教师会同时在课堂上输出大量教学内容，当大量信息涌入学生头脑时，学生自身需要吸收和内化的过程。往往在教学实践中，学生听的过瘾，但吸收和内化有一定难度。因此，需要进行科学合理的教学设计，使"双师"之间输出的知识匹配度相一致，学生更易于接受与内化。

第二，师资力量相对薄弱。"双师教学"是一种有效的教学方式，可以很好地提高学生上课的积极性与参与性，但由于师资相对稀少，每位教师自己承担的课时本来就很多，所以开展"双师教学"有一定难度。

五、优化措施及持续规划

"双师共上一堂课"不是两位教师每周轮番到教室讲课，也不是两位教师在各自班级分别授课，而是双师同时出现在课堂（线下或线上），但他们有不同的分工，交替讲授课程，或者在课堂上带领学生展开讨论，即协同教学。协同教学是指两名教师共同扮演课堂内的教学角色，共同分担讲授和示范的教学活动。两名教师共同设计课堂方案，并且都积极参与课堂活动，共同承担教学任务与责任。这种模式最考验教师之间的协同能力，也是最需要时间进行磨合才能建立起来的模式。本书认为在今后的教学改革中，需要在以下几个方面改进：（1）双师课堂学生需要接受的信息量巨大，所以授课之前，需要提前帮学生梳理知识框架，对知识逻辑提前预习，这样可以帮助学生更好地内化；（2）师资力量薄弱的问题，可以通过组建高质量视频资源、邀请校外爱国实践教育基地的教师或者模范走进课堂，充盈师资队伍，充分他们的知识优势，共同开展好双师

教学，提升教学实效性。

第三节　"深度教学"理念下教学设计的改革与创新
——以"一个真实的马克思"专题为例

一、课前分析
（一）理论内容分析

本专题内容是"马克思主义基本原理"课程的导论部分，是入门章节，主要介绍马克思的生平经历、思想脉络和时代价值。注重对学生的情感教育与认同教育，通过伟人的人格魅力和思想精髓感染和引导学生树立正确的世界观、人生观和价值观。

（二）学生特征分析

本学期课程的授课对象是处于大学一年级第二学期的学生，他们有一定的思想和理论基础。通过调查问卷和师生交流互动得知，该班学生45人，文理科占比相当，其中，文科生22人，占比48.9%；理科生23人，占比51.1%。总体来看，学生有活力、有创造力，接受新知识快，思维敏捷，学习能力强。但也存在着知识体系搭建尚未完成、价值观塑造尚未成型、情感心理尚未成熟的不足。大部分学生期望从"马克思主义基本原理"课程中获得分析问题和解决问题的能力，进而陶冶情操，汲取智慧。

二、教学目标设计
（一）知识与技能

从总体上理解和把握"什么是马克思主义，什么是马克思主义基本原理"，了解马克思的辉煌一生，掌握马克思主义思想的演化历程及时代价值。

（二）过程与方法

通过直播、录播，课件展示、文本阅读、小组研讨、师生互动等课堂形式，培养学生的团队协作能力、语言表达能力、思维判断能力和知识迁移能力。

（三）情感与价值观

注重让学生在自主解决问题的过程中培养成就感；通过小组协作活动，培养学生合作学习意识、竞争参与意识和研究探索精神，从而调动学生的积极性，激发学生对马克思主义的学习兴趣；通过了解马克思非凡的一生、青少年马克思的人生志向、奋斗历程来启迪学生树立正确的人生观、职业观和爱情观；通过马克思主义理论体系的讲解，使学生深刻认识马克思主义的当代价值及对人类未来的启迪和引领作用。

三、教学内容设计

（一）教学重点

马克思主义的内涵；马克思主义思想的精髓及演化历程；马克思主义的时代价值。

（二）教学难点

马克思主义思想的精髓及演化历程；马克思主义最鲜明的时代特征。

（三）教学资料与思路设计图

以"深度教学"理念推进教学的改革创新。构建起"看、视、听、思、论、写"六维递进式教学方式。"看"，即看文本、看原著、看课件、看案例、看拓展资料；"视"，即观看教学微视频、专题教学视频；"听"，即听"经典随身听"的音频；"思"，即思考教学难点、感悟哲学道理；"论"，即小组结构化研究讨论；"写"，即撰写微评论、专题作业，画出课程思维导图、解答研讨问题。

（四）教学流程

1. 课前：表层学习阶段

发布课前学习任务单，督促学生完成预习内容。

（1）看：第一专题教学课件、《马克思主义基本原理概论》新教材中绪论部分内容。

（2）视：微视频《告诉你一个真实的马克思》，阅读学习课本内容。

（3）听：《给90后讲讲马克思》第一讲：最熟悉的陌生人——1818年，伟人的诞生。

（4）思：思考专题内容重点与难点。

（5）写：完成课前习题。

2. 课中：深度学习阶段

9：45—10：00 组织签到，介绍课程内容

本次课是"马克思主义基本原理"的导入性专题讲授。重点介绍马克思的辉煌一生、思想转变及马克思主义的时代价值。在讲授课程之前，先了解学生的基本情况及对马克思主义基本原理和马克思本人的认知情况。

10：00—10：30：第一部分内容讲授与互动

【互动1】

设置题目：①问卷，你是文科生还是理科生？②讨论，谈谈对马克思的

认识。

设置目的：进行学情分析，了解学生对马克思和"马克思主义原理"课程的认知程度，从而调整教学方案（见学生特征分析）。

【讲授内容】

我们印象中的马克思是一位伟人。他伟大的思想、伟大的信念和伟大的事业无不折服世人。但今天我想先从一个普通的个人谈起。

马克思，1818年5月5日，生于德意志邦联普鲁士王国莱茵省（现属于德国莱茵兰—普法尔茨州）特里尔城一个律师家庭。马克思的一生是不平凡的，几乎长达40年的流亡生活，40年的拼命工作，40年的贫困和牺牲。但马克思把全世界和劳动人民获得解放和全面发展作为自己学说的最高命题。尽一生才华为世界无产阶级解放事业而奋斗，为千百万人的幸福而不懈努力。1883年3月14日，一颗伟大的心脏停止了跳动，葬于英国伦敦郊区的海格特公墓。

回溯马克思的一生，不管是他的人生经历还是思想演变，都有着"90后"的影子。所以，今天我们可以做一个假设，假设马克思是一名"90后"，那么，他又经历了怎样的人生呢？

【互动2】

设置题目：原著选读活动《青少年在选择职业时的考虑》选段，结合你对马克思一生奋斗历程的了解，谈谈你能从中得到怎样的人生启迪。

设置目的：了解青少年马克思的职业观，引导学生做好职业发展规划，树立正确的职业观。

"如果我们选择了最能为人类而工作的职业，那么，重担就不能把我们压倒，因为这是为大家作出的牺牲；那时我们所享受的就不是可怜的、有限的、自私的乐趣，我们的幸福将属于千百万人，我们的事业将悄然无声地存在下去，但是它会永远发挥作用，而面对我们的骨灰，高尚的人们将洒下热泪。"

——马克思《青少年在选择职业时的考虑》

互动总结：通过查阅学生对原著片段的分析和解答情况，学生能够理解青少年马克思的理想抱负，并深深地为马克思的情怀所触动，同时，也能够很好地结合自身的成长规划，树立正确的职业观。

【讲解部分】

简要概述第一部分内容。

真实的马克思：从一个浪子到一位骄子。

求学：思考让叛逆闪闪发光。

爱情：在精神契合面前一切都是浮云。

择业：把高调唱成高尚。

交友：马克思的朋友圈。

【互动3】

设置题目：情境创设（小组互动），如果马克思是我同学……

设置目的：锻炼创新思维，深度链接马克思精神与自身生活实际。

互动总结：总体而言，学生思维开阔，创新性强，善于将马克思的经历、思想与自身实际紧密结合，能够从深层次理解并感悟马克思精神的精髓，对于提高自我，完善自我具有重要意义。

10：30—11：15：第二部分讲授内容与互动

简要概述第二部分内容：伟大的思想，盗取火种的普罗米修斯。

马克思的思想发展是一个不断跳跃的解构转换的过程，可以大致把他的思想发展史划分为六个阶段：冲撞、幻灭、理想、假说、实证、峡谷。

【互动4】

设置题目：根据所学内容，画出马克思思想转变的思维导图。

设置目的：锻炼思维能力，深度理解马克思思想的转变。

互动总结：从学生答题效果来看，绝大部分同学能够从宏观上梳理出马克思思想的六个转变情况，能够把握马克思的思想脉络，对理解马克思的精神和马克思主义原理具有重要意义，但对于具体的知识点特别是涉及哲学思想的转变时，部分理科生理解得不是很透彻，需要加以引导，消化。

11：25—12：10：第三部分内容讲授及互动

简要概述第三部分内容：马克思主义与共产主义的实现。

在人类历史上，从来没有哪一种思想理论能够像马克思主义那样具有如此强大的威力。马克思主义不仅彻底改变了中国的命运，开创了崭新的百年中国道路，而且以其指引的无产阶级革命和社会主义运动而对世界的变化产生了巨大影响。今天，距离马克思主义创建已有160多年。今天的中国和世界是否还需要它？为什么中国的发展始终强调要坚持马克思主义？马克思主义到底能够给我们带来什么？它在今天的中国和世界依然具有强大生命力和持续影响力的根本原因是什么？

【互动5】

设置题目：用三个关键词概括你心中的好日子。

设置目的：深度掌握马克思主义的现实意义，树立"四个自信"。

互动总结：学生能够理解马克思主义是研究如何实现劳动者的自由、发展和解放，如何让劳动者过上好日子的学问。并结合自身的生活实际及对未来生活的向往。

3. 课后：深度内化阶段

原著分析活动：《德意志意识形态》《自然辩证法》中自然观选段，结合马克思、恩格斯论述的人与自然的关系，如何看待当前疫情发生的缘由，作为当代大学生我们应该树立怎样的自然观？

设置目的：理解马克思、恩格斯的自然观，正确对待当前生态环境问题，树立人与自然和谐共生的自然观。

"我们仅仅知道一门唯一的科学，即历史科学。历史可以从两方面来考察，可以把它划分为自然史和人类史。但这两方面是不可分割的；只要有人存在，自然史和人类史就彼此相互制约。"

——马克思、恩格斯《德意志意识形态》

"但是我们不要过分陶醉于我们人类对自然界的胜利。对于每一次这样的胜利，自然界都对我们进行报复。每一次胜利，起初确实取得了我们预期的结果，但是往后和再往后却发生完全不同的、出乎预料的影响，常常把最初的结果又消除了。……因此我们每走一步都要记住：我们决不像征服者统治异族人那样支配自然界，决不像站在自然界之外的人似的去支配自然界——相反，我们连同我们的肉、血和头脑都是属于自然界和存在于自然界之中的；我们对自然界的整个支配作用，就在于我们比其他一切生物强，能够认识和正确运用自然规律。"

——恩格斯《自然辩证法》

互动总结：从学生答题总体效果来看，绝大部分学生认真研读了马克思、恩格斯原著的相关理论，能够从本质上理解马克思、恩格斯的自然观，并且能够结合相关理论理性分析当前生态环境的问题，这对于树立人与自然和谐共生的自然观具有重要意义。

（五）考核评价：效果反馈阶段

在这一专题讲授完毕后，对所在班级学生进行了一次问卷调查，重点考察大家对本次课学习效果的反馈情况。从问卷调查结果来看，68.2%的学生认为有较多的学习收获，认为课程教学资料充分，有助于学习，讲解和互动适度，能够很好理解并吸收课堂内容；88.6%以上的学生认为课程内容有助于培养逻辑思维能力、分析问题和解决问题的能力。绝大部分同学能够准确地说出本次课程的重要理论内容。当然学生在听课过程中也提出了一些亟须解决的问题，如文科生和理科生的跟课进度有偏差；部分理科生对相关理论的基础概念认识不足，需要深化提升等。对于如何提升课程教学效果，学生给出了很多好的意见和建议：如将视频、案例与课程知识相结合，增加趣味性；增加小组研讨与互动环节；注重对理论知识的梳理与总结等。总体而言，学生对本次课程评价较好,为本次课程总体评价在 80 分以上的占比为 93.2%。

（六）教学总结与反思

第一次尝试如此大规模的线上教学,初始备感压力,但随着教学资料的准备不断完善,教学思路的设计不断清晰,笔者对这一教学模式也有了更多的体会与感悟。现将第一专题的教学总结和反思归纳如下。

一是在线教学要设计好教学理念、互动环节和实施步骤。教学理念好不好重在实践。因此,要在设计中体现"传道"与"立志"的结合,"解惑"与"培德"的相彰,"授业"与"修身"的统一。用真理的力量引导学生自觉学习新思想,积极践行新思想。

二是要充分利用互联网激活思政课堂,盘活教学过程。在课程直播讲授中要坚持少讲多练,注重课堂互动,一般来讲,15—20 分钟和学生互动一次,确保学生不掉线、不掉队,带领学生感悟哲理、感知现实,以活泼的课堂组织形式、生动的案例和对国情的贴切把握,赢得学生的认同,点亮学生信仰。

三是要以"深度教学"理念提升思政课教学实效。建立在发展性学习观基础上的"深度教学"理念倡导以学习的意义感标准、学习的自我感标准和学习的效能感标准来衡量教学实效性。思政课的价值性特征决定了它不同于一般课程的特殊教学目标,那就是思政课不仅要向学生传授基本知识,而且要进行核心素养的培育与价值观的引导。因此,考察思政课教学的实效性不能单从识记的角度,局限于考核学生基本知识经验的获取量,而要更多地从分析和解决问题的方法获取、德行修养、社会责任和家国情怀培育等维度去考察学生在学习中的获得感,这也是思政课教学改革创新的目的所在。

第一,以学习的意义感提升价值引导实效。作为一门更注重价值观引导的课程,思政课的教学价值实效在于在理论知识传授中彰显价值观引导。对于思政课来讲,"知识即美德",要以学习的意义感标准来完善教学过程、评判教学效果。要在教学过程和课程考核中善于寻求自我—知识—价值（意义）之间的内在关联,以核心素养培育为指标,充分挖掘"知识之后"的思想、美德、智慧与情感元素。

第二,以学习的自我感提升价值认同实效。思政课教学要以学习的自我感为标准,在思政课教学活动、学习考评与学生自我感的关联度上下功夫。要善于在"理论知识—生活经验—价值意蕴—自我认同"上创新教学方法,注重理论知识与生活经验之间的相互渗透与相互转化,引导学生在理论知识中感悟价值涵养、在生活经验中体悟价值意蕴；要注重学生的话语表达与意见反馈,打破课堂教学的权威性与压制性,提倡开展"对话式""引导式"教学活动,充分发挥学生在教学活动中的主体性与创造性,最终达成学生的自我成长、自我觉醒、自我超越与自我认同。

第三，以学习的效能感提升价值内化实效。思政课教学要以学习的效能感为标准，既要注重考查学生在学习过程中的探究、反思与感悟等的参与度，也要注重考查学生对学习结果的情感体验、价值内化、信念达成与自觉践行的具体表征；既要注重学生学习的"知其然"（知识性）、"知其所以然"（"知识之后"的价值性追问），还要注重"践其行"（价值内化后的行为表达），达成知、情、意、行相统一，真正将思政课彰显出的德行涵养、智慧元素与价值观念真正落实到学生自我的情感体验、信念达成之中，由价值认同内化为学生的行为规范，做到内化于心、外化于行，充分展现学生的个体价值与生命意蕴。

第四节　"深度教学"理念下教学内容的改革与创新（一）
——以红色家书融入思政课教学为例

深度教学理念注重对深层知识中蕴含的思想要素、情感价值元素和思维方式的深度学习与内化。运用深度教学理念优化和创新思政课教学新样态、提升思政课教学实效性对于构建学生的"意义世界"和"价值世界"，引导学生扣好"人生第一粒扣子"具有重要意义。而此次"思想道德与法治"课程开展以红色家书项目为主题的教学改革，就是打破了以往只注重知识记忆和传授的单纯灌输式教学，加强了对学生的能力、体验、情感、价值观的培养和对"意义世界"的关切，切实提升了我校思政课的实效性。

红色家书是最真实、最直观的革命史料，是爱国主义教育最直观的展示形式，也是思想政治教育最好的教科书。通过本次教学改革，希望将红色家书承载的厚重历史和文化，体现的革命先烈对共产主义百折不挠的坚定信仰，折射出的革命前辈的革命理想、革命精神以及家国情怀能够使学生入脑入心，尤其是解决大学生思想信仰问题的一种有益尝试。为了培育大学生的马克思主义信仰，本书认为可以依托河北的红色文化资源，带学生走进革命烈士故居或烈士陵园，进行河北红色书信的整理，让学生身临其境地感受革命传统教育，使他们更好地从中国共产党带领人民在革命、建设、改革过程中锻造的革命文化中汲取智慧和力量。

综上所述，坚持红色家书融入课堂是提升深度教学实效性的有效途径。在教学过程中，通过具体的、现实的、个体的历史事件、人物故事来阐释历史逻辑，充分挖掘红色家书丰富的教学资源，将其融入"思想道德与法制"课程教学过程，可以避免教学内容空洞、枯燥、教条，增强其说服力，增进学生的情感共鸣，挖掘思政课知识体系中凝结的思想要素、智慧成分和德行涵养，旨在实现思政课集深度教学高阶性、创新性和挑战性于一体的目的。

一、设计思路

红色家书是中国共产党人在中国革命战争时期形成的优秀道德的载体。我们可以从革命文化中吸取养分，使之成为高校思政课的教学资源。深度教学理念可以通过对理论知识的深度处理和深度挖掘，达到转识成知、转知成智，化知识为美德的功效，充盈思政课理论知识的价值元素、情感元素和智慧元素，进而实现思政课教学由知识导向向价值观塑造导向的转化，进而提升思政课的亲和力，有效达成价值引领的教学价值目标。红色家书项目将深入挖掘的红色故事、红色人物、红色文化、红色精神等运用到课程教学中，使学生通过耳濡目染、诵读品鉴、挖掘故事、成果展示等方式进行学习，切实丰富了高校思政课教育。红色家书融入"思想道德与法治"课程的路径为以下几条。

（一）以红色家书为对象，教研结合深入挖掘

教师必须深入研究、充分挖掘红色家书资源，夯实融入根基。对待红色家书的选取和解读，这是了解背后红色文化价值意蕴的基础，所以对红色家书要全面了解，深入剖析，比如对家书的写作背景、家书作者的人生历程、家书中体现出的精神品质以及其具有的时代价值等等相关问题要了然于心，毕竟唯有深入的理论研究才能丰富和拓展课程内容，在讲授过程中才能鞭辟入里，讲道理讲明讲透讲活，让学生信服通理。

（二）以红色家书为主线，贯穿课堂教学

教师要充分发挥主导性作用，将红色家书融入教学过程，将教材体系转化为教学体系，切实增强课程思想性、理论性、亲和力、针对性。首先，找好融合点，节选家书片段佐证教材观点。比如，红色家书—理想信念、红色家书—家国情怀、红色家书—中国精神、红色家书—责任担当、红色家书—家风传承、红色家书—革命爱情。其次，依托家书故事讲活教材内容。把情感真挚、鲜活生动的故事讲活、讲透抽象理论和深邃规律。如"思想道德与法制"课程的教师可以将红色家书作为蓝本，深入挖掘家书背后的故事，将这些故事融入"思想道德与法制"课程的教学过程。

（三）以红色家书为载体，开展社会实践活动

一是开展体验式实践教学。教师根据教学内容，可组织学生线上参观家书书写者故居、纪念馆等爱国主义教育基地。通过亲身体验，实现学生与革命先辈"对话"，与红色史实"对话"，增强教学的说服力、吸引力和感染力。二是

开展互动式实践教学。主要运用多媒体，根据教学内容和进度，适时适当地展示相关红色家书资源，提出问题，以问题为导向推进实践教学，激发学生的探索思维和求知欲。三是开展参与式实践教学。可开展红色家书读书会、红色家书朗诵的活动，也可结合学生特长选取经典语句、图片，设计制作红色文化艺术作品，还可鼓励学生以红色家书为题材拍摄短视频。将优秀作品选送教育厅参赛或者上传到马克思主义学院公众号。四是开展研究式实践教学。学生结合自己的理解与实践，撰写研究报告，从而深化对某个问题的认识，提高其辨别社会思潮和社会发展方向的能力。

二、研究成果

基于深度教学理论引领思政课教学改革创新，可以有效地优化教学新样态，提升教学实效性，达成教学价值目标。运用深度教学理念对表层知识进行处理，在知识讲授和传递达到"充分深度"的前提下，挖掘课程内容深层次的价值意蕴和德行涵养，建构"知识之后"的"意义世界"，将价值观引导以潜移默化、润物无声的方式渗透在知识传授中。本书认为，红色家书项目融入"思想道德与法治"课程可以通过"六五三四"的路径建构。

（一）六大主题

基于"思想道德与法治"课程，从红色家书的精髓内核考察，将其划分为六大精神谱系：理想信念篇、家国情怀篇、中国精神篇、责任担当篇、家风传承篇、革命爱情篇。各班各组同学自选主题，围绕六大主题各组选择与其最契合的红色家书，深入挖掘书信中体现的道德风尚与精神品质。

（二）五项活动

五项活动主要根据学生的年级特点，从"演绎"红色家书和理论分析家书两个层面展开。大一新生侧重于"演绎"红色家书，特此开展了四种活动：红色家书诵读、红色家书艺术作品制作、红色家书实践调研、红色家书话剧表演。大二学生侧重于理论分析红色家书蕴含的精神品质与价值导向，对红色家书进行深入挖掘。

（三）三个立足

一是立足学生实际，瞄准学生的认知特点，实施契合的项目规划。根据学生的认知水平，两个学期开展的"红色家书进课堂"项目侧重点并不相同。第一学期红色家书教学改革期望达到的效果是以情动人。主要面向的是大一新生，这个阶段的学生热衷于团队合作，对于团队活动充满热情，但理论思维有所欠缺，对理论学习的深度和广度尚有不足，所以此时开展的红色家书项目更多的是让学生从情感的体悟出发，通过对革命先烈崇高的理想信念、大无畏的精神品质、深厚的家国情怀产生情感共鸣，将自己的所想所感用多种形式（如红色家书诵读、红色家书艺术作品制作、红色家书话剧表演）表达出来。第二学期红色家书项目以期达到的效果是"以理服人"。主要面向的是大二第二学期的学生，他们经过一年的成长，大学的学习习惯正在逐步养成，学习方法逐渐成形，学习热情高涨，理论思维有了明显的提升，所以此时开展的红色家书项目更多的是对家书本身进行深耕细作，除了对家书本身产生的背景、时代意义与价值进行梳理外，更重要的是对红色家书的所想所感进行理论上的提升，以问题的形式"是什么""为什么""怎么样"的逻辑展开，以此促使学生对红色家书有更高层级的认知。

二是立足课程需要。"思想道德与法治"课程教学目标从价值层面分析就是要培育学生科学的世界观、人生观和价值观，全面提升自身的政治修养、思想素养与道德素质，引导学生自觉地在新时代承担历史使命。而红色家书项目恰好是丰富思想政治教育的宝贵材料，既能增强对大学生思想教育的说服力，又切实地回应了大学生全面发展的价值诉求。

三是立足地域需要。做到充分发掘河北本地的红色书信、红色日记、红色故事等红色资源，融入课堂教学和实践项目中。用具有河北本地特色的红色文化去浸润学生、感染学生。用简单朴实的方式传递深刻的情感与最真切革命信念。

（四）四种方法

方法一，高阶思维讨论法。运用高阶思维讨论法中"分步骤、分阶段"的理念整体安排了红色家书项目。高阶思维讨论法，第一阶段是知识梳理阶段，第二阶段是情感调动阶段，这两个阶段主要面向大一学生，知识点的学习以及通过四种活动（红色家书诵读、红色家书艺术作品制作、红色家书实践调研、红色家书话剧表演）的演绎更多地从情感认知的视角表现出来；第三阶段是观点提升阶段，第四阶段是总结归纳阶段，这两个阶段主要面向大二学生，通过对红色家书进行理论分析，从理论提升的视域对家书进行深挖。

方法二，沉浸式体验教学法。利用互联网和红色场馆等平台创设具体的教学场景，以学生为主体，在学习家书的多种活动中，激发学生的情感体验，提升学生的自主学习热情，使学生在红色家书项目的浸润体验中真正地理解教学内容，获得红色文化的价值认同和"真、善、美"的自我提升。

方法三，参与互动讨论法。它是以培养学生自主意识和创新能力、"让学生爱学、会学、善学"为目标的教学方法，整个教学过程构造了教师作为施教引导者与学生主体之间的和谐关系。从师生互动的角度来看，就是把传道、授业、解惑看作师生之间的沟通，是一个动态的、发展的、教与学相互统一、相互影响的过程。从生生互动的角度来看，各组朋辈间的讨论与互动，一起头脑风暴，一起参与各种项目，使得思想理论和价值观念更容易被接受和内化，进而提高教学实效。

方法四，案例教学讲授法。用案例教学讲授法将红色家书融入思政课堂。通过生动感人的语言以及特定的氛围，有计划地将理想信念和价值观念传递给受教育者，让受教育者能够在感受到语言艺术魅力的同时，深化情感认知并逐渐转化为价值认同，进而实现道德内化。

总之，红色家书项目的"六五三四"的路径，按照深度教学原理中的"表层学习—深度学习—深度认知—深度理解—深度认同—深度自信—内化践行"等环节进行一体化设计，并在项目实施过程中逐渐构建起各学段相互衔接、相互贯通、循序渐进、螺旋式上升的教学设计。

三、实践效果

（一）备课更全面，设计见思考

教研有道，施教有方。非学无以广识，非研无以成教。以红色家书为对象，在深度教学理论之下深入挖掘。项目设计之初，团队成员进行了充分的研讨，从项目的实施对象入手，规划整体方案，设计并落实每个细节。从项目形式上来看，两个学期的实践因授课对象不同，采取的学生活动侧重点也不尽相同。针对大一学生从"共情""演绎"的角度切入，策划了形式多样的四种活动（红色家书诵读、红色家书艺术作品制作、红色家书实践调研、红色家书话剧表演）；针对大二学生从"理论分析"的角度切入，就红色家书背后的时代意义、体现的精神品质以及当代大学生应该如何做等问题进行了深入挖掘。

从教学改革内容上来看，笔者将"思想道德与法治"课程内容重新进行梳理，把脉红色家书与思政课的融合点，抽丝剥茧，将课程内容与红色家书进行对接与融合，开展价值观教育、理想信念教育、爱国主义教育，形成从红色家书原文到教材再到思想不断深化的教育路径，整理出了六大主题（理想信念篇、家国情怀篇、中国精神篇、责任担当篇、家风传承篇、革命爱情篇），并对红色家书进行了名篇推荐，如夏明翰的《就义书》、赵一曼的《示儿书》、左权的《决心书》、陈然的《明志书》等，此外，还针对河北特色红色文化，帮助学生整理《河北英模红色家书选编》，并进行重点推荐。

（二）互动更多样，交流见热情

师生互动与生生互动更丰富。在师生互动中，以问题的提出作为牵引，让学生去思考红色家书背后体现的精神品质，进而围绕所选主题进行深一步的思考，比如，所选主题为"革命爱情"，教师会通过继续提问引发思考，你认为最美好的爱情是什么样子？在爱情中，什么最重要？你的爱情观是什么？又如，所选主题为"理想信念",教师会提问,什么叫作崇高的理想与坚定的信念?理想信念对我们有什么用?作为当代大学生,应该树立怎样的理想信念?用问题引领,让学生学会深度思考。当师生之间表现出"主体与主体"的伙伴关系以及"民主协商式"的师生关系时,学生会表现出更多积极的课堂行为,从胆怯"小白"向有底气的观点表达者转变。

生生互动主要体现在小组互动的模式上。五项活动均是以小组的形式展开的,在讨论互动中,学生是绝对的主体,他们讨论、质疑、探究、比较、辩论、选择、总结、展示、表演,通过线上与线下多种平台,从"旁观者"变成了真正的"剧中人"。生生互动是一个自主性、群体性学习的过程,从整体小组活动的设计、活动涉及的知识梳理、理论反思到理论联系实际层面的应用、方案的改进与完善、作品的创造与创新,学生们收获良多,他们因互动而提升,因碰撞而体悟,因自主而创新。

(三)反馈更及时,监管见科学

利用线上平台,坚持集体与个人相结合的方式、全面指导与具体指导相结合的方式对项目进行及时反馈。教师通过腾讯会议与十二个自然班所有的组建小组进行交流,每个小组的组长汇报项目进展,教师将选取家书的原则、各组选择的主题、论述的切入点、整个项目的注意事项等方面逐一讲解到位,做到全面覆盖。随后又以随机抽选的方式,如抽选所有班级学号末尾数为3的学生单独与教师交流,对每名学生的具体问题进行探讨,并针对每个人选取的家书与主题进行具体的指导,主要问题集中在语言表达、逻辑结构、理论提升的方面。

同时,教师也利用数据平台,制作并下发了"红色家书融入大学生思想政治教育调查问卷",了解并分析班级整体对项目的掌握情况,并及时反馈给学生。根据调查问卷,学生对红色家书项目的实践内容、路径、效果还是比较满意的,并且提出了有建设性意见的改进措施。

(四)成果更丰富,实践见成效

通过学生们多种形式的演绎,虽然作品不甚完美,但从作品中能感受到学生们的满满诚意。在红色家书诵读环节,学生们分角色朗读,配合时而舒缓时而激进的音乐,使朗诵者化身革命英雄的"信使",演绎出一封封家书背后的故事,再现出中国共产党人在困难中披荆斩棘、勇往直前的高尚品质,展现出共产党人炽热的革命追求和铁骨柔情。红色家书话剧表演成果丰硕,学生们勇于创作,故事主题积极向上,内容充实而深刻,通过富有生命力的表演,让红色家书"活"了起来,立体而鲜活,让大家感受到了革命年代无数仁人志士的英勇无畏与深情牵挂。

除了众多引发情感共鸣的活动以外,理论分析的活动成果也卓有成效。学生对红色家书的理解有了更深层次的体悟,理论思维上也有所提升,让更多的学生学会了理论联系实际,可以将红色家书与自己的生活实际联系起来,对自身的责任担当与历史使命有了更多的自觉。并且调动起一些学生对红色文化的兴趣,促使他们开始参与各类学生项目的申报。比如,申报暑期社会实践项目"文化振兴背景下关于保定市乡村地区红色文化影响势态分析的调查研究",申报"挑战杯"红色专项"红色家书融入当代大学生价值观培育的现状研究"等。

四、教学反思与理论提升

一是继续坚持红色家书进课堂的实践项目。以深度教学理念创新思政课堂教学方式。根据问卷调查,实践项目是大学生更加偏爱的形式。红色文化实践教育活动实质上就是充分发挥大学生在自我教育中的能动作用,感受到红色家书承载的价值取向,引导大学生主动建构自身的价值追求。

二是红色家书项目可以更加丰富,打造"红色家书+"的多种途径,以深度教学理念深化思政课堂教学内容。比如,可以增加模仿红色家书的书写项目,"写家书"给自己的长辈、朋友,把读信心得分享给众人;还可以利用马克思主义学院的公众号这一平台,开展师生共读红色家书项目;甚至还可以举办红色家书汇报演出。这打破了以往只注重知识记忆和传授的单纯灌输式教学,加强了对学生的能力、体验、情感、价值观的培养和对"意义世界"的关切,切实提升了思政课的亲和力和感染力。

三是对于红色家书的选取和内在精神的挖掘以及以何种形式呈现,均需仔细研读,反复思考,才能得以成形,必须要下功夫体悟红色家书背后的精神价值。一定要处理好教学改革形式与内容的辩证关系,改革形式可以有多种,但不论形式为何,改革的形式都必须紧紧围绕内容而展开,为内容而服务,做到形神兼备。

第五节 "深度教学"理念下教学内容的改革与创新(二)
—— 以"红色金融史"融入思政课教学为例

一、研究背景

为不断提升思政课教学质量与实效性,增强学生学习知识的意义感、自我感和获得感。本教学团队多年来一直致力于将思政课打造成启迪心灵、陶冶情操、塑造价值观的智慧之课、灵魂之课，开展了一系列教学改革，如在教学模式方面，实行翻转课堂教学；有效整合"课上课下""线上线下"协同推进，将课下知识性学习和课上活动性探索、线上问题式考核与线下实践性反思相结合；在实践教学方面，基本形成"四可"实践教学范式、十大实践教学步骤、六大实践教学主题，全面启动了思政课教学改革与创新，取得了较大成绩。

但从目前思政课教学改革现状而言，重点围绕财经类院校的特点，还没有深入探索红色金融史与思政课深度有机融合的教学改革及实践研究。此外，我校在课程设置上虽然有金融史相关的课程，但是多属于专业课领域，近期虽新增设"红色金融史"这门选修课，但学生受众有限并且专业课教师和思政课教师的授课角度也不尽相同，存在差异性。因此，在受众多、覆盖面广的思政课教学过程中探索如何深度融入红色金融史相关教学元素、情感元素，对于增强思政课的丰富性、说服力、感染力，切实提高思政课教学效果，最终提高广大学生的政治素质，是非常有帮助的。

同时，由于我校是具有鲜明金融特色的财经类院校，学生在不同程度上都接触过金融史的相关知识。因此，系统深入地挖掘和凝练红色金融史相关内容、元素，使之与思政课有机融合，对促进教学工作、提高教学质量有着十分重要的作用和意义。红色金融史与思政课的有机融合，有利于从教师熟悉的金融、财经知识领域入手去理解思政课的相关教学内容，进而有利于促进思政课教学工作并提高教学效果，使青年学生更加具体且自然地了解中国共产党在革命年代所开创和从事的金融、财经工作，最终深入理解"共产党为什么行""人民为什么选择共产党"等问题，进而完成思政课教学价值目标。

总之，红色金融史与思政课的有机融合能够切实提高思政课的说服力、感染力，也更能凸显思政课的育人价值，增强育人实效。因此非常有必要针对红色金融史与思政课的有机融合进行深入探索。

二、国内外研究现状及存在的问题

国内既有的教学研究和实践多关注于其他学科或者特定文化与思政课教学的融合，诸如《地方红色文化资源融入高校思政课教育教学研究》《中医药文化融入医护类高职院校思政课教学研究》等。但深入探究红色金融史相关元素与思政课深度有效融合的教学和实践的研究文章并不多见。红色金融是中国共产党人在新民主主义革命时期和中华人民共和国成立初期为夺取革命胜利和巩固红色政权而创建的一种特殊金融形态，具有政治性与经济性、革命性与商业性相融合的特征。红色金融史就是从学理视角深入研究和阐释有关红色金融的历史、概念、思想、精神和当代价值等基本理论问题，这与思政课的教学及实践在终极目标上有着高度的契合性。总之，红色金融史内部蕴含着丰富的知识元素、情感元素，可以完美地融合于思政课的教学及实践当中，尤其对于财经类院校能够比较好地提高思政课的教学效果。

三、主要研究内容

本节的主要研究内容是找到红色金融史与思政课有机融合的方式、方法以及融合的内容、切入点、如何评价融合后的教学效果等一整套具有可操作性的教学流程。红色金融史揭示了从大革命时期到解放战争时期及中华人民共和国成立初期，中国共产党领导金融工作的主要脉络，以及不同地区金融工作随着革命形式不断变化而不断创新的历程。中国共产党人在长期的革命过程中，一手紧握"枪杆子"，一手抓紧"钱袋子"，作为"钱袋子"的红色金融坚定地支持和服务人民军队，在炮火硝烟中与人民军队同根同生、相辅相成，形成了牢不可破的紧密关系。同时，红色金融人随军开办金融业务，奔走于村镇与田埂之间，支持根据地工农业生产与经济建设，为贫苦农民纾难解困；竭力维护金融稳定，灵活运用货币斗争策略，确保了金融战场的最后胜利。总之，红色金融史蕴含着丰厚的红色文化、红色基因、爱国情怀，既对今天坚定不移走好中国特色金融发展之路具有重要的历史意义和现实价值，又与思政课的教学及实践在终极目标上有着高度的契合性。尤其是在深入细致地解释"中国共产党为什么能""中国共产党为什么行""人民为什么会选择中国共产党"等问题上，可以说二者完美融合。

本书具体研究内容简单概括主要由以下三部分组成。

第一，"为什么能融合的问题"，即红色金融史与思政课深度有机融合的内在机理。

第二，"如何融合的问题"，即要探索实践扎实有效且可操作性强的红色金融史与思政课融合路径、方法、教学实施方案等。

第三，"融合后教学效果的评价标准问题"，即要找到一整套红色金融史与思政课有机融合提升思政课实效的评价标准，以此检验本书研究实践的实际效果。

综上，如何实现红色金融史与思政课理论教学及实践教学内容的有机融合，尤其是红色金融史案例库及其他教学设计元素的研发、整合以及采用何种科学合理而又切实可行的实施方案是本节研究的关键问题。

本书认为，红色金融史内部蕴含着丰富的知识元素、情感元素、价值元素，完全可以把其当作烹饪中最重要的佐料"盐"，思政课教师要善于把这些"盐"撒入思政课日常教学和实践的这锅"浓汤"当中，以起到增香提鲜的作用，使作为食客的学生，获得更好的体验和满足感，增强他们的学习获得感。

四、研究成果

本节的研究成果主要探索并解决红色金融史与思政课融合的路径问题。

1. 课堂教师端：以去熟悉化的方式融入红色金融史相关内容，增加课堂教学的深度、广度、趣味度。

以"中国近现代史纲要"课程为例，该课程为大一本科生开设，由于教材的部分内容与中学阶段的"中国近现代历史"课程内容相近，学生对该部分内容基本熟悉，因此要想提高教学效果，教师必须在授课过程中对教学内容有一个"去熟悉化"的操作。

所谓"去熟悉化"，一是在知识层面上要拓展学生的知识边界，也就是说要讲出学生原来不知道的内容或者让学生对原来知之不详的内容有较为清晰的认识；二是要对固有的内容尤其是课程中的重点和难点问题在认识逻辑层面进行深化，也就是说要讲出新意。只有如此才能提升学生对中国近现代史纲要课程的学习兴趣，激发学生的学习动力。这其实也是一个深入研究、丰富教材，把教材体系转换成教学体系的过程。而红色金融史包含的相关内容恰恰能起到去熟悉化的作用，一方面能够让学生打破原有的一些认识，加强学生对历史丰富维度的认知；另一方面作为经管类院校也能激发学生用学到的金融专业知识来解释、深化、理解历史问题，引导学生用已知感知未知。

课堂授课是思政课教学的主渠道，要发挥这个主渠道的作用以及教师的主导作用，需要通过深度挖掘教材，任课教师需要确定以下几个时间段：中国共产党红色金融的实践，即党幼年时的金融实践（1921—1927年）；党在苏区时代的金融实践（1927—1937年）；党在全面抗日战争年代的金融实践（1937—1945年）；解放战争时期的金融实践（1945—1949年）；中华人民共和国成立初期我党的金融实践（1949—1952年）。在具体授课过程中找准相关章节内容作为融合点，把红色金融史的相关内容之"盐"融入思政课课堂教学的"汤"中。例如，在讲到遵义会议的时候，学生虽然对遵义会议普遍了解，但是对遵义会议期间，红军发行红军票的金融实践不太了解。红军占领遵义后需要采买大量军需物资，但手里的银圆有限，于是就发行红军票，把缴获当地军阀的一些紧缺物资如食盐，作为"红军票"发行的准备金或物资储备。老百姓开始逐渐接受并信任"红军票",后来当红军撤出遵义时,市场上还有大量"红军票"在流通。红军撤走后又怕百姓有损失,特意留下相关人员进行了持续两个多月的兑换,这也极大地维护了工农红军的声誉。

把大量类似的案例融入思政课课堂教学当中,就真正起到了去熟悉化的作用,同时让学生体会到了在当时如此紧张的战争条件下,中国共产党人不顾生命安全,都要把老百姓的利益放在首位,绝不让老百姓的利益受损,这也引发了学生的深度思考,真正起到了提升课堂教学效果的作用,也极具说服力地回应了纲要课讲授的核心命题即"中国共产党为什么行""中国共产党为什么能"。

2. 课上学生端:把红色金融史的内容作为"研究型"课堂分享,促进师生互动,践行师生成长共同体理念。

教学实践过程既有教师端,也有学生端,因此要想比较好地提高课堂授课效果,必须注意对学生端的引导。具体到"中国近现代史纲要"课程,日常行课过程中的确存在着部分学生参与课堂的积极性不够的现象,也存在着大部分学生对历史上的重大问题、争议问题、热点问题和敏感问题比较迷茫困惑的情况。这就要求,授课教师在具体授课过程中,必须想办法打破原来的"满堂灌""一言堂",要因材施教、优化教学内容、创新教学模式,体现教学内容的适用性与学生的参与性,从而鼓励学生积极主动地参与课程教学全过程,力争探索建设有师生深入互动的高效课堂模式。由于本学期"中国近现代史纲要"课堂教学是大班授课,受班容量等条件的限制,只能是以学生小组的形式来探索上述教学改革的意图。

具体做法是引入"研究性"的课堂教学分享环节,以学生小组为单位(每组4—5名同学),针对上文提到的中国共产党不同历史时期的金融实践进行课堂分享,每一组的分享时间在8—10分钟,一般进行两组,这是因为两组分享可以让学生之间有一个清晰的对比,激起他们互相学习的动力。需要强调的是,这种分享不是一种简单重复的陈述性分享,而是要力争引导学生完成一种研究性的汇报分享。因为只有研究性的分享,才能训练和提升学生提出问题、解决问题、表述问题的能力,也才能获得发展的"后劲"。尤其是提出问题的能力,在移动互联网时代,学生获得信息的能力及一定意义上解决问题的能力空前加强,但是提问的能力极度弱化了,在日常的教学过程中,教学团队也发现,一个具有挑战性问题的提出,很大程度上能够激发学生学习的积极性。

例如,在讲授苏区时代中国共产党是如何建设稳定的根据地时,就以中央苏区国家银行为例,引导学生从当时的金融实践(1927—1937年)的角度来深入探究上述问题。教师要在方法层面上加强对学生的引导,帮助学生像剥洋葱一样层层追踪问题:为什么要设立国家银行,国家银行是怎么运作的,发行货币准备金是怎么来的,发行货币的信用是怎么建立起来的,纸币防伪的问题怎么解决,国家银行是用什么样的方式来帮助苏区根据地建设的,以及如何与国民党进行货币战争的?毫无疑问,这些问题都没有现成的答案,需要学生课下进行深度学习以及阅读,尤其是对于我校学生而言,大部分学生都具有经管类的知识背景,在探究这些问题的过程中,也就很自觉地把学到的专业课知识融入解决这些历史问题的过程当中,实现了从已知去感知未知,深入了解我党当时的金融实践的目的,也让学生感受到了知识、理论的作用。在这个过程中课堂教学效果随之提高,学生学习的获得感也很大程度上提高了。

总之,"研究型"的课堂分享是一个学习再创造的过程。同时在这个过程中鼓励师生之间、生生之间的互相问难,由此经常会迸发出美妙的思想火花,也真正践行了我校师生成长共同体理念。当然在这个过程中,对教师提出了较高要求,教师尤为注意的是要在方法层面加强对学生的引导和指导,帮助学生学会通过解读史料、多方观点互证、比较等方法深入把握历史规律,唯有如此,学生在分享环节时才能呈现出有一定深度的、信息能量密度高的精彩内容,否则就会流于形式。

3. 课下师生端:通过红色金融史相关内容的综合性作业,引导学生静心读书培养"后劲"。

在移动互联网时代,思政课的教学也可以延续到课后,师生之间可以通过学习通等平台实现无缝对接,这有助于提升红色金融史融入思政课的教学实效性。教学团队主要是通过设计高阶作业或者所谓的"综合性作业"来达到上述目标。综合性作业的设计有利于开阔学生思维的广度,并把新知识纳入原有的知识系统中,形成新的认知结构。

本次研究根据"中国近现代史纲要"课程与红色金融史融合过程及具体授课情况、学生的实际状况,设立两类综合性作业。

第一类是学生普遍都要参与的整理红色金融故事的作业,主要目的在于引导学生体会,在移动互联网时代获取众多的红色金融素材是容易的,但也是非常同质化,甚至相互冲突的,如何通过自己的整理、凝练把这些纷繁复杂的文献资料整理成为一个富有逻辑、具有核心观点、价值取向清晰的红色金融故事。简而言之,这是一个再创造的过程,在这个过程中学生通过阅读不同文献、资料就会发现,对于同一个人物或者事件的表述,往往充满了矛盾、冲突。为了解决这些问题,就必须去考辨一些历史的细节,从而主动地、系统地阅读相关的文章及书籍,走出所谓的"碎片化"阅读,提高阅读、整理、凝练文献甚至是写作的能力,进而增长学生的"后劲"。整理完成后,由任课教师通过学习通平台进行审阅,提出不足及需要修改的地方,师生之间反复修改,最后定稿。学期结束后,从中选出若干比较好的红色金融故事结集成册,师生收获满满。

第二类作业更加具有挑战性,主要是为那些学有余力且对红色金融历史比较感兴趣的同学设立,也体现了综合性作业分异化设立的原则,主要形式是师生组成"红色史料研读兴趣小组",解读中国共产党在长期的革命实践中,在不同阶段、不同地域金融实践中,留下的大量金融史料,以期获得对历史的新理解。

这些金融史料很多都已经结集出版,比较容易获得,常见的如《〈红色中华〉金融史料摘编》《建党以来重要文献金融史料汇编(1921—1949年)》《抗日战争时期晋察冀边区财政经济史资料选编(财政金融编)》《冀南银行档案汇编》等。由于学期时间有限,师生主要共同研读了《抗日战争时期晋察冀边区财政经济史资料选编(财政金融编)》中的三篇史料,即关于对敌货币斗争、晋察冀边区的金融问题、敌后的货币金融斗争。在这个过程中,师生需要付出很大的努力,查找多种相关的文献才能把史料激活,才能彻底明白中国共产党当时采取的一些金融实践,这也体现了高阶学习的特点。

总之,通过课下布置综合性作业,引导学生体会高阶学习,在完成相关作业的过程中,也把思政课教学延续到课下,学生通过一个个具体的历史故事或者历史细节获得了历史的现场感,增强了对于中国共产党革命历史理解的丰富度。尤其是引导学生摒弃热闹的"碎片化"阅读,转为系统地静心读书,培养"后劲",这是大学学习的应有之义,也是我们思政课教师追求的育人效果。

五、实践效果

通过一个学期的教学实践,针对红色金融史与思政课融合的效果,笔者主要是从以下几个维度总结相关班级学生所发生的明显变化。

1. 知识层面

对于"中国近现代史纲要"课程而言,教师通过不同红色金融史案例的引入实现去熟悉化,以及学生课堂上"研究性"分享输出,可以说学生已经大致掌握了中国共产党不同时期的金融特点和创新实践等情况,知识边界得到了拓展,这一点通过超星学习通布置的相关作业就能看出。同时,难能可贵的是,学生在掌握知识的基础上能够总结出中国共产党金融人不断总结经验教训,即逐步走出了一条服务生产建设、平衡财政收支、支援军事战争三者相互协调的道路。这也打破了学生对于中国共产党领导人民奋斗历史的固定化思维甚至是片面化理解，如一提到我党的革命就仅仅以为是打仗，而真实的情况要远远丰富得多，其中就包括金融实践。

2. 能力层面

在纲要课的具体行课过程中，在相应的章节上，教学团队设置了学生关于红色金融史"研究型"课堂教学的分享环节，分享环节看似简单实则不然。在小组内部，学生要在课下通过商量讨论找到自己分享的题目。在这个过程中，首先，是锻炼了学生独立思考的能力、提出问题的能力以及同学间的协作能力；其次，是要凝练选题目的观点，这个过程中阅读能力、综合分析能力、写作能力、解决问题的能力都会得到锻炼和提高；最后，是具体课堂分享的过程，学生如何条分缕析、逻辑清楚地把自己的观点表述给别人且能够让人理解，其中的逻辑能力、语言表达能力也都得到了极大的锻炼和提高。总之，教师积极引导学生深度参与课堂教学，学生从被动的课堂教学接受者逐渐转变为积极的学生、分享者、讲述者，在这个过程中既践行了师生成长共同体理念，也使学生各方面的能力有所提高，储备了步入社会后需要的"后劲"。

3. 情感、价值层面

对于思政课而言，能够实现学生在情感价值层面的认同是课程教学的终极目标。

在红色金融史相关内容的课堂分享环节中，除了知识层面的拓展之外，笔者还惊讶地发现，很多学生在这个基础上往往能够自然而然地联系到自己的专业知识，在情感价值层面得到提升。很多同学都提到，当金融背后的价值取向被淡化，金融更多地被人们视作工具的时候，我们有必要回望历史，重新审视中国共产党领导人民走过的那段艰难曲折的岁月，让历史引导我们回到中国红色金融事业最初出发的地方，不忘初心、开创未来。增强新时代金融工作者的责任担当意识和历史使命感，传承红色金融基因，弘扬植根人民、服务经济建设的金融发展主旋律，这也正是思政课教学追求的最终目标。对于学生学习专业知识而言，红色金融史与思政课的有机融合，也为其提供了一个新的维度来理解相关专业知识，任何金融活动都脱离不了具体的历史时空、时代背景，背后都有其追求的价值基础，也就是说，通过红色金融史与思政课有机融合，学生能够印证或加深对于相关专业知识的理解。

总之，红色金融史与思政课的有机融合能够切实提高思政课的说服力、感染力，也更能凸显思政课的育人价值，增强育人实效。更为我校学生深刻理解党的十八大以来习近平总书记对金融工作的一系列重要指示，以及为增强就业后的职业素养奠定基础。

第六节 "深度教学"理念下教学内容的改革与创新（三）
——以"伟大建党精神"融入思政课为例

一、研究背景

2021年7月1日，习近平总书记在庆祝中国共产党成立100周年大会上的讲话中首次提出了"伟大建党精神"的崭新命题。这一精神是中国共产党的精神之源，包括"坚持真理、坚守理想，践行初心、担当使命，不怕牺牲、英勇斗争，对党忠诚、不负人民"的丰富内涵。2021年11月，中国共产党十九届六中全会审议通过了《中共中央关于党的百年奋斗重大成就和历史经验的决议》，党中央向全党全军全国各族人民发出号召，要大力弘扬伟大建党精神，为实现第二个百年奋斗目标、实现中华民族伟大复兴的中国梦而不懈奋斗。伟大建党精神是中国共产党人精神谱系的"源头活水"，诠释了中华民族伟大复兴的"精神密钥"，蕴含着坚定的理想信念、高尚的爱国情怀、火热的奋斗豪情、忠诚的政治品质等极为重要的思想政治教育价值。积极推进伟大建党精神融入高校思政教育，构建红色话语体系，优化红色话语形式，赓续红色基因传承，充分发挥思政课教学知识传授和价值引领作用，对于践行"为党育人、为国育才"的神圣使命具有重要的理论价值和实践意义。

二、研究现状

（一）国内研究现状

"伟大建党精神"的命题一经提出，便引起了学术界的高度关注，研究者从不同角度对这一命题展开学术探究和理论阐释，短期内推出了大批富有成效的研究成果。经过分类梳理之后发现，这些研究的论述内容主要涵盖伟大建党精神的形成逻辑、科学内涵、价值意义、践行路径与中国共产党人精神谱系关系等方面。

关于伟大建党精神融入思政教育的研究，根据中国知网学术资源数据收录的资料统计，截至目前已有文章100余篇。这些研究成果大多是围绕伟大建党精神融入思政教育的意义、设计原则、实施路径等方面进行论述的，以下列举几篇代表性文章。

刘丽娟、许静波在《伟大建党精神融入高校思政课教学论略》（2021）中认为，二者的融合对高校思政课践行育人使命、提升教师素养、助力思政课改革创新等都具有重要意义。在融入过程中，应以伟大建党精神形成机理贯穿高校思政课教学体系，以伟大建党精神的内涵结构切入高校思政课教学过程，以伟大建党精神的时代价值指导高校思政课教学设计。在把握上述要点的基础上，促进伟大建党精神科研成果的教学转化，丰富教学方式，改革教学方法，把伟大建党精神纳入教学评价，从而增强融入实效性。

王管在《伟大建党精神融入大学生思想政治教育的理论审思和实践路向》（2021）中认为，二者的融合具有目标的契合性、内容的耦合性和时机的恰切性。在融入的实践路向上，应推进思政小课堂与社会大课堂融合、日常化叙事与权威性阐释融通、地方性资源与时代化特质融汇，实现伟大建党精神入脑入心的目的。

虞志坚在《伟大建党精神融入高校思想政治教育的价值意蕴和实践进路》（2022）中指出，伟大建党精神融入高校思政教育有助于推动习近平新时代中国特色社会主义思想进教材、进课堂、进头脑，实现立德树人根本任务，有助于大学生坚定理想信念、增强"四个自信"，反对历史虚无主义、树立正确党史观，有助于推动高校思想政治教育高质量发展。为此，在实践进路方面，要从课堂教学、校园文化、新兴媒介、社会实践等维度入手，推进伟大建党精神深度融入高校思政教育。

冯成在《高校思政课弘扬伟大建党精神的原则与路径探析》（2022）中认为，在弘扬过程中，要坚持立德树人根本原则、教师主导教学原则、总体性融合原则等，完善教学体系，丰富教学手段，促进教学研究，保证伟大建党精神的深度融入。

综观已有成果，学界已从各个层面对伟大建党精神融入思政教育进行了探索，这为本节研究打下了良好基础。但总体来说，在融入路径方面，现有研究中对课堂、实践、网络等思政教育平台进行多维实践和详细总结的还不多，推进伟大建党精神的深度教学还缺乏实际操作方面的细致探究。

三、研究目标

思政课是学校落实立德树人根本任务的关键课程。增强思政课的实效性，提升思政课的吸引力，已然成为教学改革的现实课题。新时代，加强和改进思政课教学，需要一种全新的教育教学理念来引领。"深度教学"是基于"深度学习"而建构的一种教学理念和策略。"深度学习"理念更加注重对学生的高阶思维活动的培育和训练,是建立在新知识观基础上的学习策略。这里的知识不仅是"科学世界"符号表征的简单记忆或机械提取,更是对"知识之后"的深层次追问。"深度学习"理念注重对深层知识中蕴含的思想要素、情感价值元素和思维方式的深度学习与内化。从教学价值目标来看,"深度教学"理念与思政课存在逻辑自洽关系。运用"深度教学"理念优化和创新思政课教学新样态、提升思政课教学实效性,对于构建学生的"意义世界"和"价值世界",引导学生扣好"人生第一粒扣子"具有重要意义。

本节运用"深度教学"理念,意在探索思政教育"以文化人"、润物无声的实施路径,打造含高阶性、创新性和挑战性于一体的金课,通过构建课堂、实践、网络三位一体教学新模式,推进伟大建党精神深度融入高校思政课,实现伟大建党精神进教材、进课堂、进头脑。

本节拟解决的关键问题有以下四方面内容。

一是弥补教学内容单一的不足。随着对外开放的持续扩大和体制改革的不断深入,当今社会环境日趋复杂,大学生思想愈发丰富多元。传统思政课教学更多囿于教材内容,有时难免会与学生思想有脱节之处。本节在此基础上将伟大建党精神等最新理论成果融入理论教学,丰富教学内容,使学生更加全面、立体地学习、理解党的百年奋斗历程,从而坚定"听党话、跟党走"的政治自觉。

二是改善师生互动不足的问题。传统的思政课教学侧重于"教师教、学生听",存在单向灌输的问题。本研究力求通过案例分享、课堂研讨、寻访红色足迹、线上交流等方式增进师生之间的互动,增强思政课的实践性,让师生在思辨与践悟中互相激荡思想火花,共同成长与领悟。

三是克服学习时空受限的难题。线下课堂教学是传统思政课教学的主阵地,教师"教"与学生"学"更多地被局限在特定时空范围内。本研究不但重视课堂教学,而且将利用超星"学习通"、微信公众号等渠道拓宽学生学习空间,实现资源共享。学生可以借助这些平台资源随时随地学习理论知识,感悟真理力量。

四是解决教学实效不佳的问题。传统思政课的"教"和"学"过多地强调理论知识的掌握,而对有关学生能力、情感、价值层面目标的达成则关注不够,也缺乏有效的评判标准。本研究注重在"深度教学"理念的指导下,探索提升思政课实效性的具体路径,创新考核方式,实现思政课教学对"知识之后"(beyond knowledge)的追问,引导学生实现对"意义世界""价值世界"和"生活世界"的深度学习。

四、研究主要内容

本研究在"深度教学"理念指导下，全面把握伟大建党精神的丰富内涵和价值意蕴，遵循教学规律，改进教学方法，努力构建课堂、实践、网络平台三位一体教学新模式（如图4.1），推进伟大建党精神深度融入思政课，旨在将我校思政课打造成启迪心灵、陶冶情操、塑造价值观的智慧之课、灵魂之课。

（一）打造"案例素材+学生主体+第二课堂"课堂平台

思政课是落实立德树人根本任务的主阵地，而课堂教学又是上好思政课的关键一环，伟大建党精神融入课堂教学首先要从课堂教学入手。"深度教学"理念指导下的课堂融入，要求教师广泛收集案例素材，整合教材内容，建构建党精神与教材内容的逻辑关系；引导学生成为课堂主体、思辨主体，促使学生学习理论知识的同时，锻炼能力，深化认同；用活用好"第二课堂"，推进素质教育，培养学生的创新思维。

1. 收集整合案例素材

全面收集伟大建党精神相关的案例素材，并找准与教材内容的契合点，找准学生的兴趣点，用鲜活、具体、生动的案例讲述理论，从而使授课内容入脑入心。

"中国近现代纲要"作为一门高校各专业学生必修的思政课，兼具思想政治与历史学的特征，因而在与伟大建党精神的融合上也具有先天优越性。在该课程的讲授中，应以史料为支撑对伟大建党精神的科学内涵进行充分的诠释。

在"四史"课程的讲授中，教师也可以围绕中国共产党人的精神谱系，精心编写教学案例，拓展教材内容，用丰富的党史资源诠释伟大建党精神的历史生成与发展脉络。把新民主主义革命时期的井冈山精神、长征精神、延安精神，社会主义革命和建设时期的抗美援朝精神、焦裕禄精神、"两弹一星"精神，改革开放和社会主义现代化建设时期的特区精神、青藏铁路精神、抗震救灾精神以及新时代的脱贫攻坚精神、抗疫精神、工匠精神等，融入课程内容，揭示党的奋斗实践历程，夯实大学生对党的领导的政治认同。

此外，在"马克思主义基本原理"课程中，讲到社会意识与社会存在相互关系时，可以伟大建党精神为例，讲述其对社会存在的促进作用。以伟大建党精神为源头的中国共产党人精神谱系，对中国的革命、建设、改革都起到了重要的引领作用。在"毛泽东思想和中国特色社会主义理论体系概论"课程中，讲解马克思主义中国化的过程，实际上也是讲解党在不同历史时期应对风险挑战、战胜艰难险阻的过程，其中就体现了伟大建党精神"不断牺牲、英勇斗争"

的内涵。在"思想道德修养与法治"课程中,讲到中国精神的相关内容时,就要着重强调以伟大建党精神为源头的中国共产党人精神谱系,已深深融入党和国家的血脉之中,极大地丰富了中国精神的内涵。在"形势与政策"课程中,可以结合党的最新理论政策,以专题形式或穿插讲授的方式生动诠释伟大建党精神的生成逻辑、深刻内涵和价值意蕴。

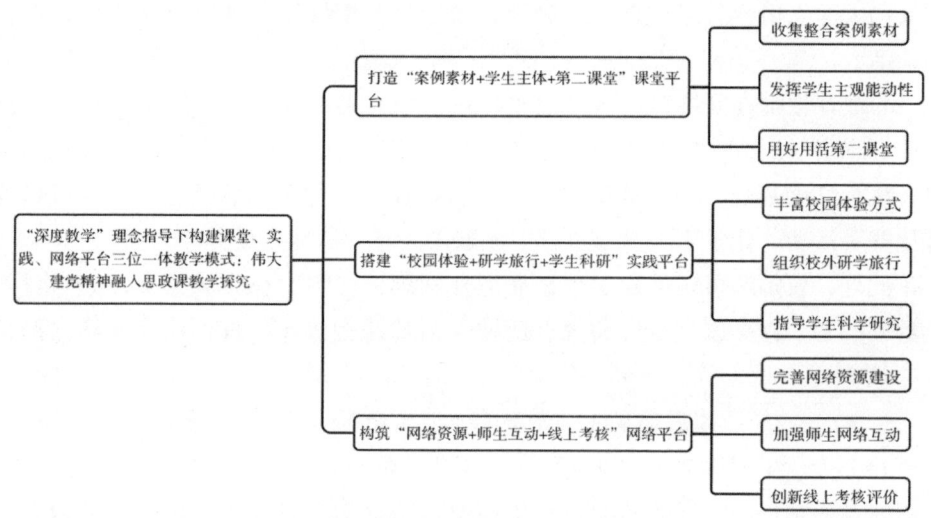

图 4.1　"深度教学"理念指导下构建课堂、实践、网络平台三位一体教学模式

2. 发挥学生主观能动性

当今社会信息技术飞速发展,大学生获取信息方式便捷,渠道多元。成长环境相对富足的"00 后"青少年自我意识较强,有时过于强调个人的主观感受,缺少团队合作意识。因此,高校的思政课堂教学要调整传统"满堂灌""填鸭式"的教学方法,注重对学生的激励和引导,积极发挥学生的主观能动性,让学生有效参与课堂。

具体来说,课前,教师根据授课内容布置题目,要求学生课下查找文献,收集与授课内容相契合的伟大建党精神史料。课中,教师创设教学情境,指导学生通过小组讨论、PPT 汇报展示等方式,分享学习体会。授课过程中,教师要切实转变角色,引导学生,鼓励学生,充分发挥学生参与的主观能动性,让学生在轻松愉快的氛围中发挥自己的创造力,展现自己的个性。在讨论和分享过程中,不同思想观点发生碰撞,学生互相交流借鉴,实现了学生对知识的获取、交流与内化。课后,教师布置作业要求学生撰写学习心得,加深对伟大建党精神的认识和思考。

充分激发学生主观能动性，让学生成为课堂主体，促使学生的团队合作能力、语言表达和逻辑思维能力得到有效提升。

3. 用好用活第二课堂

第二课堂是高校实施素质教育的重要途径，也是开展思政教育的有效方式。推动伟大建党精神与思政课深度融合，要用活、用好第二课堂，注入思政教育创新活力。

思政课教师在开展课堂教学之外，可以依托第二课堂，组织学生参加一系列内容丰富、形式多样的活动。比如，观看红色电影或舞台剧目，重温党的历史，继承红色基因；举办演讲比赛、知识竞赛、红色经典诵读、大学生讲思政课比赛等活动，让学生在参与过程中汲取伟大建党精神力量。

此外，教师还可以带领学生拓展课外阅读，让学生在完成党史经典书目阅读的基础上，提交读书报告和观点摘抄等第二课堂作业，真正让伟大建党精神入心筑魂。

（二）构建"校园体验+研学旅行+学生科研"的实践平台

当今大学生群体多为"00后"，成长环境优越，对革命战争年代艰苦奋斗、奉献牺牲的精神缺乏深入体会。而单纯的理论教学有时很难激发学生的内在情感，引发思想共鸣。因此，将伟大建党精神融入实践教学有助于提升思政课实效性。深度教学理念下的实践融入，要求教师充分利用校内外的实践教学资源，将教学内容与学生体验过程有效结合，丰富学生的红色体验；鼓励学生积极参与创新实践，挖掘红色资源，撰写党史论文，最终实现理论知识的进阶深化，促进综合能力提升。

1. 丰富校园体验方式

"体验式"教育是深度教学的一项重要策略，注重学生对学习过程的领悟，能够有效激发和强化学生的能动意识。红色文化是以伟大建党精神为源头的中国共产党人精神谱系的主要载体，是思政课教学的重要资源。在校园内将红色文化与"体验式"教育有效结合，是伟大建党精神学习教育入脑入心的重要途径。

学校可以与周边的革命烈士纪念馆、爱国主义教育基地等进行合作共建，定期将红色文化引入校园，开展主题展览。思政课教师将主题展览与教学内容相结合，鼓励学生在认真参观展览的基础上讲党史，写心得，提升课程教学效果。

学校还可以在校园文化的建设方面凸显红色元素，营造学习伟大建党精神的浓厚氛围，比如，设立红色文化宣传栏、创办红色文化校报、进行校园红色广播等。学生在潜移默化中接受革命传统教育，汲取伟大建党精神力量。

此外，教师还可以通过思政 VR 交互式仿真系统，让学生走进革命历史场景，增强视听体验，激发学习热情；组织沉浸式体验实践活动，让学生亲身演绎电视剧《觉醒年代》、电影《建党伟业》等有关桥段，提升对伟大建党精神的认知度和认同感。

2. 组织校外研学旅行

中国共产党在百年奋斗历程中积累了丰富的革命传统资源，留存了许多宝贵的红色遗迹。每一处红色遗迹都蕴含着丰富的政治智慧和道德滋养，是高校思政课生动的实践课堂。保定革命历史悠久，革命遗址众多。据统计，保定辖区内有国家级爱国主义教育示范基地 3 处，省级爱国主义教育基地 13 处，市级爱国主义教育基地 13 处，县级爱国主义教育基地 8 处，这些都可以成为校外红色研学旅行的重要基地。

组织校外研学旅行，活动前应当进行周密计划和安排，活动期间应认真组织和记录，活动后要深入总结和反思。具体来说，在研学活动前，作为实践课程的组织者和指导者，思政课教师要结合理论课内容和本地红色资源，系统地进行研究和设计，构建内容丰富的研学旅行课程体系，确保实现育人目标。以保定为例，可以确定两个探究主题：一是探究中国早期革命，主要研学地点有"留法勤工俭学纪念馆""高蠡暴动纪念馆""省立第二师范学校"等；二是探究中国抗战文化，主要研学地点有"冀中抗日根据地""狼牙山五壮士跳崖处""冉庄地道战纪念馆""阜平城南庄革命纪念馆"等。活动的主题和内容，应当与学生所学知识点自然衔接，能够帮助学生建构完整的知识体系。学生在活动前应充分收集与研学主题相关的资料，成立研学小组并明确分工，带着任务去参加研学活动。研学过程中，学生根据活动主题和研学任务认真开展研学，仔细倾听讲解人员讲解并做好记录。教师要及时把握学生的学习动态和研学进度，指导他们通过实地考察深入地分析和探究研学主题，完成研学任务。研学结束后，各小组汇报研学成果，分享体验感受。教师要及时给予点评和总结，帮助学生进一步完善研学成果，升华研学体悟。

3. 指导学生科学研究

通过课堂内外的激发和引导，教师应支持有兴趣的学生开展以"伟大建党精神"为主题的科研创作。这是培养大学生综合能力、促使"以文化人"、赓续红色血脉的有效手段。具体可从以下两方面着手。

一是指导学生挖掘本土红色文化资源。可按照如下步骤开展工作。准备阶段，教师根据本地红色资源，做好寻访红色足迹、挖掘红色资源活动的总体设计，并为学生组建故事采编小组，明确任务分工。根据实际需要采访的人物，要求学生提前查找相关背景资料，准备好采访问题。走访阶段，教师带领学生深入革命老区开展田野调查，寻访老兵足迹，追寻红色记忆。其间，学生要认真做好记录，留存音像资料。采访过程中，通过面对面的互动交流，学生将深切感受到革命先辈的伟大精神，从而实现与被采访对象的情感共鸣。总结阶段，各小组汇报展示，交流感想，互相查漏补缺，在此基础上各小组依据寻访记录整理红色故事，形成资料汇编。价值较大的史料可以结集出版，为之后研究红色党史提供参考。

二是指导学生撰写伟大建党精神相关论文。首先根据最新的学术前沿动态和学生个人情况帮助学生确定论文选题，可以围绕伟大建党精神的内涵、形成、实践途径等任一方面进行详细阐释，题目宜小不宜大，找准"小切口"解决"大问题"。确定题目后，指导学生通过图书馆藏书、数据库等收集整理、分析研究有关资料。在充分占有材料的基础上，梳理学术前史，架构文章大致框架，着手开始写作。文章撰写要把握观点鲜明，证据充分，逻辑清晰，结构完整等要点。撰写完成后的文章要反复修改打磨，力求精益求精。学生可将最终成稿论文公开发表，或用以参加"挑战杯"全国大学生课外学术科技作品竞赛，以此获得鼓励，激发创作热情。

（三）构筑"网络资源+师生互动+线上考核"网络平台

互联网时代背景下，微信、微博、抖音、论坛等新媒体形式已经成为大学生群体获取信息、互相交流的重要平台。高校思政课要想赢得学生，伟大建党精神要想占领学生的思想高地，就必须在教学过程中灵活运用现代信息技术和手段，赋予课程更多活力。深度教学理念下的网络融入，要求教师首先要丰富网络资源，为学生在课堂内外自主学习提供参考；其次要注重增进师生网络互动，激发学生的思辨能力，加深学生对理论知识的理解；最后要借助网络教育平台，创新考核评价方式，建构终结性考核和过程性考核相结合的教学评价体系，综合考查学生理论知识的掌握程度、分析问题和解决问题的能力。

1. 完善网络资源建设

首先，广泛收集网络资源并严格筛选。一方面要符合社会主义核心价值观要求，避免政治立场错误和庸俗媚俗倾向；另一方面要注意内容贴切，符合高校思政课目标要求，并且能够吸引学生注意力。

其次，对收集到的资源进行加工整合。筛选后的资源虽然丰富，但不一定契合教学实际和学生需求。为此要对其进行加工，与已经占有的优质资源进行整合，使各项资源内容丰富合理，便于学生理解。

再次，分类整理并上传。整理好的资源按照视频、文章、图书、案例、课件等类别进行分类，并上传至超星"学习通"等平台，加强课程资源建设，便于学生准确查找资源并进行自主学习。

最后，提高学生的使用率。网络资源主要用于辅助课堂教学，拓宽学生视野，帮助学生自主学习。为提高使用率，可以通过校园网站、微信公众号、抖音等平台广泛转发，引发学生关注。

2. 加强师生网络互动

教师可以借助超星"学习通"等网络教育平台设置以"伟大建党精神"为主题的讨论题目，引导学生畅所欲言，在学生发言的基础上，教师要进行总结提炼，加深学生理解。教师也可以利用微信、QQ等在线交流平台，加强与学生的沟通交流，及时跟进学生思想动态，拉近师生之间的距离。鼓励学生在课堂内外就伟大建党精神理论发表观点，分享学习心得和学习资料，在交流互动中共同进步与成长。教师也可以通过此平台对学生提出的问题进行答疑，积极廓清学生的思想迷雾。教师还可以组织学生参与以宣传伟大建党精神为主要内容的网络作品评比活动，鼓励学生在微信朋友圈、QQ个人空间或直播平台讲述红色故事、打卡红色景点或者创作原创短视频。教师依据学生作品的质量及点赞数、点击率，给予学生一定的奖励。

3. 创新线上考核评价

伟大建党精神融入高校思政课教学的考核评价，关系"融入"实效性的检验。传统思政课的评价考核普遍注重理论知识层面，且一般采用终结性考核方式，如卷面考试。本研究创新传统思政课考核方式，采用线上考核评价体系。

线上考核体系主要分为终结性考核和过程性考核两大模块。

终结性考核以期末线上考试为主要形式，占比70%。为保证考试科学严谨，教师要提前在超星"学习通"网络教育平台建设题库。在此基础上，考前随机抽取试题组卷。期末考试题目要数量合适，难易程度合理。期末考试在考查学生基本知识、基本理论的同时，也兼顾考查学生的分析问题和解决问题能力，故多采用客观题、材料分析题、开放性论述题等灵活的主观题型，鼓励学生提出创新性见解。试题当中应有题目涉及伟大建党精神，考查学生对党史和中国共产党精神谱系等内容的理解。

过程性考核占比30%，体现在日常教学过程中，学生观看网络资源、围绕主题进行互动讨论、完成教师布置的作业等，这部分考核主要依赖平时学生在超星"学习通"网络教育平台上的学习数据来进行评价，包括课堂签到、任务点学习、平时课堂小测、主题讨论参与率、课堂互动、在线作业完成情况等。除了线上考核之外，学生在实践平台的成绩也可以酌情纳入考核体系当中。如果有同学参加了本年度学校"大学生讲思政课活动"并取得前三等奖名次，或者有学生近两年撰写党史相关论文并获得省级以上奖项，可以申请额外加分。

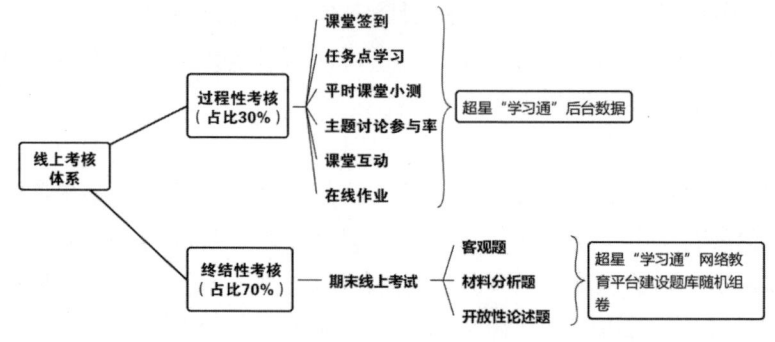

图 4.2　线上考核体系

五、课题研究成果

本研究按照成员分工，分别就思政课的课堂、实践、网络平台建设做了大量细致有效的工作，并在"形势与政策""中国近现代史纲要""改革开放史"课堂予以实施，取得了丰富成果。

（一）课堂平台

"中国近现代史纲要"课程讲述了大量的案例素材，实现了伟大建党精神和教材内容的融合。比如，在说明"不怕牺牲、英勇斗争"时，通过李大钊在绞刑架前面无惧色的案例，夏明翰的《就义诗》，影视剧《觉醒年代》中陈延年、陈乔年英勇就义的视频片段来加以印证。在阐释"坚定真理、坚守理想"时，用"中共一大代表的人生经历和最后归宿"的案例加以说明。当初参加中共一大的 13 位代表，在后来的岁月洗礼中，经历、归宿各不相同，其中就折射出信仰的力量。大多优秀的共产党员信仰坚定，纵使惊涛骇浪，依然披荆斩棘，毅然前行，有些甚至为之付出生命的代价；但也有部分人意志薄弱，放弃信仰，叛国叛党，走到了国家和人民的对立面。

"形势与政策"课程，结合习近平总书记"七一讲话"宣讲，用专题形式系统地呈现了伟大建党精神的深刻内涵、历史生成、时代价值及其与中国共产党精神谱系的关系等内容，帮助学生对建党精神形成整体思维体系。

在教学过程中，教师要求学生课下查找文献，收集与授课内容相契合的伟大建党精神史料，课堂上通过PPT进行汇报展示，这使学生的文献查找能力、语言表达能力等都得到了充分锻炼。

课题组还依托第二课堂要求学生认真阅读党史经典书目《苦难辉煌》，在充分把握全书主旨的基础上，提交读书报告和观点摘抄，用心体会中国共产党艰辛奋斗的历程。目前累计形成读书报告和观点摘抄6000余份。

（二）实践平台

校园红色体验方面。2021年，马克思主义学院与校党委宣传部、校团委、保定市留法勤工俭学纪念馆合作，开展了红色文化进校园主题展览活动。通过参观展览，学生再次重温了中国共产党艰难探索历程，深刻领会了伟大建党精神的深刻意蕴。

校外红色研学方面。2021年7月，马克思主义学院与校团委、国际教育学院合作，带领学生去狼牙山纪念馆实地参观学习。学生通过身临其境的体验，与红色革命历史近距离接触，亲身感悟伟大建党精神及其精神谱系的精神力量。

指导学生科研方面。2020年11月，教学团队两名教师为学校红色文化研究社指导教师。一年多来，他们带领学生深入易县开展田野调查，寻访老兵足迹，追寻红色记忆。调研走访老红军、老战士、老党员等革命英雄人物，使学生从他们的亲身经历中体会了党的光辉和伟大。在此过程中，学生收集整理了一批红色故事，为之后的学习研究积累了资料。

（三）网络平台

在超星"学习通"网络教育平台累计上传建党精神与高校思政课结合相关的生动案例、历史资料、教学课件等50余条，部分通过校园网站、微信公众号等平台广泛转发。课题组成员参与组建QQ群、微信群累计30余个，师生网络互动愈加频繁。在"学习通"平台上发布以"伟大建党精神"为主题的讨论，学生累计回复上万条。

在"中国近现代史纲要"课程中，课题组首次实践了线上考核模式。学生在超星"学习通"网络教育平台参与师生互动，后台数据作为平时成绩的主要依据；所有学生期末统一在超星"学习通"网络教育平台参加线上考试，得分计入期末成绩；平时成绩与期末成绩比例分配为3∶7。这一考核综合了过程性考核和终结性考核两种方式，参考依据较为客观公正，受到了学生好评。

六、本研究实践成效

通过一年多的教学改革实践，学生学习思政课的热情大为高涨，学生在知识层面、能力层面、情感价值层面的素养都有了很大提升，思政课深度教学取得明显实效。

第一，知识层面。学生增进了对伟大建党精神的理解，丰富了党史知识、拓宽了党史视野。这方面成效可以通过"中国近现代史纲要"课程期末考试学生答题情况得以体现。对于材料分析题"为什么说中国共产党的成立是开天辟地大事变"，大多数同学都能答出要点，并且理解中国共产党的成立过程中，形成的伟大建党精神是中国共产党的精神之源。

第二，能力层面。通过课堂讨论、PPT展示分享等环节，学生的合作学习能力、口头表达能力得以培养；通过采访红色人物，学生的沟通交流、社会交往能力得到锻炼；通过红色故事的整理、读书报告的撰写，学生的逻辑思维能力、文字表达能力大大提升。

第三，情感、价值层面。学生增进了对伟大建党精神的理解，提升了思想与价值认同，树立了爱国、爱党、爱社会主义的正确观念，实现了思政课的育人目标。

第七节 "深度教学"理念下思政课实践教学改革与创新
——以"思想道德与法治"12345实践教学模式构建为例

实践教学与理论教学是思政课教学的重要组成部分，实践教学与理论教学相得益彰，协同提升思政课的时效性。思政课理论教学侧重于引导学生学习马克思主义的科学世界观和方法论、学习马克思主义中国化的理论成果，尤其是习近平新时代中国特色社会主义思想这一马克思主义中国化的最新理论成果；实践教学是对理论教学的有益补充，在深度教学理论的指导下，实践教学能引导学生深化对理论的认识、强化对理论的认同，进而产生服务社会的行为，真正实现认知—认同—内化—践行的过程。

从2009年开始，历经10年的探索与实践，我校思政课在实践教学方面基本形成了"四可"实践教学范式、十大实践教学步骤、六大实践教学主题，全面启动了思政课教学创新。"四可"实践教学范式突破课时、课酬、课堂、校门这四大局限，十大实践教学步骤以选题指导、主题归集、专题辅导、联系基地、准备保障、过程实施、资料收集、资料分析、成果撰写、经验交流为完整闭合教学环节，六大实践教学主题整合学习领悟型、组织管理型、调查分析型（校内）、调查分析型（校外）、综合能力型、体验感知型，坚定走出了形式主义的泥沼，真正走向了社会大舞台，让学生学有所用、用有所思、思有所得，有效提高了思政课教学的吸引力、感染力。

但我们也清晰地认识到目前实践教学亟须构建科学完善的教学体系与教学模式。思政课实践教学起步较晚，尤其是在初期对实践教学的认识比较模糊，甚至出现实践教学与理论教学两张皮的现象。随着对实践教学逐渐重视与深入认识，我们构建了独立的学分学时、与理论教学相得益彰的教学大纲和教学计划等，但实践教学的各环节显现出不均衡的状态，因此科学完善的教学体系与教学模式的构建势在必行。

一、思政课实践教学模式基本要素

（一）教学理论

第一，马克思主义认识论。马克思主义认识论坚持从物质到意识的认识路线，认识从实践中产生，随实践而发展，认识的根本目的是实践，认识的真理性也只有在实践中才能得到检验和证明。思政课实践教学不仅是理论教学的有益补充，更是对理论教学中的科学真理、重点难点，通过实践教学来检验和证明。马克思主义认识论认为，一个正确的认识，往往需要经历物质与精神、实践与认识之间的多次反复，社会实践的无穷无尽决定了认识发展的永无止境。通过思政课实践教学的开展，深化学生对理论教学的认识，使其能够进一步能动地改造客观世界，即认识社会与服务社会。

第二，思想政治教育的主体间性理论。"主体间性"是由现象学大师胡塞尔首先提出的概念。"主体间性"强调"自我"与"他我"的相互联结、共同促进。在教育教学过程中，传统的单一主体性应该变成多个主体性，演绎为主体间性。追溯到最初的教育理论，教育者是主体、受教育者是客体。这种单一的主体与客体关系，追求的是单向灌输，教育者处于权威地位，受教育者处于被动接受状态，容易产生教育者与受教育者之间的关系的"异化"，而这种"异化"最终导致教育者与受教育者之间因缺乏双向良性交流互动而教学效果不佳。思政课实践教学从一开始就贯彻了主体间性理论，教师和学生是双主体，在实践过程中，实现了教师与学生的双提升，真正构建了师生成长共同体。

（二）教学目标

教学目标一般包括知识目标、能力目标、情感价值目标。对于思政课而言，知识目标是指教育者引导受教育者掌握马克思主义科学的世界观和方法论，掌握马克思主义世界观、人生观、价值观、道德观和法治观等科学理论知识，整体提升受教育者的马克思主义理论素养，掌握马克思主义中国化的理论成果，尤其是习近平新时代中国特色社会主义思想这一马克思主义中国化的最新理论成果。能力目标是指教育者引导受教育者运用马克思主义基本理论提出问题、分析问题、解决问题的能力，提高明辨是非的能力，提高独立思考的能力，提高自我认知的能力。情感价值目标是指引导受教育者增强对习近平新时代中国特色社会主义思想的理论认同、政治认同和情感认同，坚定"四个自信"，培养德智体美劳全面发展的中国特色社会主义合格建设者和可靠接班人，培养担当民族复兴大任的时代新人。思政课的教学目标是知、情、意、行的有机统一体，而立德树人则是思政课教学的根本目标。思政课实践教学是理论教学的拓展和延伸，在促进理论教学内容入脑、入心、入行的过程中，发挥着无可替代的作用。思政课实践教学就是要通过实践、体验等教学方式把立德树人的根本任务落到实处。

（三）教学内容

思政课实践教学不完全同于理论教学。就本科阶段而言，思政课的理论教学内容以高等教育出版社出版的教材为依据，整合教材体系的目的是厘清教学内容间的逻辑结构。而思政课实践教学没有统编教材，各高校在是否使用教材、使用什么教材上参差不齐；加之，思政课理论教学有严格的学分学时要求，而思政课实践教学目前只有学分要求，没有传统意义上进教室的课时要求，那么思政课实践教学的内容是什么，成为教学内容的标准和原则是什么？

研究团队在思政课实践教学内容的选择上以严谨规范为总原则，具体标准可分为以下几个方面。第一，思政课的教学目标依然可以成为思政课实践教学目标的方向。教学内容是为教学目标服务的，教学目标的达成是教学内容的根本指向。无论是思政课理论教学还是思政课实践教学，都是以立德树人为根本任务，以培养社会主义建设者和接班人为己任。第二，实践教学内容与理论教学内容的相辅相成，应该是理论教学内容的重点难点。以"思想道德与法治"为例，开设有人生观专题、理想信念专题、中国精神专题、社会主义核心价值观专题、道德专题、法治专题六大专题。显而易见，这六大专题毋庸置疑可作为思政课实践教学的主要内容。当然，思政课实践教学内容以教学目标为根本指向，以理论教学的重点难点为直接指向，但也要注重思政课实践教学内容的特殊性，因此结合社会热点、理论焦点也是思政课实践教学的常见内容，比如，社会主义新农村建设、雄安新区建设、红色文化资源建设等。

（四）教学方法

既然思政课实践教学是一门独立的课程，那么，教学方法不可或缺。思政课实践教学以教学目标为核心、以教学内容为基础进行分层设计，综合运用多种方法开展实践教学。此外，思政课实践教学方法以"师生成长共同体"为理念，即前文已经论述过的"主体间性"理论。在实践教学过程中，教师和学生是双主体，是成长共同体，由于思政课实践教学是对理论教学的有益补充，教师在引导和指导学生的实践过程中对理论教学内容的理解更深入，进而反哺其开展理论教学；与此同时，在进行实践教学过程中，学生对理论教学内容的理解更加透彻，进而产生认识社会—服务社会的认知、能力与行动。

（五）教学评价

"定量"与"定性"是教学评价的两大方向，"过程性"与"结论性"是教学评价的两大方法。部分学者对思政课实践教学评价倾向于定性评价与过程性评价。这是由于与其他课程相比，思政课实践教学在注重知识目标的同时，更加突出价值目标。坚持正确政治方向、强化价值引领是思政课实践教学的首要目标，因此，在教学评价上注重定性评价与过程性评价。当然，成果导向教育（OBE）成果导向教育理念在人才培养模式改革中脱颖而出，对思政课的教学评价影响颇深，学界在积极探索高校思政课OBE评价体系的构建，比如，多元化评价标准、生成性评价指标、综合性评价方法等。本书认为，无论是哪一种教学模式，都殊途同归。为了更有效地实现教学目标，兼顾知识目标和能力目标的同时，注重情感价值目标的实现，而情感价值目标是否实现需要一个过程性评价，包括课堂内与课堂外相结合（如在宿舍与同学沟通交流的表现）、校园内与校园外相结合（如寒暑假实习实践的表现），甚至把学生上学期间与毕业N年的表现相结合，这才是真正的过程性评价。可以说，这样的形成性评价是定性评价与定量评价相结合的。

我院思政课实践教学评价由两大主体构成，对教师（项目）的评价与对学生的评价。首先，对教师的评价。由学生、督导与教学管理者完成。其实对教师的评价可以提升为对项目的评价，如何评价一个项目是否可以持续跟进、是否符合教学目标、是否以反哺理论教学内容为基础、是否贯彻"师生成长共同体"理念、是否能够引导学生实现"认识社会—服务社会"的价值等。其次，更为重要的是对学生的评价。"结论性"评价以成果为导向，此评价比较容易实现，通过评价成果实现对学生学习效果的检测；"过程性"评价不易实现，只能在过程中观察学生的出勤率、参与度、输入性知识等，至于学生是否真正实现了知识传授、能力培养、价值引导的目标，难以得到准确的界定。那如何实现对学生的评价，本书认为，第一，完善实践程序。如清晰教学目标、明确教学内容、调整教学方法等，假设学生想通过思政课实践教学夯实马克思主义理论基础、提升各方面能力、增强"四个自信"，把爱国情、强国志、报国行自觉融入实现中华民族伟大复兴的奋斗之中，那么科学严谨规范的实践程序是有益的。第二，完善评价体系。对学生的评价注重"过程性"评价与"结论性"评价相结合的方式。不仅注重期末闭卷考试这种"结论性"评价方式，更要注重"过程性"评价。评价课堂前预习，如资料搜集整理情况；课堂中互动学习，如多种形式的主题讨论参与度；课堂后总结，如知识小测、思维导图和学习反思等。

二、"深度教学"理念下"12345"实践教学模式

经过不断地深入探索，以"12345"为核心的思政课实践教学模式基本成型。

第一，贯穿一条主线：落实"立德树人"教育的根本任务。思政课是落实立德树人教育根本任务的关键课程，所以思政课实践教学的教学目标、教学内容、教学流程、教学方法、教学项目等均以落实"立德树人"教育根本任务为主线。

第二，协同两个主体：基于成长共同体的教师和学生。从教育的整体性来说，教育追求的人的发展绝不仅仅是指学生单个主体的发展，也包含教师的发展；"成人"既是"成就"学生，也是"成就"教师。单纯地将"成人"目标全部落在学生层面，必然导致思政课教学走向单一的"学生"主体论，这看似是"教师"主体论的一大进步，实则陷入另一种师生"主—客"二元对立的困境。而思政课亟须解决的一个问题，即破解师生"主—客"二元对立困境，实现师生协同发展。比如，在教学方法中强调实践教学的重要性，"理论与实践"相结合、"请进来与走出去"相结合、"校内与校外"相结合、"线上与线下"相结合的方式。为提高思政课时效性，部分实践教学采用现场教学法，而此时的现场教学可以由思政课教师来进行。无论是思政课教师的知识储备、信仰坚定，还是学生在知识认知、情感共鸣，都通过现场教学这一媒介，获得协同发展。

第三，结合三个优势：金融黄埔学校优势—红色文化地域优势—雄安新区区位优势。一是金融黄埔学校优势。我校是一所具有鲜明金融特色的应用型财经大学，凝练了"思政+专业+科技"的新财经人才培养理念，我院在设计实践项目时依托金融特色、融入金融特色、展示金融特色，比如，金融廉政警示教育，即把金融行业与道德教育相结合。二是红色文化地域优势。保定市是一座有着丰富红色文化资源的历史名城，有着丰富的革命文化内涵，这里是留法勤工俭学运动的发祥地，是新文化运动、五四运动等的重要响应地；清苑区冉庄地道战遗址是目前世界上仅存的、保存完好的二战时期攻防兼备的防御体系；阜平县有中国共产党在北方成立的第一个红色政权、全国第一个敌后抗日根据地等"十个第一"；唐县白求恩柯棣华纪念馆体现的国际主义、共产主义精神，狼牙山五勇士为了民族解放不怕牺牲的革命精神激励着一代又一代人前赴后继；

等等。三是雄安新区区位优势。雄安新区建设是以习近平同志为核心的党中央做出的一项重大的历史性战略选择，是千年大计、国家大事。雄安新区深处保定市腹地，区位优势明显、交通便捷通畅、生态环境优良，为我院开展思政课实践教学提供了全新的优势平台，在实践过程中，可以深化对"四个自信"的认同，把爱国情、强国志进而转为报国行。

第四，构建四个平台：课内实践—校内实践—校外实践—线上实践。思政课实践教学依托平台开展，或者说可以分为四大类型，课内实践包括理论讲授（调查研究需要掌握调查研究理论及基本方法）、成果展示（建党100周年的作品展）等；校内实践包括校园活动（留法勤工俭学运动纪念馆进校园）、事迹报告（保定好人进校园）等；校外实践包括现场教学（中国共产党红色日记纪念馆）、调查研究等；线上实践是在特殊情况下启用的新兴实践教学形式，比如，线上展馆参观、线上模拟实验等。四大平台基本覆盖了思政课实践教学全部项目。

第五，整合五大类型：榜样激励型、角色扮演型、经典感悟型、体验感知型、调查研究型。目前，我院在实践过程中整合了思政课实践教学的五大类型，即榜样激励型（邀请"保定好人"进课堂）、角色扮演型（民法典志愿宣传者）、经典感悟型（诵读经典、诵读红色家书）、体验感知型（留法勤工俭学运动纪念馆）、调查研究型（乡村振兴战略）。

三、"深度教学"理念下的思政课实践教学开展范例

留法勤工俭学运动纪念馆"现场教学"

教学场景：留法勤工俭学运动纪念馆，位于河北省保定市金台驿街原保定育德中学旧址。

教学目标：感知老一辈无产阶级革命家在留法勤工俭学期间的光辉业绩，体会留法勤工俭学运动为中国革命建设与改革培养、造就一大批栋梁之材的现实意义，引导时代新人为中华民族的伟大复兴而努力奋斗。

教学内容：运动的由来—运动的兴起—运动的热潮—勤工俭学实践—运动的新篇章。

教学程序：第一阶段——集中现场教学，教师带领学生组长（划分小组，选出组长）进行集中现场教学；第二阶段——分散现场教学，统筹时间安排，学生组长组织本小组学生进行分散现场教学，每位同学都要负责讲一部分内容；第三阶段——分享"微"感受，以小组为单位，在教学现场，以微视频、微评论等形式进行"微"感受分享。

教学评价：在科学严谨地明确教学目标、确定教学内容、完善教学程序的

基础上，以现场输出微感受的形式，无论是定性评价，还是定量评价，学生的学习效果都得到了较大提升。

总结反思：教师在现场教学中绝不仅仅是一名讲解员，那如何深化教师扮演的角色，如何贯彻"师生成长共同体"的理念？

四、研究成果及教学效果

首先，探究教学模式的基本要素，应该包含教学目标、教学内容、教学程序、教学评价、教学条件等。其次，厘清思政课实践教学的基本内涵，进而明确思政课实践教学的重要意义；既然思政课实践教学作为一门相对独立的具有重要意义的课程，那么思政课实践教学模式构建应运而生。再次，层层探析思政课实践教学模式的基本要素，以"思想道德与法治"实践课程为范例，概述其教学目标、教学内容、教学方法、教学评价与教学条件等基本要素。最后，凝练归纳我院思政课实践教学模式的特色，即"12345"为核心的思政课实践教学模式；以"思想道德与法治"实践课程为范例，按照思政课实践教学模式提出完整的项目设计。"深度教学"理念下的"12345"实践教学模式教学效果显著，主要体现为以下三个方面：

第一，深化教师对于实践教学的把握能力。对教师来说，思政课实践教学是一个教学相长的过程，实践教学模式的构建为思政课教师开展实践教学提供流程图像和操作指南，同时细化思政课实践教学过程的管理，也将提升教师的教学组织管理能力和实践能力。

第二，提高思政课实效，增强学生获得感。作为对大学生进行思想政治教育的主渠道和主阵地，实践教学与理论教学相互补充，二者相得益彰，共同提升思政课的教育教学实效性，进一步增强学生的获得感，实现思政课知识传授、能力培养、价值塑造的教学目标，真正实现立德树人的教育根本任务。

第三，为构建思政课实践教学模式提供范本。思政课实践教学模式的构建，对我省甚至全国院校提供了一个可借鉴的途径，兼具理论价值和实践意义。

第五章

深度教学理念提升思政课教学实效性的评价标准与方法

效果评估是检验课程教学实效性的关键。对一门课程来讲，什么样的教学才是有效教学，怎样开展教学才能有助于学生的个体发展，进而达成高阶思维的教学价值目标，如何来评估课程教学的实效性？这一系列问题都与课程教学的效果评估工作存在着密切关联。完成课程教学的效果评估工作需要构建一套客观合理的评价标准及评估方法，实现课程采用的教学理念、教学方式、教学内容、教学评估的闭环管理与设计。通过构建课程的评价指标体系，以科学合理的评价标准和方法来实现评估，检验教学理念的适用性、教学方式的科学性和教学内容对学生的内化度等。可以说，教学效果评估是一种价值评估和质量评估，是评价主体基于特定立场，依据一定的评价标准对课程教学过程、教学方式、教学内容等的综合性评价。教学效果评估是课程教学的闭环环节，也是衡量或检验教学效果的关键环节，它关系着课程教学价值目标的达成程度、学生自我成长与发展的实现程度。对于思政课来讲，以深度教学理念引领思政课教学改革创新，必须有科学合理的评价标准及评估方法。深度教学理念展现的课堂评价标准与思政课的教学目标之间存在着理论与逻辑上的自洽关系，可以有效提升思政课教学实效。思政课要以教学价值目标的达成度来设定教学实效性标准，规约思政课教学行为。"深度教学，并不追求教学内容的深度和难度，不是指教学内容越深越难越好，而是相对于知识的内在要素及其内在价值、学习的内在结构及其层次和境界而言，知识教学不停留在符号层面，不把知识仅仅作为对象来学习。深度教学之'深度'的本质是指知识的'深度'、学习的'深度'和教学价值达成的'深度'。教学价值与目标达成的深度、知识处理与知识理解的深度、学习过程与学习方式的深度，是深度教学的要义。"[①] 因此，思政课教学应当遵循深度教学理念，通过教学实效性标准来"测量"思政课教学价值与目标达成的深度、思政课教学内容理解与掌握的深度、思政课学习过程与方式的深度等，要确保思政课教学是完整而有深度的教学过程，是由符号

---

① 郭元祥：《深度教学——促进学生素养发育的教学变革》，福州：福建教育出版社 2021 年版，第 22 页。

教学深入逻辑教学、意义教学与价值教学的教学过程。开展思政课教学效果评估要以学习的意义感为标准提升思政课价值引领实效；以学习的自我感为标准提升思政课价值认同实效；以学习的效能感为标准提升思政课价值内化实效，三者同效，可以共同促进思政课教学高阶思维的价值目标实现。

第一节 教学实效性标准是达成思政课教学价值目标的行为准则

从课程性质和定位来讲，思政课不仅是"事实课程"，更是"价值课程""智慧课程""意义课程""实践课程"。思政课教师不能仅仅拘泥于思政课内容的事实层面，更要开展"知识之后"的价值与意义追问，要通过深度教学理念不断创新思政课高阶教学模式，开展高阶教学和深度教学，进而提升思政课的实效性和亲和力，不能让思政课成为"表层课程""无效课程"，更不能成为"不良课程"。思政课是开展道德情感、智慧涵养、政治素养、家国情怀和使命担当教育的课程，是提升学校思想政治教育的主渠道、主阵地，是进行马克思主义理论教育，用习近平新时代中国特色社会主义思想培根铸魂的课程，具有思想性、政治性、理论性、意识形态性和价值性。思政课的政治性和价值性特征决定了它不同于一般课程的特殊教学目标，那就是思政课不仅要向学生传授基本知识，更重要的是进行核心素养的培育与价值观的引导。"把教学导向学生学科素养的发育和提升，将学习过程导向科学认知过程、文化实践过程、社会理解过程，甚至生命实践过程，让学生真正成为学习精神发育的活动，从而使学习和教学具有意义感、生命感。"[1] 思政课的功能定位和价值目标决定了思政课必须构建与其教学价值目标相匹配的实效性标准，不断提升学生学习和教师教学的意义感与生命感。

思政课特殊而关键的课程属性决定了其承载的政治引导、价值塑造、主流意识形态传导、文明传承的课程功能，这一课程功能明确了思政课教学需要达成的价值目标，为思政课教学实效性标准提供了遵循、指明了方向。教学实效性标准是对思政课程教学质量和教学效果的综合性评判，是达成思政课教学价

---

[1] 郭元祥：《深度教学——促进学生素养发育的教学变革》，福州：福建教育出版社 2021 年版，第 35 页。

值目标的行为准则和"风向标"。达成思政课教学价值目标必须设定与之相契合的实效性标准。思政课教学改革创新的目的就在于让学生有获得感。因此，从思政课的功能定位和价值目标来讲，考察思政课教学的实效性不能单从识记的角度局限于考核学生基本知识经验的获取量，而要更多地从分析和解决问题的方法获取、德行修养、社会责任和家国情怀培育等维度去考察学生在学习中的获得感和意义感。可以说，思政课的教学实效性标准将为开展思政课教学提供评判的依据和教学"风向标"。那么，以什么样的效果标准来衡量学生的获得感呢？建立在发展性学习观基础上的"深度教学"理念倡导以学习的意义感标准、学习的自我感标准和学习的效能感标准来衡量教学实效性。"以教育学立场的知识观和发展性的学习观为基础，深度教学注重发挥学生学习的主动性，强调完整深刻地处理知识，增强学生知识学习的意义感、自我感和获得感。"[①] 衡量思政课教学实效性要测评思政课教学价值目标的实现程度及完成效果，还要考察青年学生在思政课教学中的获得感。因此，思政课教学实效性标准至少应该从以下两个维度来设定。

一、从达成思政课教学价值目标的供给侧维度来设定

思政课是开展道德情感、智慧涵养、政治素养、家国情怀和使命担当教育的课程，是进行马克思主义理论教育，用习近平新时代中国特色社会主义思想培根铸魂的课程。思政课的课程性质与价值目标决定了思政课教学实效性标准。思政课教学实效性必须以有效目标导向为引领。习近平总书记明确提出："思政课是落实立德树人根本任务的关键课程。"[②] 思政课作为"关键课程"，意指其对整个人才培养的方向、质量及成效起着关键作用，同时彰显了思政课在整个教育体系中的独特性质及功能。因此，思政课要有效供给教学价值目标元素，采用适宜的教学方法，强化"知识之后"的追问与引导，以学理性强化政治引导，以情感促成理解与认同，达成以理服人。要强化生活情境的熏陶与感染，以生活体验强化价值塑造，达成以情感人；要用文化的深厚素养浸润学生的精神世界，陶冶情操，达成以文化人。设定思政课教学的实效性标准必须考量思政课的功能定位和价值目标的实现。从达成教学价值目标的供给侧维度来看，思政课教学实效性标准要从三个层面进行考量与设定。

第一，思政课教学能否有效供给政治"食粮"，实现政治引导、政治认同、

---

① 郭元祥：《论深度教学：源起、基础与理念》，载《教育研究与实验》，2017年第8期。
② 习近平：《习近平谈治国理政》（第3卷），北京：外文出版社2020年版，第329页。

以理服人，进而培根铸魂。思政课是一门政治课，具有很强的意识形态性，承载着政治引导的特殊功能，关系着培养社会主义合格建设者和可靠接班人的重要教育使命。正如习近平总书记指出的，"古今中外，每个国家都是按照自己的政治要求来培养人的，世界一流大学都是在服务自己国家发展中成长起来的"①。从这一点来讲，把准育人方向是中国特色社会主义教育的"政治规矩"，明确服务对象是我国教育发展的"底线""红线"。因此，对于思政课而言，首要的就是要"讲政治"，要把好社会主义育人方向，坚守为党育人、为国育才的政治使命。这是设定思政课教学实效性标准的首要和关键指标，也是标准设定的方向所在。只有坚守住教育的"底线"和"红线"，才能培育出合格的社会主义建设者和接班人。

思政课要在坚守中国特色社会主义教育"底线"和"红线"的政治使命中发挥关键课程的作用，这是思政课的功能定位和政治使命使然。正像习近平总书记强调的："办好思政课，就是要开展马克思主义理论教育，用习近平新时代中国特色社会主义思想铸魂育人，引导学生增强中国特色社会主义道路自信、理论自信、制度自信、文化自信，厚植爱国主义情怀，把爱国情、强国志、报国行自觉融入坚持和发展中国特色社会主义、建设社会主义现代化强国、实现中华民族伟大复兴的奋斗之中。"② 设定思政课教学评价标准先要将政治标准融入思政课教学评价标准之中，实行政治标准"一票否决制"。考量思政课教学实效性，首先要看是否坚定政治立场，坚守政治规矩，坚持政治性与学理性相统一。坚定政治立场，坚守政治规矩不等于把思政课上成"政治宣教"课，而是在坚守立场和规矩、确保方向正确的前提下，通过摆事实、讲道理，实现以理服人。"政治引导是思政课的基本功能。强调思政课的政治引导功能，并不是要把课讲成简单的政治宣传，而要以透彻的学理分析回应学生，以彻底的思想理论说服学生，用真理的强大力量引导学生。……需要注意的是，不能用学理性弱化政治性，在大中小学的不同学段，无论是通过讲故事、讲历史还是讲理论的方式讲思政课，都要体现思政课的政治引导功能。"③ 考量思政课教学实效性，要看思政课教师是否按照国家指定的马克思主义理论研究和建设工程重点

---

① 习近平：《在北京大学师生座谈会上的讲话》，载《人民日报》，2018年5月3日，第1版。

② 习近平：《思政课是落实立德树人根本任务的关键课程》，载《求是》，2020年第17期，第7页。

③ 习近平：《思政课是落实立德树人根本任务的关键课程》，载《求是》，2020年第17期，第12页。

教材与最新教学大纲进行授课。在授课过程中，是否全面贯彻党的教育方针，系统而全面地将马克思主义理论、习近平新时代中国特色社会主义思想的道理、学理讲深、讲透、讲活，以理服人，进而为学生提供有效的政治"食粮"；考量思政课教学实效性，还要看学生对思政课的学习内化程度，从政治维度来讲，就是要看是否解决好学生的理想信念问题。解决好学生的理想信念问题是思政课的重要教学价值目标，如果学生在学习思政课后，没有树立正确的理想信念或者出现了错误观点和思维，那么，这样的思政课可以评估为"无效课堂"，甚至是"不良课堂"。解决好学生的理想信念问题对思政课教师提出了更高的要求，思政课教师首先要有信仰，要善于从政治角度来看问题，针对学生的思想动态和学习效果有的放矢地开展教学，将对马克思主义的信仰、对社会主义和共产主义的信念在学生心灵中开花结果，使学生对马克思主义理论真学、真懂、真信、真行，引领学生实现政治认同，树立正确的理想信念，进而培根铸魂。因此，设定思政课教学的实效性标准必须将思政课的政治引导功能作为主要评估指标，让马克思主义信仰铸牢青少年学子的精神家园。

第二，思政课教学能否有效供给价值"营养"，实现价值塑造、价值认同、以情感人，进而内化于心。思政课是一门价值塑造课，蕴含着塑造青年学生价值观的重要使命。价值观念是人类思想行为的"先导器"，是文化的核心。任何国家和民族的发展都需要从自身的历史文化中孕育出核心价值观念来引导人们的思想和行为。在我国，青年学生的成长要"扣好人生第一粒扣子"，需要正确价值观的引领。前文谈到，思政课作为落实立德树人根本任务的关键课程，不仅仅是一门知识传授的课程，更是一门价值塑造的课程，承载着塑造和引领学生价值观的重要使命。思政课教学要坚持价值性和知识性相统一，于知识传授中彰显价值塑造。"思政课重在塑造学生的价值观，这一点必须牢牢抓住。强调思政课的价值性，不是要忽视知识性，而是要通过满足学生对知识的渴求加强价值观教育。只有空洞的价值观说教，没有科学的知识作支撑，价值观教育的效果也会大打折扣。"① 因此，思政课教学要以中国特色社会主义主流价值观为引领，提升知识的学理性，讲好知识的道理、理论的学理、思想的哲理，运用透彻的理论感染学生、折服学生，达成以理服人、以情感人的效果，用主流价值观念形塑青年学生的价值取向、塑造青年学生的灵魂，引领青年学生成长成才。

---

① 习近平：《思政课是落实立德树人根本任务的关键课程》，载《求是》，2020年第17期，第12页。

设定思政课教学实效性标准必须考量思政课的价值"营养"供给情况，以及学生对社会主义主流价值观念的内化及其价值世界的改造情况。从价值塑造的维度来讲，思政课教学要时刻关注青年学生的价值取向及思想动态，根据青年学生的精神世界、意义世界是否出现"营养不良"的情况进行有针对性的价值"营养"供给。思政课教学实效性标准要将价值"营养"供给作为重要的考量指标。不可否认的是，当前国外敌对势力的思想文化渗透，在一定程度上扭曲了青年学生的价值观念，淡化了青年学生对社会主义主流价值观念的认同。东西方思想文化领域中的频繁交锋是全球化时代的常态。但由于社会性质、政治制度、价值观念之间的差异，东西方在思想文化领域中的意识形态斗争从未停止，并且在我国实现中华民族伟大复兴的关键时期越发激烈。正处于"拔节孕穗期"的青年大学生和少数青年教师往往会成为敌对势力思想"围猎"、政治蛊惑、意识形态渗透的重要对象。西方敌对势力借助经济、政治、文化等领域的交流不断进行价值观念输出和意识形态渗透，对青年政治价值观和政治信仰造成极大冲击与歪曲。① 因此，在新时代，面对西方敌对势力日益激烈的意识形态渗透，思政课教学必须在意识形态和价值观念斗争的主战场占据主导地位，充分运用马克思主义理论、中华优秀传统、习近平新时代中国特色社会主义思想等丰富的"价值营养库"，通过真理的力量、思想的武器、批判的武器，积极传导社会主义主流意识形态和价值观念，以理服人、以情感人，弘扬主旋律、传播正能量。思政课教学实效性标准还要将学生对社会主义主流价值观念的内化及其价值世界的改造情况作为考量指标。思政课是价值塑造课，能够有效塑造和引领青年学生的价值观念，直接影响着思政课的教学实效性。思政课要通过青年学生对党和国家、对中国特色社会主义的认同度，是否坚定"四个自信"，做到"两个维护"，言行举止是否契合社会主义主流价值观念等指标来衡量青年学生对社会主义主流价值观念的内化及其价值世界的改造情况。总之，设定思政课教学实效性标准必须考量思政课的价值"营养"供给情况，以及学生对社会主义主流价值观念的内化及其价值世界的改造情况，这是衡量思政课教学实效性，以及是否达成思政课教学价值目标的一项重要指标。

第三，思政课教学能否有效供给真理与文明的"养分"，实现文化传承、文化认同、以文化人，进而启智增慧。思政课不仅是一门政治课、价值塑造课，还是一门文明传承课，肩负着传承文明、延续文化的重要任务。思政课教学内

---

① 参见刘建涛．刘乃刚：《新时代高校意识形态工作的时代境遇与提升路径探究》，载《习近平新时代中国特色社会主义思想研究》，2022第3期，第17页。

容从本质上来看是特定文化形态的具体呈现。真理和文明为思政课的政治引导和价值塑造功能发挥提供了重要支撑。"问渠那得清如许? 为有源头活水来。"思政课的政治引导功能不能成为"无源之水""无本之木"的政治说教,思政课的价值塑造也不能成为干瘪、枯燥的理论宣讲。没有真理与文明的传承和滋养,思政课的政治引导与价值塑造都将是空洞而无味的,思政课的教学实效性也将无从谈起。① 思政课教师需要在授课过程中将理论内容的真理理论和文化底蕴讲深、讲透、讲活,讲出思想、情感来,讲出最基础、最深厚的文化自信。可以说,有滋有味、有温度、有深度的思政课必须肩负起传承真理和文明的重要使命,这是思政课的职责所在。作为科学真理,马克思主义思想在世界范围内被广泛传播;作为世界文明的重要组成部分,中华文明和中华优秀传统文化在世界范围内被广泛学习。思政课要运用好马克思主义这一重要的思想武器,更需要续写中华民族的文明图谱,传承并更新中华文明的精神标识。

二、从提升学生对思政课获得感的需求侧的维度来设定

"教"和"学"共同构成了教书育人的大场域,需要协同发力,才能提高教学效率。"教"侧重于供给侧,关注于能否提供有效的教育资源,并且能否有效地将这些教育资源内化到青年学生的精神世界。上述已经从达成思政课教学价值目标的维度论述了思政课教学的有效供给层面。下面主要从"学"的维度来谈,"学"侧重于需求侧,是教育教学方式要契合青年学生的成长规律、成长需求和学习期待,贴近于青年学生的生活世界,关注于通过怎样的方式才能让青年学生学好并且有收获。这一维度的实效性标准主要是由教学对象——青年学生自身对思政课教学的收获与满足感来决定的。这也是衡量思政课教学实效性的重要维度。青年学生思政课的获得感在于超越"知识层面"之后的情感共鸣、价值共塑与信念共生。这一目标的实现来自内心世界的笃定、感动或支持,映射出青年学生的精神轨迹与观念状态。可以说,思政课不仅在于"教",更在于"育"。这就要求思政课从"心"出发关爱学生,从"行"出发关照学生,从"文"出发涵养学生,从"武"出发锻炼学生,从"技"出发锤炼学生。因此,从提升学生对思政课教学获得感的需求侧维度来看,思政课教学实效性标准应从以下两个层面来考量设定。

第一,思政课教学是否以学生的成长需求和期待为导向,探索思政课精细化管理、分类化教学、个性化指导的实现路向。思政课教学是否契合学生的成

---

① 习近平:《习近平谈治国理政》(第 1 卷),北京:外文出版社 2014 年版,第 170 页。

长需求和期待,是否针对不同学生的特点开展有针对性的教学,既会影响学生对思政课教学内容的吸收和内化,也会影响思政课教学的实效性。因此,思政课教学实效性的标准设定应当考量学生的成长需求和期待是否得到满足。思政课教学要聚焦青年学生本身,坚持问题导向,以解决青年学生的理论困惑和现实问题为导向开展精细化管理、分类化教学、个性化指导。通过摆事实、讲道理把疑惑和问题讲透、讲清楚。"要坚持问题导向,学生关注的、有疑惑的问题其实也就几大类,要把这些问题掰开了、揉碎了,深入研究解答,把事实和道理一条条讲清楚。"① 思政课教学还要关注网络舆情和社会思潮对青年学生价值观念的影响。伴随着互联网技术的更新与发展,网络空间越来越占据人们特别是青少年的精神世界。跨越时空的网络信息与知识越发快捷,既便利了青少年的学习与生活,与此同时庞杂的网络思潮与舆论又对青少年的价值观念、道德理念与理想信仰产生了极大影响。

众所周知,网络空间具有庞杂多元、隐匿性强、风险性大等特点,往往会成为多元社会思潮与舆论滋生发酵的场域。青少年大学生价值观念尚不成熟,社会经验不足,与互联网的黏合性强,往往成为互联网思潮与舆论的"关注"对象。网络空间携带多元社会思潮与舆论生成的网络文化不断冲击、瓦解着青少年大学生固有的价值理念和信仰根基,甚至诱发泛娱乐化、庸俗化倾向,酿成信仰风险与信仰危机的后果。"互联网日益成为人们特别是年轻一代获取信息的主要途径,网络舆论直接影响着人们的思想观念和价值取向。现在,意识形态领域许多新情况新问题往往因网而生、因网而增,许多错误思潮也都以网络为温床生成发酵。在这个舆论斗争的主战场上,能否顶得住、打得赢,直接关系我国意识形态安全和政权安全。"② 思政课作为思想政治教育的主阵地、主战场,必须关注学生的成长需求和期待,聚焦青年学生的理论关注点和兴趣点,运用马克思主义的立场、观点、方法,发挥好马克思主义"批判"的理论武器,直面各种错误舆论和不良社会思潮,给予坚决批判和打击,要通过马克思主义理论教育引导青少年客观认知、辩证看待、理性分析,明辨是非黑白、分辨善恶美丑,用马克思主义的真理力量批判假恶丑,弘扬真善美。只有这样,才能实现思政课教学政治引导和价值塑造的功能,也才能达成思政课教学价值目标。因此,设定教学实效性标准必须考量思政课教学是否以学生的成长需求和期待

---

① 习近平:《思政课是落实立德树人根本任务的关键课程》,载《求是》,2020年第17期,第13页。

② 中共中央宣传部编:《习近平新时代中国特色社会主义思想十三讲》,北京:学习出版社2018年版,第220页。

为导向,是否进行精细化管理、分类化教学、个性化指导。

第二,思政课教学是否主动贴近青年学生的生活世界,立足"以理服人""以德润人""以情动人"的指导原则,依据其在生活世界中遇到的理论困惑和现实问题,有针对性地开展理论解惑和现实释疑。思政课是一门思想课,其理论内容具有深厚的学理性、政治性和学术性。讲好思政课不能仅仅就理论讲理论,就政治讲政治,就学术讲学术。"讲好思政课不仅有'术',也有'学',更有'道'。思政课的政治性、思想性、学术性、专业性是紧密联系在一起的,其学术深度广度和学术含金量不亚于任何一门哲学社会科学!"[①] 因此,讲好思政课要练就好"道""学""术",遵循科学的教学理念,运用科学合理的教学方式把科学的道理讲深、讲透、讲活。那么,怎样才能把思政课的道理讲深、讲透、讲活?一个很重要的路径就是理论联系实际,将思政课的道理与青年学生生活世界中的事实相联结,用深厚的马克思主义理论解释青年学生生活世界中的事实与问题,达成"以理服人",用社会主义核心价值观规范青年学生在生活世界中的言行,达成"以德润人",用中国共产党百年奋斗历程和中国特色社会主义伟大实践中的感人事迹重塑青年学生生活世界中的情感,达成"以情感人"。

思政课教学要运用马克思主义理论、习近平新时代中国特色社会主义理论的感召力解释青年学生生活世界中的理论疑惑与现实问题,要用青年学生生活世界中的事实来验证马克思主义理论、习近平新时代中国特色社会主义理论的生命力和感召力,不断强化青年学生的生活体验与理论感悟,重构青年学生的思维世界和情感世界。"提高中国特色社会主义理论的感召力,需要依据学生的体验与理解,贴近学生的生活现实与成长实际,关注学生对中国特色社会主义理论与实践的认知状况和心理体验。……使问题与情境成为触及学生心灵的点播器,唤醒学生心灵中的深层情感与思维,促进中国当代大学生的情感完善与思维建构。"[②] 总之,青年学生作为思政课的教学对象,其在生活世界中对理论的感知与体悟,影响着对思政课教学内容的吸收和内化。设定教学实效性标准应当考量思政课教学是否主动贴近青年学生的生活世界,是否依据其在生活世界中遇到的理论困惑和现实问题,有针对性地开展理论解惑和现实释疑。

综上所述,这两个维度的实效性标准是相辅相成、相互促进的,共同统一

---

① 习近平:《思政课是落实立德树人根本任务的关键课程》,载《求是》,2020年第17期,第15页。

② 李寒梅:《走向深度教学:高校思政课教学改革的必由之路》,载《思想理论教育导刊》,2018年第6期,第109页。

于思政课教学功能与价值目标的实现。思政课教学实效性的提升既要关注教学价值目标达成的供给侧维度，也要关注学生获得感提升的需求侧维度，最终是实现需求侧目标与供给侧目标达成的无缝衔接。"深度教学"理念展现的课堂评价标准与思政课的教学目标之间存在着理论与逻辑上的自洽关系，可以有效提升思政课教学实效。因此，开展思政课教学效果评估要以学习的意义感标准提升思政课政治引导实效；以学习的自我感标准提升思政课价值引领实效；以学习的效能感标准提升思政课文化认同实效，三者同效，共同促进思政课教学高阶思维的价值目标实现。

第二节　以学习的意义感标准提升思政课价值引领实效

深度教学理念倡导对"知识之后"的深层次追问，注重将理论知识与人的精神世界相连接，即将理论知识的意义与价值内化于学生的精神世界，实现外在知识对于人的意义达成。思政课作为更注重价值观培养与塑造的课程，学习的意义感标准必然成为衡量思政课教学实效性的一项重要指标。以深度教学理念提升思政课教学实效性，需要厘清学习的意义感的内涵，廓清学习的意义感标准对提升思政课实效的重要性，明确以学习的意义感标准提升思政课价值引领实效的路径与方法。

一、何为学习的意义感

人不仅是自然存在物，也是超越自然的社会存在物。作为社会存在物，人不是独居性的，不会像动物一样按照自身所属种类去被动地适应世界，而是会以社会实践的方式主动地与外在世界发生着"千丝万缕"的联系，以实践或体验的方式去思考、反思和体悟，去探寻世界的"真""善""美"。"善"和"美"是人与自然界、人与人、人与自我关系的价值呈现，也是人依托人与自然界、人与人、人与自我之间的关系对自身精神世界的价值达成。人总是在思考着自身生存的意义、生活的意义，并不断依靠自身的主观能动性去实现和生成自身的意义感，进而使自身的生活变得有意义。"意义是一种生活体验的特殊内容，人与客观世界的内在关联本质上是一种意义关联，只有体悟到生活实践的意义性，人之自我生存的意义感才会产生。"① 人一旦失去了意义感，人的生活也便没有了精神支撑与动力，人的生活激情、责任与担当也便无从谈起。因此，从一定程度上来讲，人生在世是无法缺乏意义感的，人是一种不断追寻意义、体验意义、达成意义的存在物，这种意义感是外在世界对人自身生活经验的意义达成。

学习作为人把握与外在世界关系、获取外在世界信息与资源的方法，也存在着意义感。这种学习的意义感不是学生对外在世界知识与信息的直观感受，而是学生精神世界与外在世界知识与信息的深度交融和内化，是学生在处理人与自然界、人与人、人与自我之间关系时对自我生活实践合目的性、合价值性的自我评价，也是学生在学习过程中对知识内容自我创设、自我建构、自我内化与成长的过程。"意义是主体对自我的评判，是主体对自我生活事件、生活实践、生活世界的合目的性、合价值性的评判。作为教学活动的主体，学生在学习过程中时刻需要寻求自我与知识之间的意义联系，并不断地通过认知过程和情意过程，追求合创造着学习内容、学习过程对自我生长的意义。"② 因此，学习的意义感是学生在学习过程中对理论知识内在意义关系的呈现，是对符号知识、表层知识、事实知识的超越。任何有意义的学习活动不能仅限于对理论知识的直观反映或客观陈述。有意义的学习需要学生主动创设、建构、生成、深度联结自身的意义世界与外面的事实世界之间的情感和价值。离开了学习的意义感，就无法生成学生对外在世界的情感、价值乃至对外在世界的责任与使命感。"学习意义感即指学生在学习过程中时刻寻求个体与知识之间稳定的意义联系，对学习内容、学习活动以及学习过程产生强烈的意义确认和价值认同，并在此基础上体悟到知识学习对于自身成长与发展以及精神追求的真正意义的意识活动。"③ 只要学习的意义感已经生成，那么就代表着学生对教学内容、教学活动、教学方式、教学资源与环境的理性感知和价值认同，也预示着学习内容在学生自身精神世界的内化与生成，对学生自身发展的意义生成。从教学的目的性来讲，学习的意义感是评价教学活动的首要衡量指标。从某种程度来讲，学习无意义感，教学也便没有实效。因此，学习的意义感是衡量教学价值的重

---

① 容翠、伍远岳：《学习的意义感：价值、内涵与达成》，载《教育发展研究》，2016年第18期，第15页。
② 郭元祥：《深度教学——促进学生素养发育的教学变革》，福州：福建教育出版社2021年版，第36页。
③ 容翠、伍远岳：《学习的意义感：价值、内涵与达成》，载《教育发展研究》，2016年第18期，第15页。

要标准。

二、学习的意义感标准对提升思政课教学实效的重要性

从教育教学的维度来讲，学习的意义感是一切课程都需要追寻的价值目标。意义感是学习主体对课程教学内容生发的知识理解、认同与共鸣。学习的意义感往往与教学的优劣有直接关联。无意义的教学不会产生有意义感的学习，更不会引起学生对课程学习内容的理解与认同。"课堂教学质量和学习意义感之间是一种双向关系：高质量的教学能促进学生追寻、获得和增强学习的意义感；反之，学生学习意义感的获得也有利于促进学习的真正发生，促进个人的发展与成长，进而彰显教学的质量与课堂的发展性品质。"[①] 学习的意义感不仅可以提升和改善课程教学质量和课堂品质，而且对学生的精神世界产生着深层次的影响。对于思政课而言，确立学习的意义感标准尤为重要。思政课是开展道德情感、智慧涵养、政治素养、家国情怀和使命担当教育的课程，是进行马克思主义理论教育、用习近平新时代中国特色社会主义思想培根铸魂的课程。思政课的课程性质与价值目标决定了思政课必须开展有意义的教学，引领学生对课程内容生成意义感。因此，学习的意义感标准对提升思政课教学实效性尤为重要。

学习的意义感标准是消解思政课教学"虚无主义"，超越思政课"表层教学"的重要指标。思政课是更加追求价值和意义的课程，承载着价值引领的重要政治使命。思政课教学不能是"无效教学"，更不能是"不良教学"，要实现思政课教学的价值引领目标，消解思政课教学的"虚无主义"，超越思政课"表层教学"的局限，需要设定学习的意义感标准，来规约思政课教学，使思政课教学更有价值和意义。"'意义性'指向的是教学内容、教学活动、教学过程对于学生生命成长和精神发育的发展价值，而不是一种对象性的教学。构筑知识学习与学生发展之间的意义关系，是深度教学质的规定性，意义性是教学的终极关怀，即追寻教学对学生作为人的功能和价值。"[②] 学习的意义感标准可以有效建构思政课教学内容与学生精神世界之间的意义关系，为学生的个人价值实现提供规范，能够改变思政课教学过程中刻意追求"形式""热闹""花招""为教而教""为活动而活动"而造成的教学"虚无主义"和形式主义怪圈。因

---

① 容翠、伍远岳：《学习的意义感：价值、内涵与达成》，载《教育发展研究》，2016年第18期，第14页。

② 郭元祥：《深度教学——促进学生素养发育的教学变革》，福州：福建教育出版社2021年版，第22页。

此，学习的意义感标准超越"符号层面"，超越"事实层面"，实现"为意义而教"，这也是思政课教学价值目标使然。思政课要打破传统的以理论知识考察为主、以分数论英雄的固化考核方式，积极引导和培育学生进行正确的价值识别、价值判断、价值选择，实现价值引领，使思政课堂教学更具生成性和发展性，使学生的学习更具价值感和意义感。

学习的意义感标准是评价思政课教学是否有效的根本尺度。深度教学理念倡导对"知识之后"的意义追问。一个课堂教学是否达成价值取向、实现学习的意义感、提高教学的发展性，是深度教学理念下对课程进行教学评价的首要标准。正像郭元祥教授所言："意义性是深度教学的价值起点标准，因而深度教学之'深度'，首先就是指教学的价值达成之深度，即追求丰富教学的教育涵养，提高教学的发展性。意义性是深度教学的价值取向，是衡量教学好坏优劣的根本尺度。"① 思政课教学更加需要强化对"知识之后"的意义追问，思政课程性质与教学价值目标、深度教学理念存在逻辑自洽关系。思政课的性质决定必须"为意义而教""为价值而教"，学习的意义感标准能够将思政课教学内容与学生自身的意义价值相关联，实现思政课教学内容的内化与认同，进而提高教学质量和课堂品质。学习的意义感标准也是思政课实现有效教学的首要和必要标准。对思政课来讲，教学是否有效关键在于是否使学生产生价值和意义感，是否有利于学生的自我成长。"学习的意义感的获得与建立，是衡量课堂教学优劣的价值起点标准。如果课堂教学的内容、过程、活动方式和方法难以让学生建立学习的意义感，难以找寻到学习的意义，它就不仅失去了存在的基础和必要，反而成为学生成长的困惑和累赘。"② 总之，学习的意义感标准是评价思政课教学是否有效的首要和必要标准，也是衡量教学效果的根本尺度。

学习的意义感标准是有效达成思政课价值引领教学目标的必要准则。思政课堂教学兼有知识性与价值性的特征，实现学生对中国特色社会主义主流价值观念的引领是思政课的重要教学价值目标。如何在思政课堂教学中建构起知识学习中的价值性和意义感向度是思政课有效达成思政课价值引领教学目标的关键所在。"价值性追求是教学质量评价标准存在的根本意义，是评判课堂教学价值、辨别教学质量优劣的重要指标。教学质量的优劣不能只用工具性标准来衡量，还应关注其内在的价值追求。因此，价值标准作为对以往课堂教学质量评

---

① 郭元祥：《深度教学——促进学生素养发育的教学变革》，福州：福建教育出版社2021年版，第23页。
② 郭元祥：《深度教学——促进学生素养发育的教学变革》，福州：福建教育出版社2021年版，第35页。

价突出工具性或功利取向标准的一种批判和超越,是有效课堂教学的核心取向。"① 学习的意义感标准展现的是"为意义而教""为价值而教"的价值理念。作为一门更注重价值观引导的课程,思政课的教学价值目标是在理论知识传授中彰显价值观引导。对于思政课来讲,"知识即美德"。学习的意义感标准能够为思政课教学规范实现价值引领教学目标的路径提供方法。思政课要以学习的意义感为评价标准,以实现学生对中国特色社会主义主流价值观念的引领为重要教学价值目标来完善教学过程、评判教学效果,要在教学过程和课程考核中善于寻求自我—知识—价值(意义)之间的内在关联,以核心素养培育为指标,充分挖掘知识之后的思想、美德、智慧与情感元素,进而有效达成思政课价值引领教学目标。

三、如何以学习的意义感标准提升思政课价值引领实效

深度教学理念倡导的学习意义感标准重在强调将课程知识与社会文化、价值理念相联结,突出课程知识的文化意蕴和精神内涵,进而内嵌于学生的精神世界,助力学生自我成长。"教学需要超越把知识仅仅作为学习的对象、作为孤立于社会和文化之外的符号来占有,而追求知识对学生的成长意义。"② 以学习的意义感标准引领思政课教学改革创新,可以有效提升思政课的教学实效性,达成教学价值目标。"学习的意义感是学生对学习内容、学习过程和学习活动方式在价值识别、价值评判和价值确认的基础上产生的一种积极的意义体悟和意识过程。"③ 那么,应该如何以学习的意义感标准提升思政课价值引领实效?从思政课的课程性质和教学价值目标来讲,以学习的意义感标准提升思政课价值引领实效要分析和考量思政课教学是否对理论知识进行了深度处理;是否构建了学生与理论知识之间的意义关系;是否培养了学生的价值思维和意义思维,引起了学生精神世界的改变;要评估思政课教学是否真正发挥了社会思潮的辨析与引领作用;要衡量思政课教学是否有效实现政治引导功能,使中国特色社会主义主流政治思想和价值观念内化于心、外化于行,进而强化学生的政治认同和价值认同。因此,以学习的意义感标准提升思政课价值引领实效需要以学

---

① 容翠、伍远岳:《学习的意义感:价值、内涵与达成》,载《教育发展研究》,2016年第18期,第13~14页。
② 郭元祥:《深度教学——促进学生素养发育的教学变革》,福州:福建教育出版社2021年版,第42页。
③ 郭元祥:《深度教学——促进学生素养发育的教学变革》,福州:福建教育出版社2021年版,第36—37页。

习的意义感标准评估思政课教学知识处理的深度,以学习的意义感标准评估思政课教学的社会思潮引领成效,以学习的意义感标准评估思政课教学的政治引导成效。

以学习的意义感标准评估思政课教学知识处理的深度。知识可分为表层的认知领域和深层的意义领域。对于任何一门课来讲,知识的处理都需要由表层的认知领域深入到深层的意义领域,进而构建课程知识与学生精神世界的意义关系。因为,课程教学对知识的处理程度直接影响着教学的实效性与学生学习的效果,对思政课教学而言更是如此。作为一门更注重价值引领的课程,思政课教学要达成学生对知识的意义理解和价值识别,确立以学习的意义感标准评估思政课教学,落实"为意义而教""为价值而教学"。以学习的意义感标准评估思政课教学要着重分析思政课教师对理论知识处理的深度、广度、系统性和逻辑性;在授课过程中是否采用科学合理的教学方式,是否注重对知识的社会文化意蕴和价值内涵进行讲解与分析,是否关注学生个人的成长与发展。"教师对知识的解读,不能仅限于对知识文本符号的理解、分析,还应该进一步探究知识背后所隐含的学科思想、学科方法、情感态度及意义,并思考如何有效地实现知识蕴含的学科思想、方法、情感、意义对学生成长与发展的影响。"① 还要考量思政课教学是否构建了学生与理论知识之间的意义关系,以及学生对知识掌握与理解的正确性、深刻性、全面性、丰富性和系统性,讲解的课程内容是否达成了学生价值思维和意义思维的培育,引起了学生精神世界的改变。当然,对于思政课而言,还要看思政课教师在讲授理论知识的同时是否紧密联系学生的经验世界,分析社会现实事例,解答社会现实问题,在讲深、讲透、讲活中答疑解惑,在答疑解惑中实现思想引导与价值引领。"这就要求思政课注重以问题为导向的教学理念促进深度教学,紧扣现实问题,在解决思想问题与实际问题过程中实现知识传递、思想引领,高效促进教学的针对性和实效性。"②

以学习的意义感标准评估思政课教学的社会思潮引领成效。当今时代正处于世界百年未有之大变局,世界范围内思想文化交流交锋形势日益严峻,思想文化领域也出现多样、多变、多元的态势,诸多社会思潮"发散式"涌现,对青少年的价值观产生了重要影响。思政课教学能够有效引领社会思潮,提升主流意识形态和价值观念的话语权与影响力,也影响着思政课的教学实效性和教

---

① 伍远岳:《论深度教学:内涵、特征与标准》,载《教育理论与实践》,2017年第4期,第63页。
② 叶静:《深度教学:高校思政课改革的导向和路径》,载《扬州大学学报》,2021年第3期,第108页。

学价值目标的实现。开展思政课教学必须以思政课的功能定位、价值目标和实效性标准为基点,从思潮引领、思想形塑等维度深化教学改革创新,提升教学实效性。思政课教学能否有效引领社会思潮关系着其课程功能和教学价值目标的实现。以学习的意义感标准评估思政课教学要衡量思政课教学是否遵循"疏导—辨析—整合—引领"的基本路向,提升主流意识形态与主流价值观念的话语阐释力和影响力,凝聚青年学生的政治共识与政治认同。"疏导"即思政课要破除"堵塞""压制""禁谈"的教育方式,采用科学合理的方式,顺应青年学生的心理需求和理论诉求,让其合理表达、理性接触不同的社会思潮,进而澄清社会思潮的理论本质,用深刻的学理揭示良莠不齐的社会思潮"颜色";"辨析"即思政课要旗帜鲜明地引导和培育学生树立正确的世界观,掌握明是非、辨真伪、分美丑的能力与方法,自觉抵制和批判各种错误的社会思潮与观点;"整合"即思政课要发挥主流意识形态和主流价值观念的整合功效,抓住马克思主义的理论根本,运用马克思主义中国化的最新成果整合纷繁芜杂的社会思潮,最大限度地形成政治合力;"引领"即运用主流意识形态引领社会思潮。要讲清楚马克思主义的理论内涵与实践价值,深度链接马克思主义理论与青年学生的生活经验,进而凝聚政治认同,达成政治共识,引领学生的政治信仰。

以学习的意义感标准评估思政课教学的政治引导成效。思政课的课程性质决定了其不同于其他课程,思政课是传播主流政治思想和价值观念,落实习近平新时代中国特色社会主义思想铸魂育人,提升学生政治素养的关键课程。应该说,政治引导是思政课承载着的特殊而重大的功能。以学习的意义感标准评估思政课教学就要看思政课教学是否有效实现政治引导功能,使中国特色社会主义主流政治思想和价值观念内化于心、外化于行;要衡量思政课是否注重理想信念教育,强化政治引导,以思政育人守好政治引导和价值引领"责任田"。特定国家和社会占统治地位的政治思想、价值观念和主流意识形态是思想政治教育的核心内容。思政课本身蕴含着意识形态教育和政治引导的功能与职责,是进行主流意识形态和核心价值观念传播、实现政治引导的主要载体。以学习的意义感标准评估思政课教学就要看思政课在进行主流意识形态和核心价值观念传播,实现政治引导时是否遵循科学规律,讲求正确方法,尊重个体差异,采用动态化教育理念,进而实现显性思政教育与隐性思政教育的有效契合;要看思政课教学是否强化学理支撑,深挖主流意识形态和核心价值观念的学理根基,讲清楚、说明白、厘清马克思主义理论的真理性、科学性与实践性,做到以理服人;要看思政课教学是否注重"四史"教育,特别是中共党史教育,从百年党史中汲取智慧与力量,深入挖掘中国共产党的情感因素,提炼伟大建党精神的理论和实践力量,弘扬中国共产党人的人格魅力,做到以情感人。正像习近平总书记所讲:"要坚持政治性和学理性相统一,以透彻的学理分析回应学生,以彻底的思想理论说服学生,用真理的强大力量引导学生。要坚持价值性和知识性相统一,寓价值观引导于知识传授之中。要坚持建设性和批判性相统一,传导主流意识形态,直面各种错误观点和思潮。"① 思政课要充分发挥思想政治教育的价值引领功效,增强广大师生对主流意识形态和政治思想的理论认同、价值认同与行为认同。

综上所述,以学习的意义感标准评估思政课教学是提升思政课教学实效性,达成思政课教学价值目标的首要和必要准则。以学习的意义感标准来测评思政课教学能够深化思政课教学知识处理的深度,提升思政课的社会思潮引领、政治引导、价值引领成效。思政课要以学习的意义感标准来不断更新教学理念、完善教学过程、优化教学方式、提升教学效果,寻求主流政治思想和价值观念与自我—知识—价值(意义)之间的内在关联,使思政课教学更有实效性,学生的学习更具价值感和意义感。

第三节　以学习的自我感标准提升思政课价值认同实效

深度教学理念是注重学生自我发展,提升教学品质的教育理念。教学活动本身就是学生与外在知识之间相互影响的关系呈现,也是教师"教的"自我感和学生"学的"自我感不断实现的活动。思政课是对学生主流价值观念和意识形态进行价值引导,使思政课教学内容呈现出的政治立场、思想认识、情感态度获得学生积极接受和自觉认同的课程。思政课教学除了要确立学习的意义感作为课程实效性标准之外,还要将学习的自我感作为提升思政课实效性的过程性标准,通过学生在学习过程中的自我获得感来衡量思政课教学实效性。因此,深度教学理念提升思政课教学实效性,需要厘清学习的自我感内涵,廓清学习的自我感标准对提升思政课实效性的重要性,明确以学习的自我感标准提升思政课价值引领实效的路径与方法。

一、何为学习的自我感

从心理学角度来讲,自我概念与自我意识存在深度联结,自我意识指个体

---

① 习近平:《习近平谈治国理政》(第3卷),北京:外文出版社2020年版,第330—331页。

对自身的生理、心理和社会关系等的认知与定位。一般而言，对自我概念的全面认知需要一个外在的"参照物"——外在客观事物或他人。个体总是在与外在客观事物或他人的交互关系中得以区别和确认。一方面，个体作为主体呈现，来认识和改造外在客观事物，并在认识和改造外在事物的过程中，作为主体的"自我"得以呈现；另一方面，个体作为客体呈现，在与外在客观事物和他人互动关系中，自身得以被认识、承认、改造和提升。因此，可以说，"自我"概念是个体在处理与自身、外在客观事物的关系中才能被确认的。"自我"一般不会以纯粹的状态呈现，而是一种关系性的存在，在关系中生成自我感。个体在与自身、外在客观事物的关系中呈现自我，彰显自我感。自我感蕴含着人的生命价值与意义。"以人的存在以及人与世界的关系视域，意义的内涵或意义的'意义'涉及'是什么''意味着什么''应当成为什么'诸问题。"[1] 人的自我感内设"实然"与"应然"两个层面的自我认知。一是个体对自我实然层面的认知，即人当下的存在状态，人与世界的现实关系的认知；二是个体对自我应然层面的认识，即人意味着什么，应当成为什么的认知。这一层面，是实现自我生命价值和意义的层面，根据自身的需要与目的，通过认识和改造外在世界来变革自我、提升自我、实现自我，获取自我感。因此，自我感是个体通过处理与自我、外在客观事物的关系达成的自我承认、自我认同、自我实现。

"学习的自我感，是指学生在学习过程中随着对知识理解的加深而产生的自我认知、自我觉醒和自我觉悟等自我成长体验。学习的自我感强调教学活动不能仅仅把知识作为对象和目的来看待，而应该把学生的自我成长作为对象和目的，教学需要建立起知识与学生自我的意义联结，要从知识回归到学生自我，这正是'教学回归生活世界'的根本意蕴。"[2] 从某种意义上来讲，学生在学习过程中对外在知识获取得越多、越深刻，学习的自我感也会越强。当然，需要清楚的是，学习的自我感不单是对外在知识的获取，它还有与学生自我成长、自我实现深度联结。学习的意义感需要外在知识内化到学生的精神世界，成为学生自身生命价值和意义实现的驱动力。因此，就教学评价来讲，学习的自我感是衡量教学实效性的重要标准，学习的自我感是否达标关系着学生生命价值和意义的实现，也关系着教育本真状态的回归。

---

[1] 杨国荣：《成己与成物——意义世界的生成》，北京：北京大学出版社2020年版，第31页。
[2] 郭元祥：《深度教学——促进学生素养发育的教学变革》，福州：福建教育出版社2021年版，第38页。

二、培养学生学习自我感对思政课的重要性

学习的意义感标准规导着教学过程和课堂知识的价值性、意义性表达，是新知识观和"深度教学"理念的深层次表征，也是思政课达成教学价值目标、促进学生成长成才的首要衡量标准。但教学和学习活动的主体是学生，教学实效最终要归宿于学生对课堂知识价值性、意义性的自我感表达。学生对课堂知识学习的自我获得感，是观察、判断和评价课堂教学实效性的重要标准。学生的自我获得感不仅要考量其对课堂知识"量"的获取，还要考量对课堂知识"质"的内化，也就是说，要看课堂知识中蕴含的政治元素、思想要素、道德情感元素和思维方式对学生精神世界的改造。因此，思政课教学除了要确立学习的意义感作为课程实效性标准之外，还要将学习的自我感作为提升思政课实效性的过程性标准，通过学生在学习过程中的自我获得感来衡量思政课教学实效性。因为"知识学习的过程不仅仅是通过前人的认识成果来认识世界，更是反求诸己，检视并回应自我，倾听自我内心的声音，关照自我内心世界，建立处世哲学、思维方式和方法论的过程"①。学习的自我感标准展现的是"为认同而教"的价值理念，这一标准与思政课教学价值目标也存在着逻辑与实践层面的自洽关系。可以说，确立学习的自我感标准是破除"教—学"分离，搭建思政课"教—学"育人场域的重要指标，是有效达成学生对思政课自我认同的重要标准，也是有效达成思政课价值认同教学目标的过程性准则。

第一，学习的自我感标准是破除"教—学"分离，搭建思政课"教—学"育人场域的重要指标。学习的自我感是在教与学的双向活动中实现的。离开了教师的教，学生的学就失去了"主导"，学生学习的自我感便会大打折扣。同理，如果教师只关注教，而不关注学生的学，那么学生的学习自我感也无法真正达成。在传统的思政课课堂上，往往会出现学生听课效率低，抬头率不高；课堂教学互动时，学生要么"鸦雀无声"，要么"文不对题"等问题，这些问题恰恰反映了思政课教与学在针对性和结合度方面的不足。教与学是育人的大场域，对思政课教学而言更是如此，思政课是培根铸魂、实现价值引领、价值认同的课程。教师的"教"在其中起着传授、主导作用，但教师的"教"要时刻关注学生的"学"，不能将思政课上成"一言堂"，成为教师"自我表现"的舞台。教师要时刻记得学生始终是学习的主体，学生在学习过程中获得了什么、

---

① 郭元祥、吴宏：《论课程知识的本质属性及其教学表达》，载《课程·教材·教法》，2018年第8期，第43—44页。

提升了多少，对主流价值观念的认同度如何、成长了没有等问题都要成为思政课教学的重要参考标准。学习的自我感是学生在学习过程中，通过对外在知识的认知、理解、内化、认同，进而实现自我觉醒和自我成长，它既关注着教师的教，更关注着学生的学，特别是学生学的质量。因此，学习的自我感标准可以有效破除思政课"教—学"分离的异化状态，搭建思政课"教—学"的育人场域，是提升学生学习获得感和思政课教学实效性的重要标准。

第二，学习的自我感标准是有效达成学生对思政课认同的重要标准。学生对思政课是否会产生认同关系着思政课的教学实效性和教学价值目标的实现。个体对一个事物的认同意味着该个体对这一事物在思想或行为上的接受、选择或认可。对于思政课而言，青年学生对思政课的认同度意味着其对思政课的课程价值、内容体系的理解，对思政课蕴含的政治立场、思想认识、情感态度的接受，并把在思政课中学到和悟到的思维方法与价值取向比较稳定地内化为自身的言行。众所周知，思政课具有很强的理论体系、严密的逻辑体系，应该采用什么样的教学方法才能使学生乐于接受、勤于钻研、自觉认同思政课理论内容是当前一个重要的实践课题。因为乐于接受、勤于钻研、自觉认同是学习主体在心理和行为上的一种积极态度，是个体自我表现出情感和理智上的积极选择。这一积极选择也意味着该事物在个体精神世界中的内化与认同。对思政课来讲，要使其教学方式、理论内容及其蕴含的思想体系与思维方法获得学生的接受和认同，必须使思政课的教学方式、理论内容及其蕴含的思想体系和思维方法在学生精神世界中内化和认同，使学生自我从内心表现出的情感和理智上的积极选择。换言之，学习的自我感以考查学生在对课程知识学习过程中是否达成自我认知、自我觉醒和自我认同为标准来衡量教学的价值认同实效，是"为认同而教"的价值标准，可以有效衡量学生对思政课的认同态度，也是有效达成学生对思政课认同的重要标准。

第三，学习的自我感标准是有效达成思政课价值认同教学目标的过程性准则。一种价值理念只有在自觉认同时才能获得价值主体的自觉遵从和践行。价值主体对特定价值理念的认同和接受是一个渐进的过程，是价值理念不断内化为价值主体精神世界的过程。"价值认同的过程是价值主体对某种价值理念、价值目标和价值规范的自觉接受、自觉遵循的态度，是价值规范、价值标准内化为主体自觉意识的过程。"① 思政课是开展道德情感、智慧涵养、政治素养、家

---

① 方旭光：《认同的价值与价值的认同——社会主义核心价值观论》，北京：中国社会科学出版社2014年版，第149页。

国情怀和使命担当教育的课程,是进行马克思主义理论教育,用习近平新时代中国特色社会主义思想培根铸魂的课程。思政课的教学过程就是对学生进行主流价值观念和意识形态的价值引领,使思政课教学内容呈现出的政治立场、思想认识、情感态度获得学生积极接受和自觉认同的过程。因此,达成学生对思政课教学内容的价值认同也是思政课教学价值目标之一。从心理学上来讲,价值认同是价值主体在心理上对特定价值理念的积极态度,是个体自我感的一种过程性表现。价值认同的过程性特征决定了这一教学目标的实现不是一蹴而就的,需要动态监测。思政课的教学过程也是学生学习的自我感不断达成,进而对主流价值观念和意识形态实现价值认同的过程。学习的自我感标准可以通过衡量学生在学习过程中对知识的获得、情感的接受、价值观念的认同等指标,考量学生对思政课教学内容价值认同程度,进而实现学生自我确定、自我提升与自我发展的过程性监测。

三、如何以学习的自我感标准提升思政课价值认同实效

深度教学理念注重"知识之后"的深层次追问,更注重将蕴含在知识深层次中的思想内涵、情感价值等与学生精神世界深度联结,以及学生在习得知识之后自我获得感和自我发展的程度。"浅表层教学注重事实的传递而忽视了价值的引导、意义的追寻和行为的养成,如学生学习了很多'关于道德的知识',但是没有形成自己的道德判断,没有养成符合道德规范的行为,缺乏自己的道德价值观,这就是浅表层教学的根本缺陷。"[①] 教育教学从根本上来讲要指向学生自身,促成学生的意义追寻、价值认同与行为养成。学生的全面发展是教育教学的目的。学生的学习自我感就是在学习过程中动态监测学生对知识的获得、情感的接受、价值观念的认同等,进而促进自我全面发展。因此,学生自我的发展性也意味着教学的发展性。"学习的自我感是衡量课堂教学优劣的过程标准。自我感的建立是人在生活实践中意义性的实现过程,教学过程的根本价值就在于通过知识学习完善自我意识,达到对自我的理解、确认和提升。所谓教学的发展性,即教学活动通过引导学生的知识习得,指向学生的自我确定和自我实现,因此,自我感的建立是教学发展的过程标准。"[②] 以学习的自我感标准引领思政课教学改革创新,可以有效提升思政课的教学实效性,达成教学价值

---

① 伍远岳:《论深度教学:内涵、特征与标准》,载《教育理论与实践》,2017年第4期,第59页。

② 郭元祥:《深度教学——促进学生素养发育的教学变革》,福州:福建教育出版社2021年版,第38页。

目标。那么，应该如何以学习的自我感标准提升思政课价值认同实效？从思政课的课程性质和教学价值目标来讲，以学习的自我感标准提升思政课价值认同实效要从根本上分析和考量思政课教学是否把知识深层次中的思想内涵、情感价值等与学生精神世界深度联结，以及学生在习得知识之后是否实现了自我获得感，得到了自我确认、自我发展；要评估思政课教育对学生的社会主义主流价值观念认同的成效。因此，要以学习的自我感标准提升思政课价值引领实效需要，以学习的自我感标准评估思政课教学发展性的成效，以学习的自我感标准评估思政课教学对学生主流价值观念认同的成效，以学习的自我感标准评估思政课教学对学生自我发展、自我实现的成效。

其一，以学习的自我感标准评估思政课教学发展性的成效。发展性教学理论认为，教学的目的不仅在于知识的获得，更在于学生自我的发展。其实，知识的获得与学生自我的发展本身就具有一致性。教与学的关系是一种双向互动的关系，教的发展性与学的发展性具有一致性。在学校教育中，教师的教要指向学生的学，学生的学要由教师的教来主导。教学是否具有发展性关键要看学生学习的发展性，学生学习的发展过程是学生自我心理活动的过程，是对外在世界进行信息加工、意义建构、感受体验获得的发展过程，是外在知识对学生自我身心进行改造、完善和丰富的发展过程。发展性教学理论与深度教学理念具有异曲同工之妙。发展性是深度教学理念的本质规定。深度教学理念注重将蕴含在知识深层次中的思想内涵、情感价值等与学生精神世界进行深度联结，关注学生在习得知识之后自我获得感和自我发展的程度。思政课是落实立德树人根本任务的关键课程，是培根铸魂，促进学生全面发展的课程。以学习的自我感标准评估思政课教学发展性的成效要衡量思政课教学是否以学习的自我感为标准，在思政课教学活动、学习考评与学生自我感的关联度上下功夫；是否在"理论知识—生活经验—价值意蕴—自我认同"上创新教学方法；是否注重社会主义核心价值观与学生生活经验之间的相互渗透与相互转化，引导学生在理论知识中感悟价值涵养、在生活经验中体悟价值意蕴、在自我言行上彰显价值认同；是否注重学生的话语表达与意见反馈，打破课堂教学的权威性与压制性，提倡开展"对话式""引导式"教学活动，充分发挥学生在教学活动中的主体性与创造性，最终达成学生的自我成长、自我觉醒、自我超越与自我认同。

其二，以学习的自我感标准评估思政课教学对学生的主流价值观念认同的成效。思想"塑形"，正身"塑形"，实现学生对中国特色社会主义主流价值观念的认同是思政课的教学价值目标，也是思政课承载的一项重要使命。思政课教学能否有效实现对青年学生价值观念的引导与塑造，促使其实现对中国特色社会主义主流价值观念的认同关系着这一重要使命和价值目标的达成。"深度教学就是引导学生正确识破西方社会思潮的本质，站稳马克思主义的意识形态阵地，以时代新人的态度和立场有力回击意识形态领域的杂音和羁绊。用马克思主义的立场、观点、方法这把'金钥匙'去解锁社会问题、社会思潮，以深厚的知识涵养和全面的、联系的、发展的辩证思维，辨析和化解思想困惑和生活疑难，推动大学生的马克思主义意识形态认同、主流价值观认同。"① 以学习的自我感评估思政课教学实效性，就要聚焦青年学生自我价值观念的转变，深度联结青少年精神世界与中国特色社会主义主流价值观念，要评估思政课是否遵循"研判—规范—内化—塑形"的基本路向，强化对青年学生价值观念的引导与塑造，增强青年学生对我国主流价值观念的认同。"研判"即思政课要以"青少年学生的思想"作为教学的重要基点，关注和研判青年学生的思想特点与思想动态，分析和研究异质非主流社会思潮的传播路径、渗透方式和惯用手段，把控不良社会思潮对青年学生思想观念的冲击；"规范"即思政课教学在提前研判青年学生思想的基础上，引导和规范青年学生价值观念。规范本质上也是一种价值塑造的教育。"规范是反映和体现某一文化的价值的行为规则。价值和规范共同塑造了一个文化的成员在其环境中的举止。"② "内化"即思政课要运用"深度教学"理念，深度挖掘知识和理论深层中的价值元素、德行养分和智慧要素，经过"认知—理解—认同—内化—践行"的循序渐进、螺旋式上升教育模式转识成知、转知成智，内化和滋养青年学生的思想"土壤"；"塑形"即思政课要充分发挥课堂教学的主渠道作用和主流价值观念的塑形功效，用习近平新时代中国特色社会主义思想为青年学生的思想"铸魂塑形"，从"四史"中汲取营养和智慧为青年学生的思想"正身塑形"，用社会主义核心价值观重塑青年学生的"价值生态"，铸就青年学生的思想之魂，从而实现青年学生对中国特色社会主义主流价值观念认同这一教学价值目标。③

其三，以学习的自我感标准评估思政课教学对学生自我发展、自我实现的成效。学生始终是教书育人的主体，任何教育教学活动都要聚焦在学生自我的发展与成长上。思政课教学不能成为"为教而教"的课程，要时刻关注青年学生对外在知识的认知、理解与内化，要从关注外在知识回归到学生自我的发展。

---

① 叶静：《深度教学：高校思政课改革的导向和路径》，载《扬州大学学报》，2021年第3期，第108页。
② 参见刘建涛·赵雪：《提升思政课实效性的三个着力点》，载《思想政治课教学》，2021年第7期，第3页。
③ ［英］吉登斯：《社会学》，赵旭东等译，北京：北京大学出版社2003年版，第28页。

以学习的自我感评估思政课教学实效性,就要衡量思政课教学是否聚焦学生在思政课学习过程中的自我发展与成长,使学生在思政课中获得价值感、意义感,实现自我发展、自我成长。意义感、价值感不是纯粹的"精神"状态,而是与个体对知识的理解内化、生活实践和所处的时代发展密不可分。一个人的成长与价值实现源于其生活情境与投入的精力,在学习、感悟、实践、奉献中得以呈现。"真实性评价是一种生活性的评价理念,它注重的是学生在面对生活实践或学习探索问题情境时,能够有效整合知识与解决问题的能力。指向深度教学的教学评价应当注重展示学生运用自己知识的能力。这是因为当学生在问题情境中与知识相遇,才能真正体会知识所蕴含的多重意义。"[1] 以学习的自我感标准评估思政课教学对学生自我发展、自我实现的成效,要衡量思政课教学是否注重培养学生的爱党爱国情怀、敢于付出的使命担当与责任奉献。"成就自我(成己)与成就世界(成物)不仅表现为对实然的把握,而且也展开为一个按人的目的和理想变革世界、变革自我的过程。以目的为关注之点,存在的意义也相应地呈现价值的内涵。"[2] 也就是说,个人的成长、发展与个人的理想、时代的发展是紧密相关的,个体"小我"只有融入国家"大我"中才能真正实现自我提升、自我完善、自我优化。思政课要时刻将理论知识的传授、使命担当的培育与学生的生活情境相联结,注重培育学生的家国情怀,要使学生在生活情境的认识活动中寻求意义感,在生活情境中提升自我意义感和价值感,实现自我发展与自我成长。

第四节 以学习的效能感标准提升思政课的价值内化实效

一、何为学习的效能感

效能一般是对工作成效的综合性评价,包含但不不局限于具体工作的效率、效果、效益,是对工作开展的总体目标、手段的正确性及其实现程度的整体性、战略性评判。对于任何工作而言,都会设定战略性的目标,以及实现战略性目

---

[1] 朱宁波、王志勇:《论深度教学的理论逻辑——基于杜威经验主义知识论视角》,载《当代教育科学》,2021年第11期,第29页。
[2] 杨国荣:《成己与成物——意义世界的生成》,北京:北京大学出版社2020年版,第13页。

标需要的操作性手段和方法。手段和方法是为目标实现服务的，方法不对路、手段不科学也会影响目标的实现。目标不正确会影响大局，甚至可能会发生"适得其反""南辕北辙"的效果，产生不好的结果。因此，效能不仅是对手段和方法适得性的衡量，更是对战略性目标和结果正确性的评判。教育教学工作也存在效能产生的问题，主要包括教师教的效能和学生学的效能，具体涉及教师的教采用的手段、方法及其要达成的教学目标和结果，学生的学采用的手段、方法及其要达成的学习目标和结果。教与学本身就是一个互相促进、共同成长的共同体。一方面，教师教的效能会促进学生学的效能的实现；另一方面，学生学的效能会改善和提升教师教的效能。立德树人是新时代教育的根本任务和目标，是教师的教与学生的学要实现的共同效能。在立德树人根本任务和目标的驱动下，如何实现教育工作效能的最大化则是教育工作者需要解决的现实课题。在教育教学过程中，"转知成识、转知成智、化知识为美德，是效能的核心"①。因此，教师的教要围绕"转知成识、转知成智、化知识为美德"来开展，学生的学习要围绕"转知成识、转知成智、化知识为美德"来努力。前文已经谈到，教学的重心在学生的发展与成长，因此，教学要注重学生学习效能感的提升。

学生学习的效能感是学生在学习过程中知识、情感、思维方法、价值理念等的成效体验，既是学习结果的成效体验，也是学习过程的成效体验。学生学习的过程不仅是掌握知识的过程，更是探寻和挖掘知识背后的政治要素、价值元素、德行和智慧要素，进而"转知成识、转知成智、化知识为美德"的过程，也就是将知识转化为智慧、情感、美德等，进而内化到自身的精神世界的过程。郭元祥认为，"学习的效能感，是指学生在学习过程中经过认知和情感过程所产生的成效体验，是教学活动的一种结果标准或成果标准。"② 也就是说，学习的效能感主要生成于学生的学习过程，彰显于学生的学习结果，主要衡量学生在学习过程中是否真正参与课堂活动，是否真正理解课程内容，是否真正具有情感体验，是否真正实现转知成识、转知成智、化知识为美德。它更加注重学生在学习过程中的成效体验，而学生在学习过程中的成效体验直接关系着教学的成效，在一定程度上也是衡量教学成效的标准。

---

① 郭元祥：《深度教学——促进学生素养发育的教学变革》，福州：福建教育出版社2021年版，第40页。
② 郭元祥：《深度教学——促进学生素养发育的教学变革》，福州：福建教育出版社2021年版，第39页。

二、培养学生学习效能感对思政课的重要性

前文谈到,学习的意义感标准是有效达成思政课价值引领教学目标的必要和首要准则,学习的自我感标准是有效达成思政课价值认同教学目标的过程性准则。对思政课教学而言,价值引领、价值认同的最终效果要实现价值内化,也就是将中国特色社会主义主流价值观念和意识形态通过有效引领、有效认同,使学生真正内化于心、外化于行。那么,能否实现这样的教学效果,还需要以学习的效能感对思政课教学进行结果性评价。学生学习的效能感是学生在学习过程中对知识、情感、思维方法、价值理念等的成效体验,既是学习结果的成效体验,也是学习过程的成效体验。价值引领需要思政课教师在教学过程中通过讲道理、摆事实、盘逻辑等方式让学生真正理解,价值认同需要思政课教师在教学过程中将思政课的理论内容,特别是中国特色社会主义的主流价值观念和意识形态与学生的精神世界深度联结。价值内化则需要思政课教师将思政课的理论内容,特别是中国特色社会主义的主流价值观念和意识形态内嵌于学生的精神世界,使学生在言谈举止中彰显主流思想和优良品质。这一目标的达成则需要以学习的效能感标准对思政课教学过程和教学结果进行评价。评价学生在思政课教学过程中是"被动机械式学习"还是"主动参与式学习",评价思政课教学是否对学生进行价值熏陶和文化涵养,是否真正提升思政课教学深度,打造智慧高效课堂,达到价值内化的高阶思维培育目标。从一定程度来讲,确立学习的效能感标准能够破除思政课"被动机械式学习"窠臼,走向"主动参与式学习"模式,可以有效提升思政课的教育价值与文化涵养,也可以从结果上有效达成思政课价值内化的教学目标。

学习的效能感标准是破除思政课"被动机械式学习"窠臼,走向"主动参与式学习"模式的重要指标。教学实效性是教师与学生共同作用的结果,教师要创新教学方式用心教,学生要主动参与教学过程用心学、用心悟。对于教师来讲,如果不用心教,疲于应付,教学效果必然不佳,同样地,对于学生来讲,如果学生在课堂上没有参与感、主动性,只是机械被动地学习,将课堂视为"忍受"而非"享受",那么教学效果也必然不好。学习的效能感是对教学手段和方法适得性的衡量,也是对教学战略性目标和结果正确性的评判。学习的效能感通过评价思政课教学过程,能够督促思政课教师创新教学方式,规范战略教学目标,引导学生主动参与、积极融入教学过程,破除只为"符号性知识教学"和"考试过关"的"重复记忆"的机械式学习,提升教学效能。对课程学习效能的评价"不仅仅指教学过程结束后的考试或者终结性的成绩测定,它还指伴随教学活动所进行的各种各样的形成性评价（如观察、对话、传统的小测验、实践性活动评定等）或自我评价"①。思政课教学要实现学生对教学内容的价值内化，首先要实现认知、理解，而对教学内容的认知、理解需要在教学过程中循序渐进地实现。理论知识不是"旁观者知识"，而是内嵌到学生生活世界之中的知识，是一种"关系性"的存在，不能镜像性、机械性地去认知，要让学生主动参与，实现知识的现实化、生活化、迁移化、效能化。只有教学手段和方法得当，教学战略性目标和结果正确，才能有效唤起学生对理论知识的认知并形成深度理解，进而达到沟通心灵、启智润心的效果。

学习的效能感标准是有效提升思政课价值教育与文化涵养的重要标准。思政课承载着价值观教育和文明传承的重要使命。实现对学生的价值观教育与文化涵养的提升不仅是思政课的教学目标，还为思政课教学的政治引导和价值塑造功能提供了重要支撑。价值观念是文化认知体系中的核心，思政课教学能否有效为学生供给主流价值观念和文化文明的"养分"，能否实现以文化人、文化认同、启智增慧的功效影响着教学价值目标的实现。众所周知，知识不仅是对客观事实的认知，而且具有符号表征、逻辑形式、意义系统三维的内在结构与逻辑体系；不仅蕴含了知识本身的符号与逻辑结构，也蕴含着深厚的价值理念和文化内涵，彰显了科学性与价值性的有机统一。蕴含在知识背后的价值理念和文化内涵恰恰是思政课需要传递给学生，浸润学生心灵，进而提升学生文化涵养的。"学生学习的知识是蕴含着思想的，是文化负载的，深度教学还需要实现思想文化对学生的浸润，思想文化的浸润既是知识本身的要求，也是学生发展的要求。只有课堂实现了思想文化对学生的浸润，课堂才真正成为具有生命的活力，才真正成为学生生命成长之地，这样的课堂教学才是真正的深度教学。"② 思政课要达成这样的深度教学需要一种能够测评学生在学习过程中对知识、情感、思维方法、价值理念等理解、认同和内化程度及成效体验的标准。学习的效能感标准本身就蕴含着对学生在学习过程中对知识、情感、思维方法、价值理念等的成效体验的检测，能够有效衡量学生在学习过程中是否具有情感体验，是否真正实现转知成识、转知成智、化知识为美德。因此，确立学习的效能感标准是有效提升思政课价值教育与文化涵养的重要标准。

学习的效能感标准是有效达成思政课价值内化教学目标的结果性准则。思

---

① ［美］格兰特·维金斯、杰伊·麦克泰：《理解力培养与课程设计》，么加利译，北京：中国轻工业出版社2003年版，第6页。
② 伍远岳：《论深度教学：内涵、特征与标准》，载《教育理论与实践》，2017年第4期，第64页。

政课肩负着帮助学生树立正确的世界观,掌握马克思主义的立场、观点和方法,进而运用其分析问题和解决问题的教育使命,是传承主流价值观念和优秀文化精神基因的课程。思政课的课程使命决定了思政课教师要在教学过程中创造知识与学生精神世界相遇的场域。在这一场域中,学生不仅要掌握知识本身,还要理解知识背后蕴含的思维方法,并能够自主构建知识的结构及其蕴含的意义结构和文化结构。如就掌握马克思主义的立场、观点和方法来讲,学生不仅要理解马克思主义的基本原理,还要能够融会贯通并结合自身实际科学地运用马克思主义的观点和方法来分析问题和解决问题。只有做到这一点,才是真正做到理论内化和价值内化。价值内化本身也是科学的理论,它蕴含的价值和文化内涵触及人的灵魂,融于人的精神世界,规范人的言行。这本身也是教育和文化承载的功能。"所谓教育,不过是人对人的主体间灵肉交流活动(尤其是老一代对年轻一代),包括知识内容的传授、生命内涵的领悟、意志行为的规范、并通过文化传递功能,将文化遗产教给年轻一代,使他们自由地生成,并启迪其自由天性。因此教育的原则,是通过现存世界的全部文化导向人的灵魂觉醒之本源和根基。"[1] 学习的效能感主要生成于学生的学习过程,彰显于学生的学习结果,主要衡量学生在学习过程中是否真正参与课堂活动,是否真正理解课程内容,是否具有情感体验,是否真正实现转知成识、转知成智、化知识为美德,是否达成思政课价值内化的教学目标。就思政课而言,能否真正实现将理论知识转知成识、转知成智、化知识为美德,也就是将作为符号的公共知识变为有个人意义的个体知识,进而内化到学生的价值观念中,规范学生的言行影响着思政课教学结果的质量。因此,学习的效能感标准通过对思政课教学过程和教学结果的综合性评定,可以有效达成思政课价值内化的教学目标。

三、如何以学习的效能感标准提升思政课价值内化实效

学习活动是主体(学生)在教与学的互动过程中对学习过程和结果的认知、体验与内化的过程,也是建构和优化心理、情感与价值观念的过程。学生在学习活动中的成效体验是衡量课程教学优劣的结果标准。"学习的效能感,是指学生在学习过程中经过认知和情感过程所产生的成效体验,是教学活动的一种结果标准或成果标准。"[2] 在思政课的教学目标中,理论知识及其背后的价值观

---

[1] [德]雅斯贝尔斯:《什么是教育》,邹进译,北京:生活·读书·新知三联书店1991年版,第3页。

[2] 郭元祥:《课堂教学改革的基础与方向——兼论深度教学》,载《教育研究与实验》,2015年第6卷,第4期,第4页。

念、德行涵养等不能仅仅停留于表层的"认知",而需要达成深层的价值"认同"与"践行"。"符号接受的学习,不是文化实践。接受性的教学往往停留于符号表征的层面来处理知识,忽视知识的文化属性和文化内涵,难以引导学生达到文化理解、文化认同、文化反思和文化自信的层次。知识学习唯有达到文化学习的层次,获得知识的内化内涵,习得文化思维方式,形成文化价值观,才能达到文化觉醒和文化自信。从此意义上说,深度教学是引导学生文化实践的过程。"① 因此,以学习的效能感标准提升思政课价值内化实效要注重考查学生在学习过程中的探究、反思与感悟等参与度,评估思政课以文化内涵雕琢学生的精神世界,启智增慧,实现文化认同的效果,也要注重考查学生对思政课学习结果的情感体验、价值内化、信念达成与自觉践行的具体表征。

在思政课的教学过程中,学生是否真正开展了探究、是否进行了反思与感悟,对教学的参与度如何,这些因素将直接影响思政课的教学质量,乃至价值内化的教学效果。可以说,学习的效能感不能从应试的结果性考试和测评中衡量学生对思政课学习的效能感。"教学过程是否能够激起学生学习的欲望,是否能够引起学生全方位参与教学过程,是否伴随着丰富的情感体验,是否真正有所知、有所得、有所获、有所悟,才是检验课堂教学效能感的基本维度。"② 以学习的效能感标准评估思政课的教学实效要考量思政课教师运用的教学方法是否得当,能否激起学生的学习兴趣,是否有利于学生对思政课教学内容进行理解、探究;是否采取激励举措引发学生不断反思与感悟,超越自我、完善自我,进行高阶思维的培育。思政课教学要以学习的效能感为标准不断优化教学过程,深度联结学生的生活情境和价值取向,引导学生全过程式参与教学过程;要在教学过程中增强理论内容的思想性、理论性和亲和力,挖掘和提炼优质教学内容,善于挖掘知识背后的价值理念与文化意蕴,开展意义性教学、理解性教学和生成性教学,引发学生产生理论理解、情感共鸣、价值与文化认同,给予学生科学的思维与方法,鼓励学生开展自我导向学习,"自我导向学习的意义不仅在于确认学生学习的主体地位,更在于建立学生学习的自我感。对为什么学、怎样学、学习过程的体验如何以及学得怎样等问题的回答,皆需学生的自我意

---

① 郭元祥:《深度教学——促进学生素养发育的教学变革》,福州:福建教育出版社2021年版,第34—35页。
② 郭元祥:《深度教学——促进学生素养发育的教学变革》,福州:福建教育出版社2021年版,第40页。

识和自我判断"①，进而促进学生深度学习，提升教学效果，为思政课达成价值内化的教学目标提供过程性前提。

　　以学习的效能感标准评估思政课雕琢青年学生的精神世界，启智增慧，实现文化认同的效果。文化孕育文明，文化彰显着一个国家或民族的精神根脉与精神基因，是一个国家或民族进步的理论之源、自信之源。价值观念是文化认知体系中的核心。在思政课教学过程中能否有效引领学生实现文化认同影响着其对主流价值观念的内化效果。学习的效能感标准考量着思政课能否真正实现转知成识、转知成智、化知识为美德的目标，对思政课教学文化认同效果的达成具有重要意义。以学习的效能感标准评估思政课教学实效性要看思政课是否遵循"熏陶—雕琢—自觉—自信"的基本路向，强化对学生的文化熏陶、文化涵养，提升学生的文化自觉与文化自信，进而为思政课教学的政治引导、价值塑造功能提供道德涵养和精神动力。"熏陶"即思政课要讲求方式方法，充分发挥文化对学生潜移默化的育人功效。文化熏陶具有无形性、非强制性的特征，思政课教学要在传授文化知识的同时，善于挖掘文化深层次中蕴含的思政教育元素、道德教育元素和情感教育元素，使其于脉脉深情中体悟情理，于谆谆教诲中思索真理，于件件案例中明辨是非。换言之，以文浸润学生的精神世界，以史拓宽学生的价值维度。"雕琢"即思政课要用文化雕琢学生的精神世界。思政课要善于用中华优秀传统文化、革命文化和社会主义先进文化共同熔铸、涵养学生的精神底气和文明气度。"自觉"即思政课要培育学生对文化的自我认知、自我反思与理性审视的思维方式。对于不同类型的文化要进行科学的价值判断，理性地价值选择。知识蕴含文化，文化内生新思想，塑造新价值，"知识是文化的最具代表性的形式，教学不仅是接受前人的认识成果，更为重要的是进入文化，从知识理解，获得文化的同一性，并建立文化自信。从此意义上说，深度教学是以知识理解为基础引导学生开展的一种文化实践，其核心过程是文化理解与文化习得、文化反思与文化认同、文化觉醒与文化自信。建立文化自信，是作为文化实践过程的深度教学的根本目的"②。思政课要引导学生继承、吸收先进文化，抵制、摒弃落后文化，引导学生获得文化同一性，为文化自信奠定基础。"自信"即思政课要培育学生对中国特色社会主义的文化自信。文化

---

① 郭元祥：《深度教学——促进学生素养发育的教学变革》，福州：福建教育出版社2021年版，第255页。

② 郭元祥：《深度教学——促进学生素养发育的教学变革》，福州：福建教育出版社2021年版，第30页。

自信是中华儿女从灵魂深处对"国家"二字的情感呼唤与精神回归。思政课教师要善于"解密"文化基因密码，揭示中华民族伟大复兴的征途中深层次的文化逻辑和文化力量，在文化自觉中彰显文化自信。

以学习的效能感标准评估学生对思政课学习结果的情感体验、价值内化、信念达成与自觉践行的程度。学习的效能感是衡量教师的教和学生的学效果的关键指标，是对思政课教学质量的结果性评价。尽管学生在思政课学习过程中的探究、反思与感悟等参与度直接影响着思政课的教学效率和效果，但衡量思政课教学实效性最终还要看结果性的成效。就思政课的价值内化教学目标而言，学习过程性评价为思政课价值内化目标的达成提供了过程性保障。但是否真正达成还要关注学生在学习思政课之后的情感体验、价值内化、信念达成与自觉践行的程度。众所周知，学校是诸多社会思潮竞相发声的重要场域。近年来，历史虚无主义等思潮冲击着青少年的价值取向与文化认同。多样杂陈、良莠不齐的社会思潮，如新自由主义思潮、历史虚无主义思潮等，以还原历史、解读真相、揭秘历史为幌子，歪曲历史、抹黑英雄、颠倒是非，对学生的思想观念和主流意识形态造成一定的冲击。这些问题暴露出的非传统安全因素威胁充分说明了历史虚无主义等良莠不齐的社会思潮对思想观念的冲击，对主流价值观念的消解。长此以往，必然会淡化学生对我国的主流价值观念和文化理念的认同感。因此，思政课教学需要以学习的效能感标准评估学生对思政课学习结果的情感体验、价值内化、信念达成与自觉践行的程度，以确保学生在正确的航道上前行。以学习的效能感标准提升思政课的教学实效性要看思政课教学是否注重学生的情感体验，培育学生的道德情怀，"教育上所愿有的一切目的与价值的自身，就是道德的性质：这个要点之所以还有人不懂得，这是因为把道德视为狭隘的与空谈教训的东西。其实教育上所愿有的一切目的与价值的自身都是道德的性质"①。还要看思政课教学能否促成学生的价值内化、信念达成与自觉践行。总之，思政课教学要注重学生学习的"知其然"（知识性）、"知其所以然"（知识之后的价值性追问），还要注重"践其行"（价值内化后的行为表达），达成知、情、意、行相统一，真正将思政课程彰显出的德行涵养、智慧元素与价值观念真正落实到学生自我的情感体验、信念达成之中，由价值认同内化为学生的行为规范，做到内化于心、外化于行，充分展现学生的个体价值与生命意蕴。

---

① ［美］杜威：《民本主义与教育》，邹恩润译，北京：东方出版社2013年版，第397页。

参考文献

一、著作：

[1]《习近平总书记教育重要论述讲义》编写组编：《习近平总书记教育重要论述讲义》，北京：高等教育出版社2020年版。

[2] 本书编写组编：《中国近现代史纲要（2021年版）》，北京：高等教育出版社2021。

[3] 本书编写组编：《思想道德与法治（2021年版）》，北京：高等教育出版社2021年版。

[4] 习近平：《习近平谈治国理政》（第1卷），北京：外文出版社2014年版。

[5] 习近平：《习近平谈治国理政》（第2卷），北京：外文出版社2017年版。

[6] 习近平：《习近平谈治国理政》（第3卷），北京：外文出版社2020年版。

[7] 习近平：《在纪念马克思诞辰200周年大会上的讲话》，北京：人民出版社2018年版。

[8] 习近平：《在庆祝中国共产党成立100周年大会上的讲话》，北京：人民出版社2021年版。

[9] 中共中央办公厅、国务院办公厅：《关于深化新时代学校思政课改革创新的若干意见》，北京：人民出版社2019年版。

[10]《马克思恩格斯全集》（第3卷），北京：人民出版社2002年版。

[11]《马克思恩格斯选集》（第1卷），北京：人民出版社2012年版。

[12]《列宁全集》（第6卷），北京：人民出版社2013年版。

[13] 中共中央宣传部中央广播电视总台：《平"语"近人—习近平总书记用典》，北京：人民出版社2019年版。

[14] 中共中央宣传部编:《习近平新时代中国特色社会主义思想十三讲》,北京:学习出版社2018年版。

[15] [美] 埃里克·詹森、莱安·尼克森:《深度学习的7种有力策略》,温暖译,上海:华东师范大学出版社2010年版。

[16] [美] D. P. 奥苏伯尔等:《教育心理学—认知观点》,佘星南、宋钧译,邵瑞珍、皮连生校,北京:人民教育出版社1994年版。

[17] [美] J. S. 布鲁纳:《布鲁纳教育论著选》,邵瑞珍、张渭城等译,王承绪、曾继铎等校,北京:人民教育出版社1989年版。

[18] [美] 布鲁斯·乔伊斯、玛莎·韦尔、艾米莉·卡尔霍恩:《教学模式(第七版)》,荆建华等译,北京:中国轻工业出版社2013年版。

[19] [美] 杜威:《我们怎样思维·经验与教育》,姜文闵译,北京:人民教育出版社2005年版。

[20] [美] 杜威:《学校与社会·明日之学校》,赵祥麟、任钟印、吴志宏译,北京:人民教育出版社2005年版。

[21] ,赵祥麟、王承绪编译:《杜威教育论著选》,上海:华东师范大学出版社1981年版。

[22] [美] 杜威:《民本主义与教育》,邹恩润译,北京:东方出版社2013年版。

[23] [美] D. R. 克拉斯沃尔、B. S. 布鲁姆等编:《教育目标分类学:第二分册情感领域》,施良方、张云高译,瞿葆奎校,上海:华东师范大学出版社1989年版。

[24] [德] 恩斯特·卡西尔:《人论》,甘阳译,上海:上海译文出版社2004年版。

[25] [美] 威金斯、麦克泰:《理解力培养与课程设计:一种教学和议价的新实践》,幺加利译,北京:中国轻工业出版社2003年版。

[26] [美] 格兰特·威金斯、杰伊·麦克泰:《理解为先模式——单元教学设计指南(一)》,盛群力、沈祖芸、柳丰、吴新静、郑丹丹译,福州:福建教育出版社2018年版。

[27] [德] 黑格尔:《小逻辑》,何麟译,北京:商务印书馆1980年版。

[28] [英] 怀特海:《教育的目的》,庄莲平、王立中译注,上海:文汇出版社2012年版。

[29] [英] 安东尼.吉登斯:《社会学第四版》,赵旭东等译,北京:北京大学出版社2003年版,第28页。

[30] [捷] 夸美纽斯：《大教学论》，傅任敢译，北京：教育科学出版社1999年版。

[31] [美] 洛林·W. 安德森等编著：《布鲁姆教育目标分类学：分类学视野下的学与教及其测评（完整版）》，蒋小平、张琴美、罗晶晶译，北京：外语教学与研究出版社2009年版（修订本）。

[32] [英] 麦克·扬：《未来的课程》，谢维和、王晓阳等译，上海：华东师范大学出版社2003年版。

[33] 蔡汀、王义高、祖晶主编：《苏霍姆林斯基选集》（第4卷），北京：教育科学出版社2001年版，第13页。

[34] [苏] B. A. 苏霍姆林斯基：《给教师的建议》，杜殿坤编译，北京：教育科学出版社1984年版。

[35] [苏] 苏霍姆林斯基：《公民的诞生》，黄之瑞等译，北京：教育科学出版社2002年版。

[36] [美] 托马斯·E 希尔：《现代知识论》，刘大椿等译，北京：中国人民大学出版社1989年版。

[37] [英] 肖恩·塞耶斯：《马克思主义与人性》，冯颜利译，北京：东方出版社2008年版。

[38] [德] 雅斯贝尔斯：《什么是教育》，邹进译，北京：生活·读书·新知三联书店1991年版。

[39] 陈华洲主编：《思想政治教育方法论》，长沙：华中师范大学出版社2010年版。

[40] 丁家云、谭艳华主编：《管理学：理论、方法与实践》，合肥：中国科学技术大学出版社2010年版。

[41] 方旭光：《认同的价值与价值的认同——社会主义核心价值观论》，北京：中国社会科学出版社2014年版。

[42] 郭元祥：《深度教学——促进学生素养发育的教学变革》，福州：福建教育出版社2021年版。

[43] 王本陆：《课程与教学论》，北京：高等教育出版社2017年版。

[44] 杨大春：《语言·身体·他者：当代法国哲学的三大主题》，北京：生活·读书·新知三联书店2007年版。

[45] 杨国荣：《成己与成物——意义世界的生成》，北京：北京大学出版社2020年版。

[46] 杨钦芬：《教学的超越——教学意义的深度达成》，福州：福建教育出

版社 2019 年版。

[47] 张耀灿等：《思想政治教育学前沿》，北京：人民出版社 2006 年版。

[48] 中国大百科全书总编辑委员会《教育》编辑委员会、中国大百科全书出版社编辑部编辑：《中国大百科全书·教育》，北京：中国大百科全书出版社 1985 年版。

[49] 钟志贤：《大学教学模式革新：教学设计视域》，北京：教育科学出版社 2008 年版。

二、期刊

[1] 习近平：《思政课是落实立德树人根本任务的关键课程》，载《求是》，2020 年第 17 期。

[2] 程良宏：《从知识教学到文化实践：深度教学走向深入的视域演进》，载《课程·教材·教法》，2019 年第 7 期。

[3] 郭元祥、吴宏：《论课程知识的本质属性及其教学表达》，载《课程·教材·教法》，2018 年第 8 期。

[4] 郭元祥：《课堂教学改革的基础与方向——兼论深度教学》，载《教育研究与实验》，2015 年第 6 期。

[5] 郭元祥：《知识之后是什么—谈课程改革的深化》，载《新教师》，2016 年第 6 期。

[6] 郭元祥：《论深度教学：源起、基础与理念》，载《教育研究与实验》，2017 年第 3 期。

[7] 郭元祥：《知识的性质、结构与深度教学》，载《课程·教材·教法》，2009 年第 11 期。

[8] 何玲、黎加厚：《促进学生深度学习》，载《现代教学》，2005 年第 5 期。

[9] 侯爽：《关于灌输理论与思想政治教育本质的再研究》，载《思想理论教育导刊》，2009 年第 10 期。

[10] 贾丽民、宋小芳：《新时代大中小学思政课一体化建设应正确处理的几对关系》，载《思想理论教育导刊》，2022 年第 1 期。

[11] 李基礼：《思政课教学评价的基本问题探赜》，载《学校党建与思想教育》，2015 年第 21 期。

[12] 李梁、刘翔宇：《思政课目标、课程内容与教学方法的理论思考》，载《思想理论教育导刊》，2019 年第 4 期。

[13] 李芒、段冬新、张华阳：《教育技术走向何方：从异化的预测到可选择的未来》，载《现代远程教育研究》，2022年第1期。

[14] 李松林：《深度教学的四个基本命题》，载《教育理论与实践》，2017年第20期。

[15] 吕春燕：《民办高校思想政治理论课教学模式改革探讨》，载《经济研究导刊》，2012年第34期。

[16] 容翠、伍远岳：《学习的意义感：价值、内涵与达成》，载《教育发展研究》，2016年第18期。

[17] 王芳芳：《再现—经历—转化：深度教学的实现机制及其条件》，载《课程·教材·教法》，2021年第2期。

[18] 王静：《高校思政课问题链教学法的运用与思考》，载《思想理论教育导刊》，2021年第11期。

[19] 伍远岳：《论深度教学：内涵、特征与标准》，载《教育研究与实验》，2017年第4期。

[20] 李寒梅：《走向深度教学：高校思政课教学改革的必由之路》，载《思想理论教育导刊》，2018年第6期。

[21] 徐蓉、周璞：《善用"大思政课"推进教学改革创新》，载《思想理论教育》，2021年第10期。

[22] 杨松：《新时代高校思政课教学设计的基本原则》，载《科教导刊》，2021年第8期。

[23] 杨涛：《"灌输论"视角下新时代高校爱国主义教育论析》，载《大学教育科学》，2021年第3期。

[24] 杨增岽、赵月：《善用"大思政课"：深刻内涵、时代价值与建设理路》，载《学校党建与思想教育》，2022年第5期。

[25] 叶静：《深度教学：高校思政课改革的导向和路径》，载《扬州大学学报（高教研究版）》，2021年第3期。

[26] 于涓、佘双好：《从文化建设的视角看社会主义核心价值观的培育和践行—访中国社会科学院马克思主义研究院顾问、武汉大学教授陶德麟》，载《马克思主义研究》，2014年第4期。

[27] 张良：《深度教学"深"在哪里？—从知识结构走向知识运用》，载《课程·教材·教法》，2019年第7期。

[28] 朱宁波、王志勇：《论深度教学的理论逻辑—基于杜威经验主义知识论视角》，载《当代教育科学》，2021年第11期。

三、报纸

[1] 习近平:《在北京大学师生座谈会上的讲话》,载《人民日报》,2018年5月3日,第1版。

[2] 习近平:《习近平主持会议中共中央政治局召开会议审议〈新时代爱国主义教育实施纲要〉和〈中国共产党党校(行政学院)工作条例〉》,载《人民日报》,2019年9月25日,第1版。

[3] 习近平:《习近平在中国人民大学考察时强调坚持党的领导传承红色基因扎根中国大地走出一条建设中国特色世界一流大学新路》,载《中国青年报》,2022年4月26日,第1版。

[4] 杜尚泽:《"'大思政课'我们要善用之"(微镜头·习近平总书记两会"下团组"·两会现场观察)》,载《人民日报海外版》,2021年3月7日,第1版。

[5] 田丽、赵婀娜、黄超、吴月:《大思政课,总书记心中的一件大事》,载《人民日报》,2022年5月22日,第1版。

[6] 曾令辉:《科学把握"大思政课"的本质》,载《中国教育报》,2022年3月17日,第5版。

后　记

　　本书的研究得到2021年度高校思政课教师研究专项"深度教学"理念创新思政课高阶教学模式研究（项目编号：21JDSZK017）的资助，在此表示感谢！

　　本书的撰写是在河北金融学院马克思主义学院研究团队的共同努力下完成的。研究团队学习、借鉴、吸收了大量国内外有关深度教学的研究成果，特别是华中师范大学郭元祥教授的研究成果，在此表示衷心感谢！研究团队成员在前期调研、资料收集、部分初稿撰写、教改实践等方面做了大量工作。本书撰写的分工为：第一章、第三章、第四章、第五章由刘建涛负责完成，第二章由李紫烨负责完成，导论由刘建涛、韩慧会共同完成。

　　在本书研究和撰写过程中，赵雪、史少伟、刘一尘等老师在文献收集、案例选取、格式规范等方面做了大量工作，此外，在教改研究项目实施过程中，河北金融学院教务处、马克思主义学院的领导和教师为项目的顺利实施做出了大量贡献，在此一并表示感谢！

　　本书在研究和出版过程中得到中央编译出版社的大力支持，在此表示衷心感谢！

刘建涛
2022年11月